语言景观研究的
理论与实践

尚国文 著

商务印书馆
The Commercial Press

图书在版编目(CIP)数据

语言景观研究的理论与实践/尚国文著.—北京：商务印书馆,2023(2024.12重印)
ISBN 978-7-100-22801-5

Ⅰ.①语… Ⅱ.①尚… Ⅲ.①应用语言学—研究 Ⅳ.①H08

中国国家版本馆CIP数据核字(2023)第147788号

权利保留，侵权必究。

本书由国家社科基金项目"中国沿海开放区的语言景观研究"(15BYY050)结项成果加工而成，感谢国家社科基金的资助！

语言景观研究的理论与实践
尚国文　著

商　务　印　书　馆　出　版
(北京王府井大街36号　邮政编码100710)
商　务　印　书　馆　发　行
北京虎彩文化传播有限公司印刷
ISBN 978-7-100-22801-5

2023年10月第1版　　　开本880×1230　1/32
2024年12月北京第3次印刷　印张11½
定价：68.00元

目　录

前言 ·· 1

第一章　语言景观研究概述 ······································ 7
1.1　语言景观的界定 ·· 9
1.2　语言景观的研究对象 ·· 12
1.3　语言景观的基本功能 ·· 14
1.4　语言景观研究的语言社会学属性 ······················· 15
1.5　语言景观研究的价值和意义 ······························ 16
1.6　语言景观研究兴起的动因 ································· 19
1.7　语言景观研究的中国视角 ································· 22
1.8　本章小结 ·· 26

第二章　语言景观的研究方法 ································· 28
2.1　研究地点的选择 ·· 28
2.2　语料采集 ·· 29
2.3　图片语料的分类 ·· 32
2.4　图片语料的转写 ·· 34
2.5　分析方法 ·· 35

2.6 本章小结 ·· 37

第三章 语言景观研究的分析维度 ································ 39
3.1 语言景观与语言政策 ·· 39
3.2 语言景观与语言权势地位 ·· 41
3.3 语言景观与社会抗争 ·· 45
3.4 英语的国际传播 ··· 48
3.5 语言的商品化和真实性 ··· 49
3.6 标牌语言的形式特征 ·· 53
3.7 语言景观的历史变迁 ·· 54
3.8 语言景观与城市情感 ·· 56
3.9 非典型语言景观的意义表征 ····································· 59
3.10 语言景观与语言教育 ·· 70
3.11 本章小结 ·· 81

第四章 语言景观的理论与分析框架 ······························· 82
4.1 场所符号学 ··· 82
4.2 语言景观三维分析法 ·· 84
4.3 SPEAKING 分析模型 ··· 87
4.4 结点分析法 ··· 89
4.5 框架分析法 ··· 92
4.6 对话性分析 ··· 94
4.7 语言景观研究的理论构建 ·· 97
   4.7.1 语言景观的构建原则 ······································· 97

4.7.2 语言景观的语言选择理论 ·································· 99
　4.8 本章小结 ··· 100

第五章 公共标牌上的语言景观 ······································ 102
　5.1 公共标牌的语言管理 ··· 103
　5.2 公共标牌上的语言实践 ······································ 109
　　5.2.1 公共标牌的功能类型 ···································· 109
　　5.2.2 公共标牌上的语言实践 ································· 114
　5.3 城市民众对于公共标牌上语言使用的态度 ·············· 123
　　5.3.1 城市民众对于公共标牌上语言使用的感知和态度 ··· 124
　　5.3.2 外国人对于公共标牌上外语使用的态度 ············· 132
　5.4 讨论 ·· 137
　　5.4.1 城市事实上的语言景观政策 ··························· 137
　　5.4.2 公共标牌上不规范英文表达的成因 ·················· 140
　　5.4.3 公共标牌上的英语使用与城市形象建设 ············ 142
　5.5 本章小结 ··· 145

第六章 路名牌上的语码之争 ··· 147
　6.1 路名牌上的语言管理 ··· 151
　　6.1.1 地名罗马化拼写的国家标准及法令条规 ············ 151
　　6.1.2 路名译写的地方标准 ···································· 156
　6.2 路名牌上的语言实践 ··· 159
　　6.2.1 路名牌上英文与拼音的选择 ··························· 159
　　6.2.2 路名牌上的罗马字母标注的准确性 ·················· 163

6.2.3 罗马化路名标注的一致性 …………………………………… 166
6.3 路名牌语言选择相关的语言态度 …………………………………… 173
　6.3.1 专家与学者的观点 …………………………………………… 174
　6.3.2 政府地名管理部门的态度 …………………………………… 177
　6.3.3 城市民众对于路名牌上语言选择的态度 …………………… 181
　6.3.4 网络和社交媒体中的语言态度 ……………………………… 184
　6.3.5 外国人对于路名牌文字标注的观点 ………………………… 192
6.4 路名牌上汉语拼音与英文之争的症结 ……………………………… 196
　6.4.1 路名牌上罗马字母的功能属性 ……………………………… 196
　6.4.2 国家标准的内部一致性 ……………………………………… 197
　6.4.3 英语在公共领域的应用界限 ………………………………… 198
　6.4.4 地名概念的内涵与外延 ……………………………………… 199
6.5 路名罗马化标注的语言社会学思考 ………………………………… 201
6.6 本章小结 ……………………………………………………………… 203

第七章 邻里商业街区的语言景观 …………………………………… 205
7.1 商业标牌上的语言管理 ……………………………………………… 205
7.2 邻里商业标牌上的语言实践 ………………………………………… 208
　7.2.1 商业标牌上的语码选择 ……………………………………… 210
　7.2.2 商业标牌上英语的创意使用 ………………………………… 222
　7.2.3 商业标牌上繁体字的使用 …………………………………… 225
7.3 城市民众对于商业标牌上语码选择的态度 ………………………… 227
　7.3.1 民众对于城市商业标牌上语言使用的感知和态度 ………… 227
　7.3.2 商业从业者对于标牌上使用外语的态度 …………………… 234

7.4 商业语言景观与语言商品化 ·· 238
7.5 商业语言景观的构建原则 ·· 239
7.6 本章小结 ·· 243

第八章 旅游语言景观及其构建 ·· 244
8.1 旅游语言景观的管理 ·· 247
8.2 旅游语言景观中的语言实践 ··· 248
    8.2.1 旅游标牌的体裁类型和交际功能 ···························· 249
    8.2.2 旅游标牌上的语言选择和使用 ································ 254
8.3 旅游语言景观中的意义构建 ··· 258
    8.3.1 旅游语言景观中的三类象征意义 ···························· 259
    8.3.2 旅游语言景观中的异域情调 ···································· 261
    8.3.3 历史韵味 ·· 265
    8.3.4 好客之道 ·· 268
8.4 讨论 ·· 270
    8.4.1 英语与旅游语言景观 ··· 270
    8.4.2 旅游语言景观构建的策略 ·· 271
8.5 本章小结 ·· 273

第九章 语言景观中的情感机制 ·· 275
9.1 文明景观中的历史主体 ·· 276
9.2 文明景观中的场所话语 ·· 279
9.3 文明景观中的互动秩序 ·· 283
9.4 讨论 ·· 286

9.4.1 语言景观与情感塑造 ························ 286
  9.4.2 文明情感的实践结点 ························ 288
  9.4.3 情感机制的阐述与实现 ······················ 289
 9.5 本章小结 ·· 291

第十章 思考与结论 ·· 292
 10.1 开放城市语言景观的总体特征 ···················· 293
 10.2 语言景观的经济学动因 ··························· 299
 10.3 城市语言景观与城市形象建设 ···················· 309
 10.4 路名景观中语码之争的实质 ······················ 312
 10.5 语言景观与英语全球化 ··························· 315
 10.6 未来研究方向 ···································· 318

参考文献 ·· 321
附录 ·· 346
 附录1 近年来语言景观研究相关英文论著 ·············· 346
 附录2 我国城市语言景观调查问卷 ···················· 348
 附录3 外国留学生对于我国城市语言景观看法调查问卷 ······· 356

前　言

　　语言景观研究是考察公共空间中标牌语言文字表征的一门学问，是包括社会语言学、应用语言学、符号学、政治学、文化地理学等在内的诸多学科共同关注的一个热门领域。在我们周围的环境中，路名牌、指路牌、广告牌、商铺招牌、楼名牌、警示牌、标语横幅、电子显示屏等各种形式的标识牌遍布城市空间，对很多人来说是一种习焉不察的存在。在语言景观研究者看来，标牌上文字符号的选择与呈现是多种看不见的因素和力量共同形塑的结果。尤其是在多语多文化的社会中，语言在公共标牌上呈现与否以及如何排列组合都不是简单的问题，需要考量政治、文化、经济、社会心理等诸多因素后方能做出稳妥的选择。语言景观涉及官方机构、标牌制作者、标牌设立者或拥有者、标牌读者等多个历史主体，他们与空间、语言和社会之间的关联与互动是语言景观形成的基础。研究者通过标牌上的语码选择和视觉呈现，描写和分析空间语言表征的系统规律，进而探究影响语言实践的选择动机、社会机制、权势关系、意识形态、身份认同等深层次的社会语言问题。这种研究思路为人们了解空间、语言及社会主体之间的指代关系、揭示空间交际实践中的社会文化内涵开辟了一条崭新的路径。从2006年至今，国际上的语言景观研究发展迅猛，研究范围持续扩展，新的理论视角和分析框架不断涌现，体现出强大的学术潜力和活力。

语言景观是一个万花筒，值得社会语言学者探究的问题非常多。Backhaus（2007）将语言景观研究中的基本问题归结为三个：语言景观由谁设置，语言景观为谁而设，以及语言景观指向何处；Van Mensel et al.（2016）认为，语言景观研究中的核心话题包括多语现象与跨语融合、语言政策与抗争、少数族群语言与商品化、社会语言层级与移动性等。Shohamy & Gorter（2009: 1–2）提出更为具体化的语言景观研究问题，包括：语言景观到底是什么？除了语言之外，是否包括图像、声音、建筑、服饰甚至人体？公共和私人领域在当今时代如何区分？标牌、人群与语言如何联结？语言景观在政策制定中扮演什么角色，对于事实上的语言实践有何影响？语言景观创建和塑造怎样的现实？人们在标牌上呈现语言的动机是什么？人们如何看待语言景观？语言景观向过路人传达什么信息？公共空间中创造出哪些类型的语言？图像与其他表征如何协作？口语与"被表征"的变体（"represented" variety）之间有何不同？读者和路人如何解读语言景观？语言景观在教育、学习和社会中如何应用？语言景观的多视角研究如何增进我们对于语言、社会和人的理解？这些问题或主题都与全球化语境中的语言、社会和人紧密相关，解答这样的问题不仅能帮助人们更好地了解现实环境中的语言表征，而且能揭示语言背后复杂的社会、政治、文化结构和机制，因此具有广泛的学术吸引力。

在我国社会语言学界和翻译学界，以标识牌语言规范化为主旨的公示语研究由来已久，取得很多显著的成果。近年来，语言景观研究成为语言学中一个新的学术"增长点",相关的研究课题和论文层出不穷,"语言景观"大有取代"公示语"成为核心术语的趋势。仅以我们近年的两篇综述性文章《语言景观研究的视角、理论与方法》(《外语教学与研究》2014年第2期)与《语言景观的分析维度与理论构建》(《外国语》2014年第6期)为例,到目前为止,它们在中国知网上的下载量已达15 000余次,被引超过600次。语言景观在我国语言学领域迅速成为研究热门可能与以下几个因素有关。首先,语言景观研究的视角新颖。语言景观研究不是"为语言而语言",而是着重探究公共空间中语言的视觉表征所反映的社会、文化和政治结构问题。这与以往以标牌语言文字的语法修辞和规范等为视角的研究相比,显得新颖而独特。第二,语言景观是以语言生活为基础的实证研究。语言生活和语言生态是我国当前社会语言学领域的热门话语。与其他研究领域相比,语言景观关注的对象并非抽象的语言概念,而是人们生活空间中出现的各类标牌和语言事实。观察周围环境中的活生生的多语现象,分析和总结语言选择和呈现的规律,是一种"接地气"的语言研究。第三,研究方法的易操作性。由于智能手机的普及,语言景观研究语料的采集存储变得简单,且数据分析不需要太多的前期积累和理论铺垫便能上手,微观分析和宏观解读之间有很大的讨论空间,这种方法论上的优势吸引了很多青年学者的关注和参与。不过,研究方法上的简易性虽然催生了大量的语言景观研究论文,但研究中重数量统计而轻内涵解读的弊病明显,很多研究的内容和结果流于平淡,并未揭示多少深层次的社会文化意义。

语言景观研究关注语言、社会和空间之间的互动关系，研究路径多元，理论和分析框架众多，研究者有必要充分了解语言景观研究的来龙去脉，并从国际前沿研究中汲取营养，开阔视野。在借鉴国际语言景观研究思路的基础上，研究者更应该立足本土，对我国的语言景观实践进行分析和解读，探讨公共空间中的语言表征在中国语境中的社会功能和指代意义。本书旨在梳理语言景观的研究体系，并尝试利用语言景观研究的分析框架和模式对我国东部核心城市空间的语言景观状况进行具体分析，揭示语言选择和使用背后的社会、政治、经济等多方面的动因，希望能对语言景观研究者有所帮助和启发。

本书内容共包括两个主要部分。前四章是第一部分，着重阐述语言景观的研究概况、研究方法、分析维度、理论和分析框架等，属于理论和方法层面的探讨，为具体的研究实践奠定基础。语言景观研究的对象是公共空间中展示的书写文字，分析的侧重点则是语言现象背后的社会本质，因此属于语言社会学性质的研究。研究者选择有代表性的地点进行语料采集，对标牌上的语言形式和信息进行量化和质性分析。公共空间中的多语表征是语言景观研究最基本的分析维度，但语言景观中值得探究的议题非常多元，如非典型语言标牌的意义表征、语言景观中的商品化、语言景观的教育功能、语言景观中的情感表达等层面近年来受到较多关注。研究者受多个学科领域研究范式的启发，从不同视角提出研究标牌语言的理论和分析框架，并尝试以语言景观作为专门学科领域来构建理论体系。

第五至第十章是第二部分，我们以上海、杭州和宁波三个沿海开放区城市作为案例，考察我国大城市语言景观的政策机制、语言实践以及语言意识形态。调查中使用的研究工具和方法包括语言民族志方法、文本分析法、问卷调查以及访谈等，通过三角论证方式为数据结果和分析增加可信度。研究中涉及城市街道、邻里商业区、旅游区等不同场域的语言景观，分析的方面包括语言政策、标牌实践、读者感知、情感机制等多个维度。结论部分还分析了语言景观中的经济动因、城市语言景观与城市的国际化形象建设的关系、路名景观语码之争的实质以及英语在语言景观中蔓延的批判性分析。本研究揭示了经济全球化和都市国际化背景下，我国对外开放前沿城市中语言景观的实践特征、管理政策以及城市民众的语言信念。在当前的全球化和城市国际化的背景下，本课题的探索对于都市语言生活管理、语言环境建设以及语言规划等具有一定的参考价值。

  本书是在国家社科基金项目"中国沿海开放区的语言景观研究"（15BYY050）结项成果的基础上加工而成的，也是本人近年来研读和思考语言景观问题的一个总结。书中的部分内容或观点曾在《外语教学与研究》《外国语》《语言战略研究》《浙江外国语学院学报》《语言学研究》和 *International Journal of Multilingualism*、*International Journal of Applied Linguistics*、*Journal of Language and Politics* 等国内外期刊上发表过，个别论文也曾被《中国社会科学文摘》和《语言文字学》（人大复印报刊资料）等转载。在成书过程中，笔者对相关论述进行了整合和扩充。在此，对国家社科基金的慷慨资助以及刊载拙作的期刊表达诚挚的谢意。浙江大学的同事刘海涛教授在项目申请过程中提出了许多宝贵意见和建议，他的支持和鼓励让我受益无穷；在项目开展过程中，笔者得到浙大诸多师友的帮助，也有幸与赵守辉教授、卢德平教授、郭黎波博士、冯健高博士、林晓博士、冯全功博士、周先武博士、谢芬女士等诸多师友进行讨论或合作研究，借此机会向他们表示衷心的感谢。要特别感谢的是挪威卑尔根大学的赵守辉教授，他不仅是我的前辈和同事，也是我多年前踏入语言政策研究领域的引路人，多年来我们志同道合，紧密合作，建立了深厚的情谊。另外，商务印书馆为本书的出版给予了莫大的支持，尤其是细致敏锐的责任编辑魏晓明女士，对本书的出版付出了大量的时间和心血，在此表示最诚挚的谢意。

由于本人学术水平有限，对语言景观相关问题的理解尚浅，书中舛误和不当之处在所难免，还望读者不吝批评指正。

尚国文
于挪威卑尔根
2021年12月1日

第一章　语言景观研究概述

在过去的十几年中，语言景观（linguistic landscape）成为社会语言学、应用语言学以及语言政策等领域的一个研究热点，在符号学、政治学、社会学、经济学、心理学、文化地理学等学科中也日益引起重视。简单来说，语言景观是考察标牌上语言文字展示的一门学问。在大都市的城市环境中，路牌、楼牌、交通指引牌、广告展牌、店名牌、告示牌、警示牌、液晶屏幕、车体广告等各式标牌林林总总，使用的语言符号五花八门，内容和展示方式千变万化，看似杂乱无章，实则有内在的规律。语言景观研究的宗旨便是在众声喧哗的公共空间中，梳理出"无序中的秩序"（'order' in the 'chaos'）（Blommaert 2013: 86）。具体说来，语言景观以现实环境中各类标牌上的语言文字为研究对象，通过总结和描写城市公共空间中语言呈现与否的系统规律，帮助人们了解城市或区域的社会语言生态，揭示不同语言及其使用群体在社会中的身份、地位、权势、活力等问题（Gorter 2006; Shohamy & Gorter 2009）。在多语共存的地区，语言文字在标牌上出现的多寡与突显程度是语言及其族群在社会生活中价值和重要性的体现，可以反映该区域范围内的语言生存状态和发展趋势（Shohamy 2006）。基于此，Gorter（2006）将语言景观视作考察多语现象的新路径，Spolsky（2009b）认为语言景观是研究城市社会语言生态的好方法。近年来，语言景观研究的地域范围不断延伸，"语言"的边界不断扩大，研究主题不断深化，日益突显其"社会语言学工具箱"（sociolinguistic toolkit）（Pennycook 2013: x）的实用价值。

在当前的语言学研究中，特别是社会语言学和语言政策领域，语言景观相关研究十分活跃。从 2006 年至今，语言景观专题研讨会已连续举办 12 届，以语言景观为核心议题的英文专著和论文集已有 20 余部（详见附录 1 的语言景观英文论著列表），国际知名期刊 International Journal of Multilingualism、World Englishes、International Journal of Bilingualism、International Journal of the Sociology of Language、Social Semiotics 等分别在 2006、2012、2014、2014、2021 年刊载过语言景观研究专栏，而各种期刊上发表的语言景观研究单篇论文及硕博士学位论文则不计其数。我们在谷歌学术中以 "linguistic landscape" 作为关键词进行搜索，发现与语言景观相关的学术研究文章超过 23 900 篇（2021 年 12 月数据）。由罗伯特·A. 特罗耶（Robert A. Troyer）教授创建并及时更新的语言景观研究在线文献目录，到 2021 年 11 月已收录文章 1137 篇。[①]2015 年，荷兰约翰·本杰明（John Benjamins）出版社推出《语言景观国际期刊》（Linguistic Landscape: An International Journal），专门刊发语言景观相关的研究成果。该刊每年出版 1 卷共 3 期，目前已连续出版 6 卷。可以说，语言景观已经成为一个方兴未艾的跨学科研究领域，涌现出 Jan

---

[①] 参见：https://www.zotero.org/groups/216092/linguistic_landscape_bibliography。

Blommaert、Durk Gorter、Adam Jaworski、Alastair Pennycook、Eliezer Ben-Rafael、Elana Shohamy 等一大批杰出学者。

本章结合国际语言景观研究的状况，概述语言景观的定义、研究对象、学科属性、社会功能、研究意义、早期研究等，给读者提供语言景观研究的背景概况，同时也为接下来的讨论和分析奠定基础。

1.1　语言景观的界定

"语言景观"的概念最早由加拿大学者兰德里（Rodrigue Landry）与鲍里斯（Richard Y. Bourhis）提出并使用，用来指称某个地区公共标牌或商业标牌上语言的能见性（visibility）和突显性（salience）。他们认为，"路牌、广告牌、街名、地名、商铺招牌以及政府楼宇的公共标牌之上的语言共同构成一个地区或城市群的语言景观"（Landry & Bourhis 1997: 25）。这是语言景观研究中引用最为广泛的定义，它以列举的方式表明语言景观是个宏观、总体性的概念，而出现在公共空间中的各类语言标牌都是其组成元素。这里的"公共空间"（public space）一词借用自哈贝马斯"公共领域"（public sphere）的概念，指的是社区或社会中不属于任何私人财产的空间，如街道、广场、公园、社区中心、图书馆等，是国家和私人领域之间的缓冲区域（Ben-Rafael 2009; Ben-Rafael, et al. 2010）。这些动态、开放、共享的空间是生成各种类型语言标牌的沃土，但标牌上看似自由的语言表征和呈现往往并非任意和中立的行为，而是在多种语言以及非语言因素之间权衡后的结果，背后蕴含着竞争、冲突、协商、妥协等复杂的过程和思想意识形态的交锋。随着研究的深入和考察范围的扩大，语言景观的分析已不局限于公共空间里的标牌，私人空间、虚拟空间里的标牌也已进入研究视野；"语言"的概念也不再局限于书面文字，而是涵盖符号、图像、声音等多种模态。

虽然 linguistic landscape 这一概念有时也用来指一个地区的语言状况（Gorter 2006），但如今，用它来指称空间标牌上的语言使用已被广泛接受。虽然有些学者认为，使用"语言都市景观"（linguistic cityscape）来概括城市标牌和语言的研究更为恰当（Coulmas 2009; Gorter 2006; Spolsky 2009b），也有不少学者使用"符号景观"（semiotic landscape）、"环境书写"（environmental print）、"场所话语"（discourse in place）等内涵相近的术语，但毫无疑问，"语言景观"比其他概念更受学界青睐。这很大程度上是由于标牌多语现象研究肇始之时便是以语言景观为核心术语来开展的。语言景观研究开创者之一的杜克·戈特（Durk Gorter）编著了《语言景观：多语研究的新路径》(*Linguistic Landscape: A New Approach to Multilingualism*)（Gorter 2006），该书的研究中就引用了 Landry & Bourhis（1997）关于语言景观的界定。直至今日，很多语言景观的研究论文仍会使用此定义作为开篇或理论背景。

需要指出的是，Landry & Bourhis（1997）的语言景观定义虽然经典却并不完美，因为定义中只列举了六种形式的标牌，而现实空间中还有很多其他形式甚至更宽泛意义上的语言标牌；而且语言景观研究关注的语言问题到底为何，也未指明。有些学者认为，此定义被学界过度引用了（over-quoted）（Amos 2016; Gorter

2019）。鉴于列举式定义的缺陷，许多其他学者尝试对语言景观提出新的界定。例如，Ben-Rafael et al.（2006）把语言景观定义为标记公共空间的语言物件；Ben-Rafael（2009:41）又提出，语言景观指的是公共空间的象征性建构（symbolic construction）；Shohamy & Waksman（2009:314）认为，语言景观指的是不断变化的公共空间中出现或陈列的文字；Jaworski & Thurlow（2010:1）更倾向于使用"符号景观"，并定义为"语言、视觉活动、空间实践与文化维度之间的相互作用，特别是以文本为媒介并利用符号资源所进行的空间话语建构"；Gorter（2019）认为，语言景观的定义应能揭示其研究目标和范围，因此他推崇的定义是："语言景观研究旨在理解公共空间中多种'语言'形式呈现的动机、运用、意识形态、变体及竞争"。各家给出的语言景观定义都有一定的概括性，但总体来看，Landry & Bourhis（1997）的列举式定义仍是学界认可度最高的语言景观定义。

在我国语言学界和翻译学界，各类标牌上的语言使用很久以前便受到学者的关注。"公示语"是研究者使用最多的术语，大致相当于英语的 public signs，但其定义"基本处于一种较游移的状态"（杨永和 2009）。戴宗显、吕和发（2005）将公示语界定为"公开和面对公众，告示、指示、提示、显示、警示、标示与其生活、生产、生命、生态、生业休戚相关的文字及图形信息"。在社会语言学研究中，linguistic landscape 这一术语最初引进时被国内学者译为"语言风貌"（杨永林，程绍霖，刘春霞 2007；杨永林，刘寅齐 2008；谢桂梅 2008 等），但近年来，"语言景观"逐渐成为国内学界统一使用的术语，而 Landry & Bourhis（1997）的经典界定也是国内学者在语言景观研究中最常引用的定义。

1.2 语言景观的研究对象

语言景观研究主要关注城市环境中标牌上呈现的语言文字。从语言景观的经典定义可以看出,各种标牌(又称标识牌、标志牌等)作为公共空间中语言文字的物质载体,是研究者观察和分析的主要对象。在城市街道、办公楼、购物中心、邻里商店、露天市场、车站码头、校园、公园、景点等各个场所,路名牌、交通指示牌、楼名牌、店名牌、广告展牌、警示牌、标语、景点介绍牌等形态多样的语言标牌设置在读者视野可及的范围内,成为城市语言环境的一部分。除了标牌上的语言以外,文字颜色、配图以及标牌的材质、朝向、置放方式等也能表达一定的信息和符号意义(Scollon & Scollon 2003)。出现在标牌上的书面文字可称作标牌语言,它们通过语码组合、文字排列、突显以及多模态等手段来展示信息,与读者构建交际,其形式与口语或其他书面语有显著不同。语言景观研究者特别关注标牌语言的能见性和突显性(Landry & Bourhis 1997),其中能见性指的是某种语言是否以书面文字的形式出现在语言景观中,是个"有"与"无"的问题;而突显性则是特定语言在语言景观中是否给予显著的地位,是个"主"与"次"的问题。标牌语言的实践一般受国家和地方政府制定的语言文字法令条规的制约,同时也能反映语言文字在当地语言体系(language regime)中的地位和价值。语言标牌在城市空间中是一种司空见惯、习焉不察的存在,但对于路过的人来说,这些"陈列"出来的语言符号又具有丰富的象征意义（Gorter 2006; Ben-Rafael, et al. 2010）。而语言景观研究者正是以这些标牌上的视觉语言和符号作为透视镜，来探察社会、政治、文化等方面的事实和意涵。

除了上述典型标牌以外，城市空间中还存在着许多非典型、边缘性的标牌，如电子显示屏、车身广告、示威标语、文化衫、涂鸦等。与典型标牌相比，这类标牌常常具有以下特征。首先，移动性。移动性是全球化时代最主要的特征（Blommaert 2010），而动态的语言和移动的标牌在现代都市空间中日益常见。比如车身广告、屏幕广告、文化衫等借助移动的载体将信息传播范围无限扩展，影响更多的读者和受众，起到更好的营销和传播效果。在游行示威活动中，标牌常常会成为游行者移动的宣传阵地，交通工具的移动性能把组织者的立场或主张散播开来，吸引更多人关注相关的社会或政治文化问题。其次，临时性。由于主管部门的管制和清理，游行示威标语、临时海报、标签贴纸、手写小广告、涂鸦等标牌在城市环境中的存在都是短暂性的。示威活动一般不会持续很长时间，而涂鸦等常常在短期内就会被城市环境主管部门清理，语音信息一般也是瞬时消逝的。第三，多模态性。与普通标牌相比，非典型标牌的构成更多元化，可包含多种模态形式：语音播报及游行口号属于声音模态，街头艺术以图画形式为主，电子显示屏上的广告则往往结合文字、图片、动画、声音等多种模态形式。多模态的标志牌使得都市的语言生活更加丰富多彩。第四，违规性。有些非典型语言景观是未经政府部门允许的语言实践，因此在政府主管部门看来属于违规的语言活动，需要进行管控。例如,涂鸦在官方话语中常常被看作乱涂乱画、破坏公物(vandalism),属于违法行为。示威游行参与者通过标语和口号表达政治主张或宣泄情绪,这在许多威权国家也是不允许的。总之,非典型标牌及其文字表征或移动,或变换,或临时出现,或违规书写,在城市语言生活中属于边缘化的场所话语。它们虽然与典型标牌的语言呈现方式有诸多不同,但同属于公共空间中的语言呈现,体现标牌创设者、当局及官方部门、读者等多方之间的互动关系,作为场所话语都能发挥一定的交际功能。因此,它们都是现代都市空间的语言景观构成元素和语言景观研究关注的对象。

1.3 语言景观的基本功能

语言景观主要用来发挥两种基本的指代功能:信息功能和象征功能(Landry & Bourhis 1997)。信息功能(informative function)指的是语言景观可以为人们提供信息,在标牌与读者之间形成交际。这是语言景观最基本的功能。比如,一个地区的语言标牌主要使用某种语言,便可断定此语言是该地区的主要用语;而某地多处设立多语标牌,则说明该地区多语共存的社会现象。语言景观在这里相当于提供语言状况信息的工具,帮助人们了解某个语言群体的地理边界以及社区内语言使用的特征。象征功能(symbolic function)指的是语言景观能映射语言群体的权势与社会身份和地位。也就是说,语言景观中暗含着语言群体成员对语言价值和地位的理解。例如,对于存在语言竞争的社会,用作路名、地名等的语言标牌选择某种语言，表明官方认可该语言的主导地位，从而使讲该语言的族群具有较优势的社会身份。Landry & Bourhis（1997）认为，象征功能与民族语言活力（ethnolinguistic vitality）密切相关：语言能用于社会交际是其活力水平的标志，关系到该语言能否维持有效存在。在这两种功能中，信息功能是语言景观较为显性的功能，象征功能则属于隐性功能。语言景观研究的重点是挖掘与语言标牌相关的象征功能或指代性（indexicality）（Pütz & Mundt 2019），揭示现实环境中呈现的各种语言如何反映深层次的权势关系、身份认同和意识形态等。

社会语言环境影响语言景观的形成，而语言景观也反过来能重塑（reshape）社会语言环境，二者是双向互动的关系（Cenoz & Gorter 2006）。一方面，语言景观反映了特定社会语言环境中不同语言之间的相对权势和地位，因此主体语言比少数族群语言更有可能出现在地名或商业招牌中；另一方面，语言景观也有助于构建社会语言环境，因为标牌上的语言作为视觉信息出现在人们面前，会潜移默化地影响人们对各语言不同地位的理解，进而影响他们的语言行为，形成新的社会语言环境，即语言景观对语言行为的"激励效应"（carryover effect）。由于大到政府小到企业和个人都可以利用语言景观传达不同的思想信息，语言景观可看作影响实际语言政策的主要机制之一（Shohamy 2006: 58）。

1.4 语言景观研究的语言社会学属性

语言景观研究不仅考察各类标识牌上的语言文字本身的使用

情况，更重要的是考察语言选择和呈现所反映的社会语言现实，即语言选择和使用的社会维度。在语言景观研究中，语言作为公共空间象征性构建的符号，"不仅仅是反映世界的工具，而是作为一种人类活动和'社会事实'发挥社会功能，用于经验识解、关系建构、身份认同等社会意义"（Christie 1985，转引自：胡安奇，王清霞 2018）。语言景观研究以标牌上的语言文字使用为切入点，来探究多语社会中语言选择及其动因，很多学者把它看作社会语言学的一个研究分支（如 Hélot, et al. 2012; Blommaert 2013）。语言景观研究将公共空间中的语言事实看作社会事实（social fact），通过标牌来研究影响语言文字选择和使用的社会、政治、历史和文化等维度。这种通过语言现象来研究社会问题、探寻社会本质的研究方式，更确切地说应归入费什曼（Fishman 1968, 1972）所提出的语言社会学（sociology of language）的范畴。普通社会语言学虽然探讨的也是语言与社会的关系，但所关注的主要是语言文字在不同社会语境中的变异和使用规律，其落脚点是语言本身。而语言景观研究在分析标牌上语言的可见性、突显性、排列组合规律、标牌创设者与读者之间的互动等问题时，其最终的落脚点是这些语言现象背后的社会动因、政治文化机制和意识形态等。因此，语言景观研究探讨的是语言中的社会（society in language），本质上属于语言社会学性质的研究。

1.5 语言景观研究的价值和意义

语言景观研究关注的焦点是标牌上语言文字的表征所承载的

社会政治内涵，而标牌的管理者、创设者、读者等不同社会主体在语言景观形成中的角色和作用也日渐受到重视。如上所述，语言景观研究不仅考察标牌上语言使用的特点和规律，更重要的是挖掘语言选择背后所蕴含的语言权势、社会地位、群体身份认同、政策取向、经济动因等。在当前全球化日益深入、后现代思潮日渐盛行的现实语境下，英语、国语、母语、少数族群语言等一系列关系错综复杂的语码形式在语言社会生活中的竞争和冲突日益引起关注，而语言景观恰恰可以通过标牌话语与社会空间的互动作用，为各种语言及其社群的地位与兴衰状态提供实体证据，为决策者语言政策的制定或调整提供依据。这种视角与以往标牌研究中考察文字的规范性、外语的正确性等的研究范式是很不相同的。公共空间的语言景观中多语现象日渐普遍，对各种标牌上的语言文字选择和使用进行深入分析，可以了解语言景观构建背后的许多社会问题，如全球化与英语的全球扩散问题、语言生态问题、语言政策实施问题等。例如，随着全球化进程的深入，英语在世界各地语言景观中的呈现日益增多，其现代性、国际范、时尚潮流等象征功能得到强化。但另一方面，英语占领空间资源的同时也挤压了其他语言的话语甚至生存空间。从语言景观视角来看英语的国际传播和扩散，这为全球化和城市国际化的进展提供了佐证。少数族群语言在公共空间中呈现的多寡是其活力水平的标志，但少数族群语言文字的商品化又会掩盖其真实的社会地位。另外，少数族群语言与强势或主导语言在城市空间中的竞争甚至冲突是深层次的意识形态之争。可以说，语言景观研究所揭示的社会问题丰富了学界对少数族群的研究。在语言政策方面，标牌语言反映的是政策制定者、标牌设立者以及读者之间的一种话语交际,语言景观研究对于这种多元互动过程的阐释为语言政策、语言交际、话语分析等开辟了一个新的研究思路。

　　语言社会学性质的语言景观研究具有非常重要的现实意义。首先,语言景观研究是了解一个地区语言生态的有效途径。语言标牌具有信息功能,可以帮助人们了解某个语言群体的地理边界和构成以及该社区内语言使用的特点。其次,语言景观研究可以透视某个地域范围内的语言权势与族群的社会身份和地位。例如,主体语言比少数族群语言更有可能出现在地名或商业招牌中;对于存在语言竞争的社会,路名、地名等标牌上选择某种语言,表明官方认可该语言的主导地位,从而使讲该语言的族群获得地位和身份优势。这些都与语言景观的象征功能紧密相关。第三,语言景观研究的实证数据可以为语言政策制定者提供参考。由于上到政府、下到企业和个人都可以利用语言标牌传达不同的信息,语言景观因而成为影响实际语言政策的主要机制之一。决策者制定或修订语言政策时,语言景观研究的实证数据可用作参考,在重塑社会语言环境的过程中发挥作用。作为一种特殊的语言实践,语言景观一方面可以反映区域内不同语言的相对地位和权势关系,另一方面也可以重塑人们的语言意识,通过实证数据为政府调整语言政策、重构社会语言环境提供支持(Gorter 2006)。结合西方盛行的后现代主义思想来看,语言景观研究最重要的价值可能就在于通过现实环境中习焉不察的语言现象,来揭示隐性的语言意志、身份认同和权势关系,从而提高人们关注弱势语言命运、维护少数族群权益的意识。

1.6 语言景观研究兴起的动因

语言景观研究最初起源于语言政策与规划领域，多考察城市标牌语言是否符合当地的语言政策，如 Rosenbaum et al.（1977）、Tulp（1978）、Monnier（1989）、Spolsky & Cooper（1991）等（见 Backhaus 2007）。拿 Spolsky & Cooper（1991）来说，他们搜集了以色列东耶路撒冷老城区的 339 个语言标牌，考察标牌语言使用背后的理据。他们发现，希伯来语、阿拉伯语和英语在该地区的标牌中最为常见，这跟该城市的人口组成相符。他们还从历时的视角进行考察，发现在不同的历史时期，标牌上的语言的排列顺序总是把统治者的语言置于最上方，而英语翻译也以统治者的语言为基准。除了耶路撒冷以外，早期语言景观研究者还考察过其他城市，如巴黎、布鲁塞尔、东京、达喀尔等（Backhaus 2007; Spolsky 2009b; Gorter 2013），此不赘述。总体来看，这些先行者的研究揭示了不同地域空间中标牌语言使用的一些规律，虽未使用语言景观这一术语，但与当前的语言景观研究并无二致。不过，由于种种条件所限，研究中存在不少不足之处：(1) 研究的非系统性。这些零星的语言景观研究只是对个别城市环境中的语言使用进行了调查和分析，在当时的语言学领域并未形成重要影响。(2) 很多研究并非专门的语言景观分析，语言景观只是总体语言研究项目中的一小部分。(3) 语料搜集和分析不完备。受技术条件的限制，很多语言景观研究只能依靠胶卷相机甚至研究者的田野笔记来进行语料收集，过程既费时又费力，也难以做出全面的分析。(4)从研究的深度来看，早期研究主要通过简单的量化统计来分析城市标牌上的语言分布，并未对语言文字选择和使用背后的社会文化因素进行深入挖掘。

到了 20 世纪 90 年代后期，Landry & Bourhis（1997）在《语言与社会心理学报》（*Journal of Language and Social Psychology*）发表了《语言景观与民族语言活力的实证研究》（Linguistic landscape and ethnolinguistic vitality: An empirical study）一文，成为语言景观研究中最重要、最具引领性的探索，为标牌语言研究开辟了新的领地。他们在文中使用并界定了"语言景观"这个很能抓人眼球的术语，并概括了语言景观的基本功能（信息功能和象征功能），认为标牌上的语码分布能反映语言社群的权势和地位，这样便把能观察得到的语言现象与隐性的社会语言结构联系起来。然后，两位研究者以问卷调查作为研究工具，对加拿大 2010 名 11 和 12 年级讲法语的学生进行了考察，看法语语言景观（paysage linguistique）是否影响法语民族语言身份和态度以及语言行为。研究者通过因子分析和回归分析发现，语言景观是一个能影响语言群体态度的独立变量，与受访者主观感知的法语的语言活力和语言身份具有很强的相关性；语言景观也对群体成员的语言行为产生激励效应，即族群语言在政府和私人标牌上的呈现，会促使族群成员在更多场合中使用自己的语言。基于此，作者认为，语言景观对于族群语言的维持和转移具有重要意义，应引起语言规划决策者的重视。Landry & Bourhis（1997）提出的"语言景观"的概念以及通过标牌语言的分布来探究语言及其社群的活力和地位的研究范式引起多语研究者的极大兴趣。用 Gorter（2013）

的话说，此概念为语言景观研究领域的形成"埋下了种子"。另外，Gorter（2006）一书奠定了公共空间多语现象研究的基础，也在很大程度上推动语言景观成为一个新兴的研究领域（Shohamy 2019）。

从思想认识论的角度来看，微观和宏观层面的社会语言学研究在新世纪都取得很大发展，加上数码照相技术的广泛应用，为研究者提供了工具和技术层面的便利，以多元、解构、开放等为特质的后现代思潮则成为认识论上的催化剂。受此影响，学者们对技术乐观主义语言规划观造成的负面效果所进行的反思尤为深刻。例如，受福柯微观权力观的启迪，权力被视作艺术和技术的体现，其柔性和无所不在的真实性对个体的实际控制能力、权力运作及影响方式等产生影响。而在哈贝马斯（Habermas 1989）看来，公共图书馆、剧院、博物馆、音乐厅、咖啡馆、茶室、沙龙、协会等公共领域，是现代社会中国家和私人生活之间的缓冲器（buffer），为公众表达观点和自由对话提供场所。但在晚期资本主义社会，随着国家干预的强化，自由主义公共领域受到侵蚀，"公"与"私"的界限不再清晰，用哈氏的话说，公共领域被"再封建化"（refeudalization）了。在语言意识觉醒的思想背景下，学者们开始探求公共空间中语言生活现实的本真规律，其关注点从宏大叙事走向实际领域，尤其是语言规划中自下而上的基层作用受到重视（赵守辉，张东波 2012）。语言景观就成为研究者探究多语社会中（不）公平与（不）平等、统治与反抗等问题的切入点和突破口，受到广泛关注。

1.7 语言景观研究的中国视角

我国语言学者对于标牌语言（常称作"公示语"）使用的考察早在 20 世纪八九十年代便已经展开，取得了诸多研究成果。从研究视角和内容来看，我国学者对城市街区所见的各类标牌语言的分析重点主要集中在三个方面。

（1）标牌语言的规范性。出现在城市空间中的各类标牌上的语言文字是否符合国家制定的相关标准和规范是研究者讨论较多的话题之一。例如，郑梦娟（2006）从社会语言学角度对北京、上海等城市主要商业街的店名进行了穷尽性考察（1783 个店名），分析发现商铺通名趋向多元，而业名则趋向精细。作者强调，店名的创新虽然重要，但作为一种语言符号和商业活动，应遵循语言规律以及国家的有关法令法规。杨绪明、李新花（2011）发现，受经济效益、语用心理、流行文化及语言系统等多种因素的影响，商业店名在语言使用上常常会出现"新奇化、西洋化、复古化、娇柔化、典雅化、粗俗化"等异化倾向，在语言创新的同时，对汉语的原有规范也形成挑战，需采取审慎的态度来看待。也有一些学者对于标牌上的英文使用规范进行探讨。例如，崔学新（2010：76）认为，公共场所的英文译写形式应做到通俗易懂、言简意赅，"在社会语用上要求语言表达和环境一致，和说英语国家的文化氛围、生活习惯相吻合，最大限度地把异域约定俗成的'表达'移植到我国的公共场所，有效地担当跨文化交流的桥梁"。此外，杨永林（2012）使用大量的英文图标实例，对常用公共标牌（包括通用标志、指示标志、街名标志、交通标志、消防标志、安全标志、通告标志、提示标志、警示标志、危险标志、体育旅游标志等）标准地道的英文译写提供了规范参照。

（2）公示语英译的问题及处理策略。李增垠（2013）认为，曾世英（1987，1989）论述地名国际标准化问题的论文是国内最早的公示语英译研究。从21世纪初开始，我国公示语翻译的研究受到大量关注，主要研究模式是"结合实例剖析汉英双语公共标牌英语译文的质量优劣，进而提出翻译策略和规范性建议"（巫喜丽，战菊，刘晓波2017）。李克兴（2000）对深圳市的公示语翻译状况进行了调查，认为英语翻译中存在的诸多谬误有损开放城市的声誉。马琳（2012）认为，公示语翻译的语用错误包括多种类型，如语法/用词错误、中文式英语，语意模糊、指令不清楚，死硬翻译、意图被歪曲，信息度不当、语气不和谐，文化误解、术语不匹配等。田飞洋、张维佳（2014）从超多元性、移动性和标准性的角度来分析北京学院路双语标牌英文翻译中所存在的问题。关于公示语英译的策略，王银泉、陈新仁（2004）提出，约定俗成是标识语英译中不可忽视的翻译原则。丁衡祁（2006）使用5C来概括英语公示语的特点：Concise（简洁）、Conventional（规范）、Consistent（统一）、Conspicuous（醒目）以及Convenient（方便），并以此来指导公示语的英译。

（3）标牌语言的特征及功能。张晓旭（2009）通过大量的实例分析得出，一个成功的店名应当具备指称功能、区别功能、属性功能、广告功能及社会功能等五项功能。店名作为一种语言现象，与社会政治经济密切相关，紧跟时代的步伐与潮流，是反映时代特色的一面镜子,具有时代性特征,体现着悠久的文化和时尚讯息,体现了衣食住行各个方面的文化。北竹、单爱民(2002)认为,公示语具有指示性、提示性、限制性、强制性等四种突出的应用功能,英语公示语独特的语言风格包括广泛使用名词、动词、动名词、词组、短语、缩略语、文字与标志组合、现在时态、祈使句和规范性、标准性语汇,语汇简洁、措辞精确,部分公示语具有鲜明的本土意义。除此之外,极具中国特色的标语口号、书法景观等的研究也相当丰富(如:胡范铸2004;相德宝2010;张捷,卢韶婧,蒋志杰2012;张捷,张宏磊,唐文跃2012;杨豪良2016)。例如,胡范铸(2004)谈到标语口号研究中的社会再现范式和媒介批评范式。前者从标语口号的内容出发,透视所体现的社会形态,再现历史事实,而后者将标语口号看作一种社会现象,与其他社会现象一样应合乎一定的社会标准。相德宝(2010)总结了中国标语口号研究中包括本体研究、语言学研究在内的八种范式。杨豪良(2016)认为,城市书法景观是书法家有意识地改造自然环境而形成的一种比较特殊的文化形态的地理复合体,具有主题性、装饰性、融和性、特色性、历史性、传播性等基本特性。

总体来看,国内的公示语研究与国际范围内的语言景观研究侧重点不同,二者沿着各自的道路发展,沟通与互动不多。在研究理论范式方面,国际学者以多元文化这一后现代认识论为理论驱动力,注重探求语言景观现象背后所折射的权力和利益关系,通过语言现象来考察社会问题,属于语言社会学的范畴。国内的研究则强调在现实公共环境中语言文字本身的正确性和规范性，注重公示语如何更好地发挥信息功能，基本上属于社会语言学的范畴。由于自身理论视角、方法论等方面的局限，公示语研究在理论深度上与国际语言景观研究相比有一定的差距。比如，公示语研究对于语言选择背后所隐含的语言地位、权势结构、身份认同等问题探讨得很少，而这正是国际语言景观研究的核心所在。

可喜的是，国内一些学者近年来开始关注国际语言景观研究的动态，通过一系列介绍和综述类文章向国内学界引介了语言社会学性质的语言景观研究，为学界借鉴国际研究视角、开辟新的关注维度奠定了基础。语言景观这一研究领域受到了极大的关注（如：尚国文，赵守辉 2014a，2014b；李丽生 2015；徐茗 2017；张天伟 2020）。章柏成（2015）认为，国内新近语言景观研究的主题可概括为"语言景观的译写及规范""行业领域的语言景观特征"以及"语言景观研究的理论与方法论"等三个方面。从实证研究来看，国内很多城市和旅游区的语言景观成为考察对象。例如，徐红罡、任燕（2015）从旅游学的视角考察了旅游对云南纳西东巴文语言景观的影响。他们发现，旅游区的东巴文景观虽然突出，但往往作为一种商业化的符号来使用，发挥象征功能，但信息功能有限，语言活力不足。俞玮奇、王婷婷、孙亚楠（2016）探讨了北京和上海两个国际化大都市韩国人聚居区的语言景观状况，指出语言管理和语言服务是当前韩国侨民聚居区外语规划的首要问题。王克非、叶洪（2016）对北京市内三个繁华地段主要街道的语言景观进行了考察，以探讨城市多语景观反映出的社会语言生活变迁及其与国家政策、经济、文化发展之间的关系。李丽生、夏娜（2017）对云南丽江古城内两条街道的语言景观进行考察，揭示了少数民族聚居区的语言使用状况和语言生态。刘楚群（2017）考察了江西省上饶、鹰潭、抚州、赣州等四个地级市的店名标牌，发现语言景观所映射的整体国际化程度和文化开放程度都不高。这些研究与以往关注语言规范、公示语的翻译以及标牌上语言文字的特征和功能等的研究相比，更接近于语言社会学性质的研究。由于处于起步阶段，我国的语言景观研究在广度和深度方面都有待继续扩展。例如，多数的实证研究都用大量篇幅探讨各类标牌上的语码分布，但对于语码选择和语言使用背后的社会维度解读深度仍显不够，"缺乏对整体语言景观及其与社会生活、经济发展，特别是与全球化时代社会语言生活之间联系的研究"（王克非，叶洪 2016）。不过，随着越来越多的学者关注城市标牌上的语言现象，相信国内学界会逐步形成立足本土实践、与国际理论和方法接轨的语言景观研究。

1.8 本章小结

本章探讨了语言景观的界定、研究对象、功能以及研究的意义和价值，也分析了语言景观兴起的动因以及语言景观研究的中国视角。语言景观指的是标牌上的语言符号所构成的整体景象，标牌上的语言表征和呈现是语言景观研究中最核心的考察对象。这里的一个基本假设是，标牌上使用哪些语言文字、突显哪种语言文字都不是随意的选择，而是对社会、经济、心理等多种因素综合考虑、权衡协商的结果。研究者以语言标牌作为透视镜，试图打开"空间语言的盒子"（the box of language in spaces）（Shohamy & Gorter 2009: 1–2），探寻空间标牌语言现象背后的语言意志、身份地位、权势关系等深层次的信息和问题，本质上属于语言社会学性质的研究。

第二章 语言景观的研究方法

本章阐述语言景观研究中方法论相关的问题。城市环境中的标牌数不胜数,那么哪些区域的语言景观最具研究价值?如何进行语料收集?语料收集完毕之后应该如何处理,进行怎样的分析?这些方面的探讨可以为语言景观研究的开展奠定基础。

2.1 研究地点的选择

语言景观研究以城市空间中设置的标牌为考察对象,采集尽可能多的标牌图片用作分析的语料。当前的研究大多选择城市作为研究地点,而对于城市以外区域(如乡村)的语言标牌考察较少。不过,很多城市地理范围广,标牌密度大,利用当前的技术把一个城市内所有的标牌信息都收集下来并不现实。因此,如何选取城市中有代表性的街道、场所或区域作为田野调查的地点就显得非常关键。街道、商业中心、景点等标识牌密集、来往人员众多的地方都是语言景观研究者热衷的语料采集地点。Gorter & Cenoz(2015)认为,街区或者说邻里社区(neighbourhood)可视作一个具有自身语言文化特质的整体,与单个街道或整个城市相比,更适合选作语言景观采样的地点。例如,Huebner(2006)选择曼谷多个邻里社区作为曼谷语言景观的代表来进行研究；Blommaert（2013）以安特卫普的贝尔赫姆（Berchem）社区作为田野调查的地点来探讨当地社会中的超级多样性；Shang & Guo（2017）对新加坡10个邻里社区购物中心的店名标牌进行考察，以了解新加坡商业领域多语景观的面貌。另外，海外的唐人街作为海外华人比较集中的社区也是语言景观研究者非常青睐的考察地点（Leeman & Modan 2009; Lou 2016）。说到底，选择什么样的研究地点需要根据研究目的而定，不能一概而论，而选择的具体地点具有代表性则是最基本的考量。

2.2 语料采集

语言景观研究最主要的语料收集方法是对标牌进行拍照。数码技术的出现和普遍应用为语言景观研究带来了便利，使得获取语料的手段变得相对简单。研究者选择好研究区域，只需使用带有拍照功能的手机或数码相机，拍下现实环境中出现的各类标牌，便可完成语料搜集的田野工作。这种研究方式大体上可归于语言民族志（linguistic ethnography）方法的范畴（参见Blommaert & Maly 2014；Lou 2016）。语言民族志方法旨在运用实地考察以及直接、第一手的观察等方式来提供对社会语言使用和文化的描述（Hammersley & Atkinson 2007; Fetterman 2009）。要调查城市的语言景观，研究者可通过街道徒步的形式开展田野调查，使用手机或数码相机对沿途出现在视野范围内的店名标牌、广告牌、路名牌、警示牌、告示牌、宣传标语等各类标牌进行拍照。那些含有外语、繁体字、拼音、少数族群语言等语码的标牌在采集时应特别留意。对于商业店铺来说，店名标牌通常既是商店的名称标记，又是广告牌，是店铺最主要的商业标牌，因此在语料收集时常作为私人或商业标牌的典型形式进行拍摄。由于店铺常常设置多个重复型标牌，所以采用"一店一牌"的语料收集原则更便于统计和分析，即同一家店铺，无论其店铺的不同位置上安装、悬挂、摆放、张贴多少个不同形式或模态的店名，只采集一个店名，从而避免统计时出现店铺数量与店名标牌数量不一致的情况（Shang & Guo 2017）。通常来说，店铺门楣上方的店名标牌是最主要的标牌，因此，语料采集常以此为主要对象。

值得一提的是，田野调查涉及的研究伦理问题（Fine 1993）需要谨慎处理。由于店铺标牌属于私人标牌，未经店主同意对店名标牌进行拍摄可能会引起商店经营者的反感。尤其是涉及店内商品的价格标牌、内部促销宣传甚至商店经营者个人肖像等较敏感信息时，近距离拍照常常会引起店铺经营者的警觉和不满。为了避免不必要的麻烦，对于店名语料的收集应尽量采取远景拍摄，另外拍照时镜头应尽量避开店铺内部的商品和人员，从而保证语料采集工作顺利完成。

此外，为了减少或避免语言景观分析中主观猜测的成分，方便多角论证（triangulation），语言景观研究中常见的语料采集方法还包括以下几种：(1) 文本分析法。文本分析法指的是通过理解文本中的语言、符号、图片等来获取人们试图传达和交流的信息（Allen 2017）。研究者可以搜集国家政府和地方政府发布的公共和商业标牌语言文字使用相关的法令、标准以及各种通知和条规等，在文本分析的基础上解读政府部门对于语言景观的管理政策。例如，在我国，全国人大、国务院及其下属的国家标准化管理委员会、国家市场监督管理总局、中国地名委员会等部委及其职能部门从20世纪80年代至今，出台了诸多语言文字使用的规定和说明，如《中华人民共和国国家通用语言文字法》《地名 标志》《公共服务领域英文译写规范》等，形成了一整套官方语言文字规范。而各个城市的行政主管部门有时也会结合当地的实际情况，出台语言文字使用的地方标准和条规，如北京市的《公共场所双语标识英文译法》（DB11/T 334）、上海市的《上海市道路名称英译导则》（沪地办〔2015〕45号）等。有些市政部门还会发布城市国际化发展规划，其中语言标识牌是规划中的一个重要方面，如《杭州城市标识系统国际化设计导引》《宁波市城市公共双语标识系统建设实施方案》等。对这些国家和地方政府的官方文件进行文本分析，可以了解语言景观相关的管理机制和政策取向，从而为探讨各地的语言景观实践奠定基础。除此之外，新闻媒体记者、社交媒体作者及普通网友对于标牌语言使用发表的评论，也可以归入文本分析的范畴。例如，新华社、《人民日报》等主要媒体代表我国官方部门的态度和立场，而微信、知乎、微博等社交平台上的网友评论，是观察和分析普通民众态度的一种有效途径。

（2）问卷调查法。为了了解人们对于语言景观的感知和态度，研究者可以针对特定群体进行问卷调查，内容包括人们对城市标牌文字的意识程度、外语文字的功能、标牌语言文字的选择和规范等。例如，我们曾以长三角地区工作和生活的中小学英语教师为对象，通过问卷调查考察城市环境中的英文对于英语教学是否有用（Shang & Xie 2020）。问卷采用5级利克特量表形式设计，包含的30个陈述可大致分为三个主题：教师对于中国城市空间英语标牌的感知程度、教师对于英语标牌教育功能的态度、教师对于校园场景中英语标牌的感知和态度。另外，由于标牌上的外语一般是以外国游客或外籍人士为读者的，因此，调查问卷也可以专门针对外国人而设计，以了解他们对于某区域语言景观状况的见解和态度。为了方便问卷的发放和收取，使用网络问卷的形式会更加便捷。（3）访谈法。除了使用问卷来调查读者对于城市语言景观的感知和态度以外，研究者也可以采用访谈的形式作为辅助手段，更深入地了解人们对于语言景观的见解和态度。例如，为了了解店铺标牌上语言选择和设计的确切意图，研究者可以与店主进行面谈，询问他们作为标牌创设者或拥有者对于商业语言景观的意见。在征得受访者同意的情况下，访谈可以录音或录像，以便于后期转写访谈内容。此外，访谈记录也可以采取田野笔记的形式来进行，调查者对店铺的名称、地点以及受访者的回答进行现场记录，然后再进行整理和汇总。

总之，研究者可以使用多种方法来进行语料收集，语言民族志方法、文本分析法、问卷调查和访谈等都是语言景观研究中常见的语料采集方法，而综合使用多种研究方法来开展语言景观的调查和分析对于全面认识城市语言景观的管理、实践和接受度是不可或缺的。

2.3 图片语料的分类

语言标牌的图片收集完毕之后，需要对这些语言标牌进行归类。标牌分类方式标准不同，用途也不一样，但在不同的研究中都有可能派上用场。语言标牌根据语码数量的不同可以分成单语标牌、双语标牌、多语标牌等，其中双语标牌也常常被看作多语标牌的一种。根据标牌的功能和使用，可分成街牌、广告牌、警示牌、建筑名、信息牌、纪念牌、物品名牌、涂鸦等；根据标牌的样式和功能，可分成位置类、信息类、行为约束类和服务类等种类（Cook 2013）。另外，按照书写主体的不同，标牌也可分成官方标牌和私人标牌两类（Gorter 2006; Ben-Rafael, et al. 2006），这种分类在语言景观研究中非常普遍。其中官方标牌又称公共标牌、政府标牌或自上而下的标牌（top-down signs），是政府或公共机构设立的具有官方性质的标牌，如街名、路牌、政府楼牌等。这类标牌的设立者一般是国家或地方政策的执行机构，因此标牌语言代表的是官方的立场和行为。私人标牌又常称作商业标牌或自下而上的标牌（bottom-up signs）[1]，一般是私人或企业所设立的用作商业宣传或个人用途的标牌，如店名标牌、广告牌、海报、公司名称、商业大楼名称等。由于私人标牌所受条规限制相对较少，语言使用较为自由，所以更有可能真实地反映一个地区的社会语言的价值和地位。简言之，官方标牌主要体现国家和地方政府的语言政策及意识形态，展示形式常常有法规可依，而私人标牌主要体现制作者的个人喜好和需求，语言呈现形式具多样性。官方标牌与私人标牌在一定条件下可以互相转化。例如，印刷公

---

[1] Kallen（2009）对"自下而上"这个概念提出疑问，认为私人标牌设置时并不一定是为了与上级（政府部门或机构）交际，例如店主设置商铺店名，向顾客传达商业信息，是一种横向的交际，并不体现自下而上的权势关系。

司正在制作的横幅、书法家手书的对联等在未交付之前都属于私人标牌,但当横幅悬挂在街道上方、对联张贴在政府机构门口后便成为官方标牌。而政府部门将原本属于国有资产的建筑拍卖给私人或公司之后,建筑内部的标牌便成为私人标牌。由于两类标牌分别反映了官方的语言标准和私人企业及社会个体的具体语言运用,研究二者之间的异同可以帮助人们认识一个社会或语言社区的语言实践与语言政策在多大程度上存在差距以及为何有此差距。区分官方和私人标牌是语言景观研究中的一个基本环节。然而,这种二分法的界限并非总是泾渭分明。例如,在政府和商业公司共同参与开发的项目中所设立的标牌到底应算作官方还是私人标牌,便是个难以解答的问题(Leeman & Modan 2009)。

2.4 图片语料的转写

为了便于后续的处理和统计,对于收集的语言景观的图片进行标注和转写(coding)是很有必要的。研究者可以先对图片编号,然后记录以下几个方面的信息:(1)语篇体裁,即标牌的类型,如路牌、传单、菜单、海报、广告、通知、规章制度等。(2)地点或场所,即标牌出现的具体区域或场所,如城区、街道、购物中心、景点等的名称都值得标注出来。(3)领域,即标牌出现的领域,如服务领域、教育领域、商业领域、公共领域等。(4)标牌内容,特别是商铺招牌上的店名名称信息。(5)语码数量,即标牌上所含语码的数量,从而区分出单语、双语、多语标牌等类型。(6)外语种类。如果标牌上出现外语,那么英语、日语、法语等具体外语类别应该给予标注。(7)排列方式。双语或多语标牌上，语码属于上下排列（如中文在上、英文在下）、左右排列（如英文在左、中文在右）还是包围式排列（如英文居中、中文外围）等。(8)字号大小，即各种语码在视觉上的大小对比，一般标注哪种语码最大即可。(9)信息对应。可根据不同语言提供的信息是否等同来标注基本对等、部分对等、互补等。(10)其他，如字体的颜色、繁简字形、特殊文字表达、标牌的材质及永久性等。这些信息可以帮助研究者统计研究区域内各语言的数量分布以及主次地位。当前语言景观研究中，图片语料的转写和标注通常使用 Excel 表格操作即可，不过也有学者尝试使用电脑软件辅助处理照片数据。例如，Barni & Bagna（2009）使用电脑程序 MapGeoLing 作为工具，通过为图片标注来协助语料的归类和分析，在统计时可节省人力和时间。

2.5 分析方法

语料分析可以采用量化或质性的方法。从量化分析入手，可以统计各类标牌的数量及所占比例，以此来看公共空间中的多语共存和分布、语言的主导或次要地位、全球化和国际化趋势的影响或压力等。这是语言景观研究最基本的分析方法。语言数量统计在语言景观实证研究中具有客观性和直观性，因此在多数语言景观研究中仍是必不可少的一个分析手段。例如，Backhaus（2007）对东京语言景观的研究便是基于量化数据来展开，分析标牌包含的语言、语码组合、类型、地理分布、语码偏好、视觉可见性、多语对应性、特异性、标牌层叠等九个方面。量化分析中涉及一个最根本的操作，就是确立分析单位（unit of analysis），即哪些语言实体应归为一个标牌纳入统计。公共空间中那些文字边框明确且独立的标牌作为一个分析单位是比较自然的，[①]但大量并排的语言符号会给标牌的确立带来困难。如公告板上贴着各类公告和广告，那么应该将公告板作为一个标牌还是将单个公告/广告分别作为一个标牌呢？这里不同的学者有不同的处理方法。例如，Cenoz & Gorter（2006）在研究中把每个店铺整体看作一个分析单位，店铺内部的小标牌则视作同一个标志牌的一部分；Backhaus（2006, 2007）将处于同一空间框架范围内的文字看作一个标牌，每一个标牌无论其大小在统计时都算作一个分析单位。不过，不考虑不同标牌的信息含量的数量统计在一些学者看来也是欠妥的（Huebner 2009; Blackwood 2015）。例如，灯柱上的小贴纸和路边的大型广告展牌，其语言信息的社会影响力显然有所不同，而在语言数量统计时是否应该区别对待？总之，到底应该如何确立语言景观的分析单位，目前学界尚无定论，这是该领域在方法论上面临的一个挑战。

　　语言景观研究也可以采用质性分析的方法，以标牌上呈现的内容为出发点和突破口，并结合社会主体以及各种非语言因素在景观形成中的作用，探讨和分析语言、空间、人以及社会之间的关系。这种方法的特点是依靠细致的观察和访谈、历史追溯以及深入的思辨来展开分析，而不太关注标牌数量的多寡。如 Scollon &

[①] 有些时候也会碰到难题，比如正反面都有文字的牌子应算作一个标牌还是两个（Backhaus 2007）。

Scollon（2003）的地理符号学便以质性方式来分析语言景观中的话语形式；Blommaert（2013）通过安特卫普社区标牌上的语言使用来分析当地社会复杂而多元的人员构成、社会分层以及历史形成过程；[①]Wee & Goh（2019）通过城市空间中的语言或符号来分析多种情感的塑造，也是质性语言景观研究。质性分析致力于为语言景观的文化历史脉络、意识形态、交际方式等提供深刻的解读，在如今的语言景观研究中日益常见。

此外，量化和质性分析相结合在很多学者看来是更为有效的语言景观分析方法。Blackwood（2015）认为，语言景观研究应结合量化和质性分析的优势，其中量化分析可以提供语境参照，即语言数量和比例的对比能反映语码分布的特征和历时变化，避免印象化的结论，而质性分析可以从多个角度详尽地阐述标牌上的语言使用及其功能。尤其是标牌数量较少、量化意义不显著时，质性分析可能更有助于揭示当地的社会语言状况。这样的方法可以弥补以往语言景观分析中"重量化而轻解读"的弊端。总之，语言景观有多种分析方法，各种方法之间并非相互对立和排斥，也不存在明显的高低优劣差别，具体使用哪一种方法由研究问题、研究目的和研究语境而定。

2.6 本章小结

本章探讨了语言景观的研究方法，包括研究地点的选择，语

[①] 布洛马特（Blommaert）将此方法称作"民族志语言景观分析法"（ethnographic linguistic landscape analysis）（Blommaert & Maly 2014）。

料采集，图片的分类、标注和转写，以及语料的分析方法等。由于该领域发展迅速，研究内容包罗万象，因此并没有一种普适性的研究方法。实际上，连确定分析单位这样关键的方法论问题至今也未形成共识。研究者需要根据具体语境和研究目的来选择最适当的方法进行语料收集和具体分析，形成既有信度又有深度的语言景观实证研究。

第三章 语言景观研究的分析维度

语言景观是个持续发展的学科领域，近年来研究范围和考察对象不断扩展，分析维度也日趋多元。Pütz & Mundt（2019）指出，语言景观的研究取向已从语码的数量分布转移到语言空间的超多样性、主体性（agency）、多模态性、身份协商与构建等符号实践层面。Shohamy（2019）认为，语言景观的主要议题包括语言景观与多语表征、语言景观与多模态、城市街区的语言景观、语言景观与公共空间中的抗争、语言景观与教育等五个方面。语言景观中值得研究的方面非常多，这里我们根据自己的理解对相关文献中较为显著的分析维度加以说明，为语言景观研究实践提供参照和思路。

3.1 语言景观与语言政策

标牌语言的设置和使用与既定语言政策之间的关系是语言景观研究中的核心议题之一。官方的语言政策在实施过程中经过层层稀释，到了执行层面常常会变样，有时甚至走向对立（Bamgbose 2004: 61），那么政策的贯彻落实程度就是值得探讨的问题。官方标牌的语言通常体现政府的语言政策及语言意识形态，而私人标牌在语言使用上则有一定的自由度，与官方标牌的语言呈现方式不同。很多国家和地区的主管部门把标牌语言列入语言规划的范围，出台专门政策规定媒体或教育中的语言使用。例如，马来西亚政府规定，公共场所中设置的广告牌、路牌等必须使用马来文，如写有英文、中文或泰米尔文，必须将马来文列在第一排，并要比其他语文的字号大、醒目。西班牙的加泰罗尼亚地区法律也规定，所有的公共或私人标牌上，加泰罗尼亚语必须有所体现。此外，加拿大魁北克省 1977 年颁布《法语宪章》（也称作《101 法案》），规定该地区立法和司法、工作、商业贸易、行政、教育等领域必须使用法语，所有的广告必须且只能使用法语，以此来捍卫法语的地位（Gorter & Cenoz 2008）。后来这些规定有所松动，其他语言在标牌中也获准使用，但法语在标牌上必须给予优先地位。那么，官方的语言政策在语言实践中是否得到忠实执行呢？很多早期语言景观学者通过标牌语言的量化分布对此进行考察。例如，Rosenbaum et al.（1977）分析了西耶路撒冷一个街道上共 50 个语言标牌后发现，三类语言标牌（英语-希伯来语并重标牌、希伯来语主导兼少量英语标牌、无英语标牌）数量基本相当，但在私人办公室的标牌上，英语使用更为显著。他们认为，官方部门推行希伯来语作为国语的政策，但公众的语言实践却能容忍其他语言（主要是英语），说明官方政策与具体执行之间存在一定的差距。Tulp（1978）曾对比利时首都布鲁塞尔大型广告牌上的语言使用情况进行考察。布鲁塞尔是个法语和荷兰语并用的双语城市，其中法语是优势语言。塔尔普（Tulp）分析了 2000 多个广告牌后发现，法语在语言景观中占绝对主导地位，其中只使用法语的标牌占三分之二，其余主要是荷兰语标牌，法-荷两种语言都使用的标牌不足 10%。塔尔普据此认为，语言景观与政府引以为豪的双语政策是不相符的，单看语言景观，布鲁塞尔给人的印象就是一个讲法语的城市。为了维护布鲁塞尔作为双语城市的形象，阻止实际用语法语化的趋势，他建议语言景观中必须给予两种语言以同等的重视，在语言标牌中实现真正的双语并用。Monnier（1989）对加拿大蒙特利尔的语言景观进行了研究。作为加拿大魁北克省的最大城市，蒙特利尔以法语作为该市的法定语言，其中 60% 的人口以法语为母语，20% 以英语为母语。由于官方规定法语在语言运用中必须处于绝对主导地位，莫尼耶（Monnier）研究的目的是观察标牌上具体的语言实践是否与政府的语言政策相一致。研究发现，整体上法语使用占主导地位，不过由于面对的顾客群有别，不同类型的店家使用法语的比例并不相同。另外，语言人口组成与店铺标牌的语言使用有密切关系，比如在东部，标牌中使用法语占绝对优势，越往西英语标牌越多，而在讲英语人口较集中的最西部，法语标牌最少。

总之，一个地方的语言景观体现的是事实上的（de facto）语言政策，与官方政策是否一致是一个有趣的课题。为此，标牌的语言选择、多语的排列方式及顺序、各种语言的突显程度、文字是否有翻译（部分或全部）、标牌的材料和放置的位置等等都可以成为考察的方面。

3.2　语言景观与语言权势地位

在存在多语的国家和地区，语言标牌上使用（或不使用）哪种或哪几种语言、语言的排序和呈现方式等，这些行为背后往往都隐含着语言及其群体的权势、身份和地位等信息。因此，多语社会中语言景观与语言权势和社会地位之间的映射关系，是语言景观研究的重点。对于少数族群来说，本族群语言在景观中有一定的能见性对于该族群的语言维持非常关键（Marten, et al. 2012）。语言在公共空间中呈现的多寡是民族语言活力水平的标志（Landry & Bourhis 1997），语言活力低，则族群语言的命运堪忧。Ben-Rafael et al.（2006）对以色列多语标牌的研究发现，在犹太区，自上而下和自下而上的标牌使用最多的是希伯来语和英语，而阿拉伯语则几乎绝迹。而在阿拉伯语区，标牌上阿拉伯语常与希伯来语共现，希伯来语使用也很多。这反映了以色列社会将两种语言都定为官方语言，但希伯来语处于强势地位，阿拉伯语的地位则相对弱势。对于东耶路撒冷的阿拉伯语区，Shohamy（2006）考察发现，语言标牌大多使用阿拉伯语和英语，希伯来语则几乎见不到，她认为多语标牌的语言选择体现了政治上的分歧程度及由此产生的对统治者语言的排斥。可以说，语言景观是研究少数族群语言权势和地位的一个有效视角。

需要注意的是，语言景观的形成过程常常是受操控的（manipulated），因此语言在公共空间中的能见性高不一定意味着语言活力强。例如，西班牙巴斯克（Basque）地区由于实施保护少数族群语言的政策，少数族群语言在语言景观中的可见性非常高（Cenoz & Gorter 2006）。另外，在威尔士，政府为了推行所谓的"真正意义上的双语"制度，规定威尔士语与英语具有同等的地位，必须一视同仁，在语言标牌中也要创造威-英双语景观，以达致"平衡性双语"的愿景（Coupland 2010）。因此，威尔士语在语言景观中的高频出现是官方主导的行为，而非威尔士语真实活力的体现。这种被构建出来的平等性往往并不能真正体现语言在社会中的地位，而那些受官方意志影响较少的语言标牌反倒更有可能体现语言真正的社会价值。这里以英国马恩岛（the Isle of Man）和东欧城市基希讷乌（Chisinau）的语言景观状况加以说明。英国的皇家属地马恩岛是一个独立自治地区，总人口约8万，以英语和当地语言马恩语作为官方语言，旅游业是当地的主要产业，游客人数是岛上居民人数的数倍。当地政府从1985年开始致力于复兴马恩语，将该语言作为当地民族身份的象征，构建英语和马恩语双语并驾齐驱的语言景观。Sebba（2010）调查发现，在楼牌、街牌等官方标牌上，英语和马恩语并用且突显程度相当，说明二者在公共空间中被赋予平等的地位。然而在非典型标牌上，马恩语则往往只是一个象征性符号。例如，在介绍紧急医生服务的宣传单上，主要信息以英语提供，而马恩语字符只在政府标志下方、英语标题下方以及页面的边缘位置出现，数量少且字号非常小。在商店里，牛奶产品的外包装盒及当地报纸报头的显眼位置都使用了英语和马恩语名称，但马恩语字号明显比英语小，而且除名称外，其他内容基本都以英语呈现。可见，如果单从普通标牌来看，马恩语和英语似乎具有同等的社会地位，但如果把目光转向边缘性标牌，这两种语言实际地位的差异便显现出来：英语是主导语言，马恩语居于从属地位。在东欧国家摩尔多瓦首都基希讷乌，作为国语的罗马尼亚语是使用最多的语言，而苏联时期的俄语也是使用较多的语言。Muth（2014）对基希讷乌市内的语言景观进行调查后发现，罗马尼亚语是当地的主导语言和优先语码，超过70%的标牌上（包括单语和双语标牌）使用了罗马尼亚语，使用俄语作为优先语码的标牌则少得多。而在边缘性标牌上（如贴在树干和灯柱上的招贴和小广告、墙上的涂鸦等），俄语的使用则明显比罗马尼亚语多，这类标牌大多只使用俄语来传达实质性信息。这说明虽然摩尔多瓦官方采取去俄化的政策，使得俄语的官方地位和声望大幅下降，但由于在媒体和经济领域中的广泛使用以及曾作为族际共同语的历史地位，俄语仍然是最有权势的语言。

除城市公共场所以外，校园中的语言景观也可以成为少数族群语言维持的一个阵地。校园景观是师生学校生活全貌中的重要组成部分，其设置可看作社会政治意识形态转变成为实体形式。校园具有自己的语言生态系统，它们构成并再生产宏观和微观层面的意识形态。在世界各地，校园环境通常都是推广主导语言的阵地，而地方语言和少数族群语言在校园景观中往往难觅踪影。"大众语言作为唯一交际语言"的主导意识形态常常在主流学校中贯彻，但提供双语教育的学校有机会通过标牌构建双语或多语空间（Dressler 2015）。提供双语教育的学校在面向家长及公众的标牌上使用双语，一方面可以提升学校"双语教育"的形象，另一方面，学生会对周围标牌上各种语言的相对重要性产生意识。校园语言景观也可以成为推动少数族群语言复兴的场所。这里以爱沙尼亚的实践为例来进行说明。Brown（2012）考察了爱沙尼亚学校环境中刻意引入少数族群语言，通过语言景观的改变来复兴少数族群语言的举措。爱沙尼亚学校一般都推行国语即爱沙尼亚语，也青睐教授英语等有国际声望的语言，地方语言则处于边缘地位。基于学校的语言复兴是改变这一现状的有力尝试。在爱沙尼亚东南部，约有5%—8%的爱沙尼亚人讲维鲁语（Võro）。在苏联时期，为确保主导语言的地位，教师严格禁止学生在学校讲维鲁语，违者会受到惩罚。1991年国家实现独立后，各界人士为维鲁语的复兴付出了不少努力。当地语言法案规定所有的标牌上都要使用标准爱沙尼亚语，而在政府和商业标牌上，维鲁语的使用与以前相比已大大增加。不过，在学校中，维鲁语的使用仍只限于口头语言，书写语言仍属禁忌。在学校场境中，虽然爱沙尼亚语是主要用语，但有些教师公开支持给予地方语言更显著的地位，也有一些教师则采用更隐性的方式来保护该语言。通过对维鲁县几所学校内部语言景观的调查，Brown（2012）发现，标准爱沙尼亚语在语言景观中仍占主导，但地方语言的实体形式在某些场所（如教室）已开始有所使用，而在礼堂和博物馆仍非常少。作者认为，在校园景观中引入边缘语言，可以提高师生对少数族群语言的意识，为改变少数族群语言生存的实体环境提供切入口。

3.3　语言景观与社会抗争

语言景观并非中立的语言表达，而是包含了人们对语言权利、社会地位、群体身份等多方面的竞争、冲突和妥协。Rubdy & Ben Said（2015）就集中探讨了语言政策、语言政治及语言层级性等机制在多语地区所引发的异见、纠纷和冲突。多语地区的官方语言景观往往是以主导群体的语言为主,少数族群语言为辅,这种事实上的语言政策对处于权势等级底端的社会群体的身份构建是不利的,因此常常引起不满或抗议。例如,地名到底用少数族群语言还是主体语言书写,这种争议常常形成语言冲突。Shohamy(2006)发现,在欧洲的少数族群居住区,语言激进分子故意把标牌上的地名拼错,以此向外界传达语言权利斗争和领地诉求等讯息。冲突不限于地名的使用,还可能涉及标牌语言的位置和突显程度等。语言景观中最能体现当地语言利益冲突存在的形式是涂鸦,少数族群常常通过在公共场所涂鸦的形式表达对当局语言政策的不满,同时表达提升本族语言地位和认可度等方面的诉求(Pennycook 2010)。很多非典型的标牌出现在未经官方部门允许的场所,属于越矩式放置(Scollon & Scollon 2003),这种对当权者制定的规则进行冲击的行为往往是反映政治诉求的一种方式。语言使用者常常把城市空间作为一个媒介,通过书写标语、涂鸦等行为来争取或实现某种个人或群体的利益,而这些行为又常常遭到当权者的阻挠和管制。语言行为者的主张及反抗与当权者的压制之间的交互过程,可看作都市政治①(urban politics)的一部分(Davidson & Martin 2014; Mossberger, et al. 2015)。Hanauer(2012)指出,标语属于典型的政治话语,示威标语在城市空间出现时能发挥三种功能:(1)戏剧性植入(dramatic interjection)功能,在

---

① 都市政治又称为城市政治学,是以城市场域内的政治现象和政治活动为研究对象的交叉学科,研究主题涉及城市政治的权力结构、城市领导与地方政府机构、城市社会运动、城市公共空间与城郊关系、全球化背景下的城市发展等(曹海军 2013;周杨 2015)。

人们熟悉的地点短时性地植入政治声音，影响公众的意识。（2）信息功能，标语可以向公众传递多种信息。（3）对某个群体或某种主张表达异见或认同。公共空间中的涂鸦也是人们对于社会、政治等问题表达心声的一种方式。涂鸦者往往对社会不公、现实残酷、政策失当等心怀不满，然而又无力改变，涂鸦就成为当事者发泄愤怒的一种途径。Pennycook（2010）指出，作为城市居民，涂鸦者意在通过涂鸦的方式挑战那些既有的认定，如公共文化为谁服务，公共空间由谁控制，公共意象和文字由谁许可，城市面貌由谁主导等，从而向读者表达自己的主张。涂鸦是对规划语言文字交际秩序的悖逆，在无力对抗庞大的权力体制的情况下，通过违规性书写宣泄情绪，从而达到调节心理、回归现实的结果。拿德国柏林的普伦茨劳贝格（Prenzlauer Berg）来说，这里曾是民主德国（东德）统治下的一个落后的城镇，从1990年东西德统一后开始，由一个工人阶层为主的城区改造成一个现代化住宅高耸、商业店铺林立的中产阶级社区，曾经萧条破落的街道景观也迅速由色彩缤纷的商业广告牌所占据（Papen 2012）。语言景观的变化反映了当地所经历的广泛的社会变革，然而并非所有人都欢迎这样的改变。当地居民利用涂鸦表达对现代化开发的不满。例如在新居民为顾客主体的高档饭店，墙面被喷涂"斯瓦比亚人滚出去"的标语，表达当地人反对外来新居民的声音，维护地域主人的权利（Papen 2012）。因此，涂鸦者强行介入城市空间，通过改造景观格局的方式声索空间使用权，从而演绎都市政治中的权力与反抗。总之，游行标语和涂鸦等语言形式/行为给城市治理带来了挑战。从都市政治的视角来考察语言景观所涉及的语言异见、冲突和对抗，可以帮助人们了解当地社会的语言环境及意识形态。

3.4 英语的国际传播

英语在语言景观中的分布、地位和功能始终被作为语言景观研究的热点之一。在全球化的浪潮中，强势语言的国际传播和扩散成为必然趋势，尤其是英语，在世界各地的应用日益普遍。语言景观恰恰可以为英语的全球化提供实体化证据。英语国家的语言景观中大量使用英语自然不在话下，而非英语国家和地区的语言景观中，英语通常也都会占据一席之地。英语在语言景观中占据越来越大的比重，其中一个主要原因是使用英语标牌可以激活面向国际、面向未来、潮流、现代、成功等象征功能（Piller 2001）。例如，Curtin（2009）对中国台北市区语言景观的研究发现，英语作为时髦语言主要用作装饰功能，代表高质量产品、时尚都市身份、现代化和国际化视野等。Hult（2009）在对瑞典城市马尔默（Malmö）商店橱窗和餐馆的多语标牌的研究中也发现，许多标牌上的英语是象征性的，表明国际性、全球性的价值观，而瑞典语则是工具性或交际性的，传达实用性的信息。此外，国际旅游的发展带来了全球人员的流动，旅游语言景观中英语标牌的普遍性也体现了英语在旅游领域的价值和地位。在有些旅游地区，英语甚至有取代当地语言成为主导语言的趋势，旅游目的地的少数语言（如当地方言）仅限于当地人之间的交流，而东道主和游客之间真正发挥交际功能的是英语。例如，Jaffe & Oliva

(2013)发现,在法国的旅游胜地科西嘉岛上,很多商业店名上使用科西嘉语(Corsican),但它只是一种象征性的语言符号,用以表明店主的身份特征,而具体经营的商品则使用英语等国际语言来标明。以葡萄牙阿尔加维地区来说,这里过去曾是一个偏远、落后的渔村,基本是个葡萄牙语单语制的地区。从20世纪60年代开始,由于旅游业的发展,这里迅速成为一个以阳光海滩闻名的度假胜地,旅游产业成为该地区的经济支柱。Torkington(2014)考察旅游对阿尔加维地区语言景观的影响时发现,在这里的度假区,英语是主导交际语言,在语言景观中英语也是随处可见,葡萄牙语则出现得很少。而在英-葡双语标牌上,英语也是居于突显地位。这说明旅游业者意识到会讲葡萄牙语的游客很少,使用英语既可以发挥共通语的功能,又可以构建一个对游客友好的形象以及身居国际都市的身份特征。该文作者认为,英语语言景观使得游客和移民有家一样的归属感。

英语在语言景观中的使用会对社会语言秩序造成冲击,另外也会引起身份认同、语言维持等问题。英语越来越广泛地出现在城市环境中,对于非英语使用地区的当地人的语言认同会形成挑战,英语也逐渐取得Phillipson(1992)所谓的"语言帝国主义"(linguistic imperialism)的地位。

3.5 语言的商品化和真实性

语言不仅是一种交际工具,而且还是一种具有经济价值的潜在商品。布尔迪厄(Bourdieu 1977)指出,语言本身所承载的象征资本可以用来换取经济利益，而独特的语言能力可以为语言使用者带来独特的利润。在现代商业和旅游市场中，语言的商品化是非常普遍的现象。陈丽君、胡范铸（2010）认为，作为文化代码的语言也是一种可开发利用的旅游资源，如方言、古歌谣等都有可能成为消费性旅游产品。特别是在少数族群聚居的旅游地区，其语言和文化的独特性常被视作一种符号资源，用以赚取经济利益。旅游主管部门和私人业者会把少数族群语言作为一种文化产品，用于营销和推广，构建当地独特的旅游语言景观。例如，在美国华盛顿特区的唐人街，其语言环境的形成不仅受语言政策影响，与城市规划政策也有很大关系。从20世纪90年代以来，规划者从商业利益出发，着力把唐人街打造成一个以华人文化为特色的旅游景点，在建筑外形、设施上都体现华人文化的风格，而标牌上的汉字也是重要的设计元素。在管理者看来，中文语言景观符合唐人街的定位，作为一个特色旅游景点可以吸引外部游客。规划者和生意人主要看重中文的象征功能和美学功能，而它的表意功能则无关紧要。Leeman & Modan（2009）对唐人街的语言景观考察发现，标牌上的中文主要是作为一种商品化的符号，而并非交际语言。这里很多店主并非华人，其消费群体通常也不是华人游客和居民，但店铺依然会使用中文标牌，以符合设计需要。他们认为，唐人街语言景观中的中文已不再是一种交流工具，已经与华人文化、历史及身份表征相脱离，而只是一种商品化景观中的装饰，一种商品化的符号。此外，城市中的语言和种族的多样性也可以成为旅游的卖点，政府部门和发展商常以此把城市营销成一个独特而有活力的旅游目的地。例如，瑞士的旅游宣传就把语言文化的多元性作为自己独特的旅游特色加以推广（Heller, et al. 2014）。因此在旅游语言景观中，标牌上的多语并存也可能是商品化的一种手段。

与语言商品化紧密相连的一个概念是语言的真实性（authenticity），这也是旅游领域语言景观中值得分析的一个方面。"真实性"是旅游学研究中的核心概念之一，其意义内涵非常丰富又不断演化（Cohen 1988, 2004）。它既可以指旅游客体的真实，即旅游标识物以某种程度的真实性客观地呈现出来，也可以指旅游主体的真实，即旅游者通过旅游活动和体验来找寻本真的自我。客观主义学者MacCannell（1973, 1976）认为，现代人生活在一个人为、异化、不真实的世界之中，他们期望通过旅游去找寻世界的本真状态。在他看来，现代人出游的目的就是去追求真实性。建构主义者认为，旅游者追求的并非绝对的客体真实，而是一种象征意义上的真实性，旅游者"真实性"的体验是社会建构的结果，即使虚假的客体也有可能被旅游者视作真实（Wang 1999）。后现代主义者则认为，旅游者追求的是自我的真实（authentic self），他们期望摆脱标准化、制度化的现代生活的束缚，到异地去找寻自由、解脱、快乐的状态，还原本真的自我（Cohen 1988, 2004）。总之，旅游的真实性是游客的一种精神追求，而真实性的内涵以及旅游者的真实性追求是否能实现是学界争论的热点。旅游客体的真实性是旅游（尤其是人文景观旅游）的一个卖点，为了吸引游客，旅游业者总是强调旅游产品的正宗和地道。标牌上的语言作为一种符号资源，在一定程度上可以帮助游客实现追求真实性的动机。游客对于语言景观的真实性需求可能体现在多个方面：标牌上的语言真实地传递信息，标牌上的多语反映旅游地区的人群或种族的多样性，而标牌上的外语或少数族群文字可以为游客带来远离家乡的真实感。在华盛顿特区唐人街的旅游语言景观中，中文标牌使得该景点具有异域情调的真实性（Leeman & Modan 2009）。这种异域风情的独特性是吸引旅游者前来参观消费的主要卖点，然而，身份表征的丧失又使得那里的语言景观失去真实性。Moriarty（2015）考察爱尔兰丁格尔（Dingle）小镇的旅游语言景观时发现，使用爱尔兰语是真实性的反映，即爱尔兰语和其他文化突显的符号为游客创造出一种旅游的真实感。爱尔兰语及符号资源常常在商业领域使用，说明当地旅游业者认识到这些资源的重要性，通过语言呈现以满足游客体验爱尔兰风情的需求。虽然爱尔兰语很多时候只是个象征性的符号或者装饰，但已说明当地人认识到真实的爱尔兰语能带来经济利益。

不过，为旅游而构建的语言景观很大程度上是以商业目的为导向的，经济理性使得语言权利问题被淡化和掩盖，语言呈现的"自然化"和"合法化"有可能进一步固化语言地位的不平等。对于少数族群而言，旅游为族群语言文化的传播带来机遇，同时也带来挑战。一些游客可能对旅游所在地的语言文化和传统饶有兴趣，而以推广当地语言和文化为目的的"文化旅游"可以帮助少数族群提升自身形象并觅得商机。很多学者指出，旅游语言景观有助于保护少数族群语言。例如，Berghe（1984，1992）认为，民族旅游能强化地方文化的真实性，传统文化得到重新诠释，有助于民族文化的复兴。Pujolar（2013）认为当地的少数族群语言具有遗产和象征意义，处于旅游体验的边缘位置，利用恰当的政策把它们与现代化而非民俗化联系起来，可创造新的卖点。然而，少数族群在旅游中真实呈现的语言、历史、风俗传统、文化器物、生活方式等，在有些游客看来是一种"怪诞、离奇、古旧、落后"的文化，这种标签阻碍了少数族群语言文化的发展（Burdick 2012）。旅游中的语言趋同也可能会造成少数族群的语言价值降低，从而进一步被边缘化。例如，Brougham & Butler（1981）指出，旅游是导致苏格兰地区斯凯岛上盖尔语使用减少的一个主要原因。基于这些负面效应，少数族群有时会对旅游的发展持怀疑和担忧的态度。总之，旅游活动会对旅游目的地的语言生活状况产生诸多影响，对于族群语言的生存与活力来说既有机遇也有挑战，但到底是利大于弊还是弊大于利，仍是个很有争议的课题。

需要指出的是，语言的真实性和商品化有时会存在矛盾，商品化了的语言可能会导致其本质属性的失真。在语言景观研究中，商品化的语言文字体现哪些功能、在多大程度上保持真实性、是否有助于增强游客体验等都是值得探讨的问题。

3.6　标牌语言的形式特征

标牌上所用语言的形式结构也是研究者热衷探讨的一个方面。标牌语言在词汇选择和句法等方面不仅有别于常规的书面语，与普通文本的标题用语也有所不同，如常使用非完整句、无显性的衔接手段等。在当前的语言学研究中，广告语言的研究较多。如Myers（1994）发现，媒体广告经常使用命令句和问句，目的是创造"跟读者对话"的效果，但甚少使用礼貌性词汇，因为"在我们的文化中，让读者做惠及自身的活动时，无需礼貌手段"。Rush

（1998）注意到，广告上的名词结构使用独特的语序，在长句中倾向于把产品或商标名称用于句首或句子靠前的位置。至于其他类型标牌（如路牌、告示牌等）中的语言形式特征，则研究得不多。另一个值得关注的方面是标牌上的语言或文字接触现象。由于各种语言互相影响，多语地区的语言标牌常常会有语码混合、文字替代等情况。由于许多标牌是语言混杂、创新或杂糅的高度创造性的展示，不同类型的语言接触现象会给言语社区的边界甚至语言的边界区分带来问题，形成超语实践（translanguaging）（García & Li 2014）。理论上说，多语标牌上的各种语言都可能夹杂其他语言的形式特征。但事实往往并非如此。Huebner（2006）研究曼谷邻里地区标牌上的语言特征时发现，在大量的泰英双语标牌中，泰文使用英文词汇和句法很常见，而英文使用泰文词汇和句法规则的情况则没有出现。这说明在全球化的作用下，英语对泰语使用产生了影响，而泰语对英语的影响甚微。Gorter & Cenoz（2015）以西班牙巴斯克地区圣塞瓦斯蒂安市（Donostia–San Sebastián）的多语标牌为例，分析了不同读者如何消解语言边界，在各种语言之间跳转以获取不同信息的超语实践。他们认为，通过考察超语现象，可以突显不同语言形式、标牌和模态之间的共现特征。总之，多语标牌上的语言与符号资源之间如何互相影响以及创造性地使用，值得语言景观研究者深入考察。

3.7 语言景观的历史变迁

语言景观不是一成不变的，而是动态、变化的，从时空维度上看具有内在的历史性（intrinsic historicity）（Blommaert 2013: 38）。从历史性的角度对语言景观加以研究，可以帮助人们了解某个地区语言状况的历史演变及不同时期各种语言社会地位的变迁。例如，Spolsky & Cooper（1991）考察了东耶路撒冷老城区的语言标牌的特点，发现在不同的历史时期，标牌上语言的排列顺序总是把统治者的语言置于最上方，而英语的翻译也以统治者的语言为基准。Leeman & Modan（2009）对华盛顿新修缮的唐人街的标牌研究也结合了历史和种族维度。他们区分了语言景观构建的两次浪潮，其中20世纪七八十年代为第一次浪潮期，此时所开设的商铺大多是华人所经营的小型商店，标牌大多发挥工具功能，使用英语或华语的主要目的是面向潜在的顾客（包括讲英语的游客和讲华语的居民）。20世纪90年代为第二次浪潮期，此时所开设的店铺多是大型的国际连锁店，这些店铺门口也都展示华语标牌，使得华语在该地区随处可见。然而，华语只是管理部门的一个设计元素，在商品化的景观中作为招揽顾客的装饰品。据此可以看出，语言景观在不同的历史时期发挥着不同功能，具有不同的象征意义。彭国跃（2015）从历史社会语言学的视角对上海南京路上过去一百多年间的语言景观进行历时考察，探究在清末、民国时期、新中国成立时期至"文革"结束、改革开放至今等四个历史阶段语言景观的历史变迁。论文以382张历史照片影像为语料，以质性分析的方法阐释了南京路上语言景观从形成、繁荣、动荡到复兴的历史过程，揭示了政治形势和经济体制等社会因素对上海语言景观变化的影响。

3.8 语言景观与城市情感

语言景观除了发挥传达信息和象征社会权势身份等功能之外，还有激发社会情感①的作用。环境与人类情感之间有着紧密的联系，无论是人们从美景中获得审美的愉悦感，还是从体验风土人情或消费过程中获得某种满足感，抑或是对某个地方的依恋之情，地方和环境都会成为情感事件的载体（Altman & Low 1992; Tuan 1990; Urry 2007）。即使是未开发的蛮荒之地，人们也可能在探险和发现自我等话语的影响下，将态度、反应或意识形态置入其中，激发某种情感（Wee & Goh 2019）。语言景观是在地方和环境中塑造特定情感的重要手段。春节时家家户户张贴的迎春对联、福字、窗花以及悬挂的红灯笼等所构成的符号景观，能激起欢乐、热闹、希望等情感反应。在抗议和示威游行活动中，参与者利用标语或口号作为斗争的工具，对政治或社会事态表达不满情绪、引起民众共情、形成群情激愤的情感氛围，实现预期的抗争目的（Rubdy 2015）。有时候，标牌所涉及的情感形态并不明显，但这些隐性、

---

① 英语中 emotion 和 affect 这两个术语都与人们对外界事物的心理反应有关，在西方学术文献中常常互换使用。不过，很多学者 [如 Massumi（2002），Thrift（2008），Clough（2007）等] 指出，这两个概念所涉及的语域有所不同：emotion 侧重于个体经历的短暂而强烈的主观感受和体验（如喜怒哀乐等），其词汇标签具有文化差异性，相当于汉语的"感情"或"情绪"；而 affect（常译作"情感"）指的是人们对于事物的积极或消极的评价指向（evaluative orientations），侧重于描述人们对事物集体的、共享的体验，而非个体的主观感受，其内涵更为宽泛。例如，友好、可爱、奢华、典雅等作为人们的主观体验，并非典型的感情状态，却都关涉人们对于谈论对象的价值评判，可引起人们的某种情绪反应，因此可归于情感范畴。可见，情感是比感情或情绪内涵更为宽泛的概念，是集体的、评价式的心理反应。

微妙的情感反应也有可能发挥强大的社会功能。例如，在多种族、多语言的社会中，政府部门在公共场所设立多语标牌来传达信息，可以构建包容、团结（solidarity）等情感，为社会稳定和种族和谐方面做出贡献。Landry & Bourhis（1997：27）提到，在政府和私人标牌上大量使用某个族群的语言，可以让族群成员感受到该语言的价值和地位。他们将语言标牌激发读者的情感反应视作语言景观象征功能的表现。

在语言景观中，参与者的感受和体验是非常复杂和多元的，要使个体的行为和表达按照某个场所预期的情感模式来展演，需要建立适用于该情感模式的秩序和规则。情感机制（affective regime）指的是一套具有不同程度统辖地位的制约条件，以保障特定情感在场所语境中能够得到恰如其分的展现（materialization）（Wee 2016；Wee & Goh 2019）。语言景观管理者可以通过创建不同类型的情感机制来引导人们的情感指向。例如，城市交通主管部门为了减少因路怒症等造成的相关事故，采取安装监控摄像头、提高罚款或监禁的执行力度、在媒体上宣传文明交通的重要性等行动，便是创建"交通礼让"情感机制的做法（Wee & Goh 2019）。情感机制可以通过明确的话语手段来体现。例如，"如遇危险 请保持镇静""竭诚为您服务"分别强调镇静和真诚是现实语境中应当保持的情感。情感机制更多地是以间接、隐性的方式来体现的。例如，奥运会主办方设计卡通形象的吉祥物进行宣传造势，创造出"可爱"的情感体验；儿童游乐场的器材、色彩和图案等，以欢乐作为预设情感；心怀不满的年轻人通过墙壁涂鸦来表达亚文化群体的骄傲和叛逆等情感（Pennycook 2009），这些情感在语言景观中的流通都是隐性实现的。需要指出的是，情感具有具身实践的特征，人们实际表现出的行为可能符合情感机制的规约，也可能偏离。

近年来，一些学者尝试探究语言景观中特定情感机制的表征方式。例如，Wee（2016）探讨了美国弗吉尼亚州阿灵顿国家公墓通过景观布局、标牌文字和样式、参访须知等语言或符号资源构建"敬仰"和"尊重"等情感机制。与图书馆等场所鼓励尊重相比，国家公墓设定的情感机制更加正式和严格，一般不容协商。Wee & Goh（2019）从现象学的视角出发，进一步分析了多个地域空间符号景观中"卡哇伊"（Kawaii）、敬畏、冒险、排外性、友好/共融（conviviality）等情感机制的表征和实现方式，为研究者深入理解语言景观的情感维度奠定了基础。Borba（2019）以巴西国会弹劾女总统罗塞夫（任期为2011—2016年）的政治风波为背景，探讨了总统支持者和反对者在示威过程中利用语言标牌表达憎恨和希望两种情感机制的方式。在标牌话语中，对政治领导人的不满以及对国家美好前途的希冀并存，但严重的政治分歧导致语言景观充满了憎恨情绪。反对派使用侮慢性标牌表达对总统的不满，而墙壁涂鸦上的图案又体现了民众对于宽容、团结的向往。Yao（2020）探讨了澳洲维多利亚州一个名为尤罗阿（Euroa）的乡村小镇如何运用符号化的实体物件来表达"怀旧"（nostalgia）情感。作者认为，怀旧情感具有向往过去和向往家乡两个向度。例如，遗迹参观路径图为游客的移动确立了空间秩序，历史建筑等实物景观能激起游客对于久远时空的想象；店主为保留古屋而手写的请愿书运用话语策略构建其历史价值；中餐馆的名称和字体选择以及店内富有中国文化意象的符号化装饰，通过怀旧机制来吸引思念家乡和寻求文化认同感的消费者。因此，怀旧机制在空间表达中具有渲染情绪和促进消费的双重功能。Motschenbacher（2020）的研究关注美国佛罗里达州威尔顿庄园（Wilton Manors）通过语言景观构建友爱、容忍以及同性恋民族主义（homonationalism）等情感机制。该城市是美国同志文化（LGBT culture）最为盛行的社区。在名为威尔顿通道的主干道路上，标牌设立者使用颜色、图案、文字和实物等多种符号化手段，创建了一个同性恋正统化的空间，同性恋者的身份、需求和愿望等作为当地规范而呈现出来。

总之，城市空间是一个情感场所（a place of affect），空间的情感维度是语言景观中一个新的研究视角和方向。Wee & Goh（2019: 17）认为，不关注空间情感潜势的语言景观研究是不完整的。然而，对于语言景观如何调节和管理情感反应，环境的布局如何影响公共表达或情感实现，学界目前的研究还十分有限。对于社会语言学研究者来说，景观中的情感置放以及环境的情感赋能都值得深入挖掘，从而更好地诠释语言、社会与空间之间的交织与互动关系。

3.9 非典型语言景观的意义表征

语言景观研究主要考察路牌、广告牌、警示牌、建筑铭牌等静态、情景化置放的典型标牌，这从 Landry & Bourhis（1997）的经典定义便可以看出来。然而，现代城市环境中还存在着许多非传统、非主流形式的语言标牌，如车身广告、电子屏幕、涂鸦、游行标语、文化衫等。Moriarty（2014）指出，现实空间是多元、流动和不断变化的，因此只侧重城市环境中静态、固定的标牌是传统语言景观研究的一大缺陷。城市空间中传统标牌以外的语言文字所构成的语言景象可称为非典型语言景观。近年来，非典型语言景观开始受到研究者的重视。下面仅对学界关注相对较多的几类非典型语言标牌进行阐述，讨论它们在城市空间语言表征中的特征和社会功能。

（一）游行标语

示威游行是公众参与社会政治事务、通过论争表达立场的重要手段，其主要目的是引起公众对某些社会事件的关注，影响公众认知和舆论，最终形成或改变政策和法规（Hanauer 2012, 2015; Shiri 2015）。标语是所有游行活动中不可或缺的宣传工具。游行标语有多种形式，包括手持标牌、横幅、海报、旗帜、汽车贴纸、传单、服饰标语等，加上图片、呼喊口号、音乐和歌曲、数字和社交媒体手段等，随着游行队伍的移动或停留，形成一种多模态的语言景观。这些自下而上的语言标牌在抗议示威中能发挥不同的功能。例如，手持标牌可以用来陈述诉求或不满；横幅是游行活动和示威者立场的主旨陈述；旗帜则是忠诚的象征；呼喊和音乐等听觉手段可以吸引人们的关注（Messekher 2015）。游行标语体现公众在社会政治事务决策中的存在感和参与感，它们既反映示威群体的心声，又具有强烈的政治动机。这种由游行参与者利用场所空间所临时构建的语言景观，能让人们有机会了解游行活动本身的缘由和目标，以及当地社会的语言实践。在语言景观中，选择读者能理解的语言来书写标牌是标牌语言选择的一个重要原则（Spolsky 2009b）。在示威游行中，标语的语言选择通常都与目标读者的语言背景有关（Kasanga 2014）：（1）使用英语，借助英语作为全球语言的地位，把标牌信息传递给全世界的读者；（2）使用当地或区域语言，其目标读者是当权者和当地民众，例如在刚果（金）和突尼斯的游行标语使用法语就是因为抗议对象是法语使用者；（3）游行标语中出现多种语言，目的是把主张和诉求信息传播给这些语言的使用者。这里标牌持有者是否懂得标牌上的语言内容似乎并不那么重要，不会讲英语的抗议者手持英语标牌出现在示威活动中也是非常常见的现象。总体来说，英语所具有的交际潜势使得示威者的诉求能够被世界各地更多的人所了解，影响人们的认知和心理，从而使运动产生更深远的影响。

（二）车体及动态广告

在都市空间中，公共标牌和私人标牌大多出现在固定的载体之上，供读者阅读。而固定的标牌在信息传播方面有明显的局限性，即人们在经过标牌所在场所时才有可能成为读者，因此读者覆盖面较有限，信息传播较被动。相对来说，移动的标牌则优势明显：信息随着标牌载体的移动可以传播到更广的范围，吸引更多的潜在顾客群。鉴于此，移动的车体成为现代商业广告的一种重要的传播载体。在城市的街道上，公共汽车、货车、出租车等车体表面常常成为商家和公益广告的投放平台，通过车体的移动性来增加广告信息的传播和影响。公司和产品的名称、商标、标语等印刷在车身之上，这种由生动的图画、简短的文字所构成的标牌就成为一个巨型的广告牌，随着车体在市区街道来回穿梭，在人们的视野中进进出出，所经之处都可能引起人们（当地居民、行人和游客等）的关注，甚至能吸引其他交通工具上乘客和司机的注意（Sculle & Jakle 2008）。除此之外，在电子科技时代，液晶屏幕上滚动式播放的广告、互动式电子屏上的广告、网页或手机应用中的弹出广告等新型广告形式层出不穷。这种框架相对固定而内容不停变换的广告牌更容易吸引人们的注意力，从而达到较好的广告营销效果。

需要指出的是，标牌载体如公共汽车、出租车等交通工具的移动性为语言景观研究带来极大困难（Jugenheimer & White 1991; Gorter 2006）。在目前有限的考察中，研究者关注的焦点主要是车厢内部和外部广告的语码选择。例如，在中国香港，中文和英语是当地的两种官方语言，二者在法理上具有同等地位。Lock（2003）对香港港铁炮台山站至九龙塘站之间站台和车厢内广告牌及告示牌上的语言选择进行了考察，发现中文和英语在官方和私人领域的地位并不一致。其中站台对面的广告牌以引人注目的大型图片为主，广告语文字很少。广告牌离乘客较远，而且乘客停留时间较短，因此，图片为主、辅以少量文字说明的广告设计更能吸引读者注意。而在车厢内部，座位上方的广告板上，文字信息量明显较大，图片相对较少。这很可能跟乘客在车厢内停留时间相对较长有关。在官方的告示牌上，信息都是以中英双语形式出现，中文在前，英文在后，说明中文比英文具有更高的权势和地位。而在广告牌上，中英双语则没有这样显著的优先次序，但大多数广告牌上的品牌名称使用英文书写，而产品相关的其他主要信息则由中文提供。因此，在当地的地铁语言景观中，英文主要发挥象征功能，而中文承担表意功能。Sutthinaraphan（2016）考察了曼谷轻轨捷运系统的语言景观，研究对象是素坤逸线的慕七、暹罗和披耶泰等三个最为繁忙的转换站内（包括站内、站台及车厢内部）的广告标牌。研究发现，虽然泰国以泰语作为唯一官方语言，但87%的标牌上使用了英文（英语单语或泰英双语），只有13%的标牌使用全泰文。英语的使用一方面吸引外国游客及本地懂英语的人群对营销品牌的关注，另一方面也为产品或服务增加了国际化、高端、时尚等象征意味。由于乘客在转换站内停留的时间较短，阅读信息的时间有限，广告大多只包括标题、品牌名和广告语（宣传口号）等简要信息，其中品牌名多使用英文，而其余重要信息则用泰文，这也体现出泰文和英文在语言景观中具有不同的功能分工。可见，地铁广告充分考虑到乘客众多、摄取信息时间短的特点，英文主要用来提高产品知名度和形象的营销，而当地语言用来提供实质性信息。

（三）涂鸦

涂鸦（graffiti）指的是在公共建筑的墙壁或设施表面所喷涂或印刻的文字或图案，其内容多是政治主张表达、亚文化宣传、非法广告等。这些涂制的文字或图画常出现在街角或者地下通道的墙壁之上，成为城市语言景观的一部分。涂鸦大多是未经主管部门或设施所有者允许而涂写的，一般属于越矩式置放的标牌（Scollon & Scollon 2003）。城市主管部门作为城市空间使用权的权威监管者，常常将涂鸦文字等同于破坏市容。而涂鸦者挑战城市主管部门建构的城市话语秩序，强行进入城市空间，争夺空间话语权，传达某种信息或意识形态。尤其是在多语多文化或有语言冲突的地区，街头涂鸦常常成为少数族群宣泄不满的工具，对本族群语言在当地语言政策和实践中被边缘化的现实表达愤怒和抗议。Muth（2016）在摩尔多瓦首都基希讷乌市考察发现，官方街牌用罗马尼亚语（拉丁字母）书写，而在它旁边用俄语（基里尔字母）粉刷在墙壁上的街名则传达了特殊的政治意义，即把同一个街名音译成基里尔字母涂在墙壁上。一方面方便不懂罗马尼亚语的当地读者，从而给街道上的商铺带来商业利益；另一方面，这种涂鸦可能表达了涂鸦者对俄语被边缘化、罗马尼亚语是唯一国语的官方政策的不满（Muth 2014）。可以说，涂鸦是个人或群体挑战既有的话语秩序、表达政治和权利主张的手段，往往具有强烈的政治动机。

（四）街头艺术

艺术创作者在城市公共空间所创作的视觉作品属于高级形式的涂鸦，常被视作一种街头艺术（street art）。与一般涂鸦不同的是，街头艺术主要以图画为主，有时也会配上少许文字，供读者观赏。街头艺术以街道两侧的墙体作为画廊，以非传统的方式与公众交流，传达创作者对于社会议题、审美价值等的观点，引起人们的思考（Pennycook 2009）。很多街头艺术是未经有关部门批准的创作，从而遭到城市管理部门的管制和清理。但街头艺术并非总是挑战或对抗政府的立场或政策，有时只是为了增加城市的美感。Papen（2012）对柏林普伦茨劳贝格的街头艺术考察发现，街头艺术的创作除了反商业化的目的之外，有些是为了对城市的空间生活发挥积极影响，融入并美化城市环境。由于街头艺术和涂鸦能让城市空间更具吸引力，这种以绘画和书法为主体的边缘艺术形式有时也会被商品化,成为当地旅游景观的一个卖点。不过,这种具有亚文化资本(subculture capital)的景观常常具有排外性,一般只有该文化圈内的人员能够读懂(Pennycook 2010)。

(五)T恤文化衫

T恤衫上的图画和文字在城市语言景观中也很常见,如大型活动文化衫、旅游文化衫、机构或公司文化衫等。身穿文化衫行走在路上,当事人本身及其衣着便成为移动的标牌,作为语言景观中的一部分参与意义潜势的构建(Caldwell 2017)。从地理符号学的视角来看,出现在具体场所中的任何形式的标牌和符号都具有意义潜势,都是某种选择的结果,而每一种选择都能传达独特的社会意义(Scollon & Scollon 2003)。T恤衫文字能体现着装者的某种身份特征或价值认同。穿着印有特制文字的T恤衫,成为移动的标语也能吸引过路人的目光,而T恤衫上的文字可以引起读者情感或心理上的某种反应,从而达到宣扬自我、宣传或营销等目的。例如,Milani(2014)认为,男士身着印有"I love SWEDISH GIRLS"(我爱瑞典姑娘)的T恤衫在街上行走,其异性恋的价值取向便通过物化符号的形式展现出来。有些T恤衫只印有某个地名,但出现在城市街道时仍能传达一定的符号意义,如身着印有"Bankok"的T恤衫,说明着装人很可能曾有过曼谷旅游的经历,也可能意味着此人对曼谷生活方式的认同或向往。文化衫有时也可以成为增进少数族群文化认同的工具。例如,Coupland(2010)发现,在英国的威尔士地区,英语是主导语言,威尔士语是少数语言,而官方部门推行英语和威尔士语的平行双语政策。当地商家推出以威尔士语书写的T恤文化衫,借助T恤衫上威尔士语文字的象征意义来激起民众的元文化意识及历史价值观，吸引本民族的顾客，从而为商家带来经济利益。而在示威活动中，胸前或背后印有标语的文化衫，则能通过自由主义的方式表达对权威和社会不公的反抗（Sculle & Jakle 2008）。可见，文化衫具有表达个性主张、身份认同以及商业营销等功能。

（六）网络空间

随着数码科技的发展，特别是智能手机、移动互联网的广泛应用和普及，网络成为人们学习、交际、娱乐、购物等活动的重要场所。这种以网络界面为媒介的交际构成了网络空间，而网络空间中的语言选择和呈现就是网络语言景观（linguistic netscape）或虚拟语言景观（virtual linguistic landscape）（Ivković & Lotherington 2009; Troyer 2012）。与现实空间一样，网络空间中的多语现象也非常普遍。例如，网页上提供多种语言界面的接入按钮，让读者选择自己熟悉的语言进行阅读和操作；使用多种语言形式对同一信息进行并列呈现；某种语言的网页中嵌入其他语言形式呈现的广告、宣传图片等。在当今的网络科技时代，来自世界不同地区的上网者可使用自己的本族语参与多种网上互动（如上传、分享、编辑、评论等），形成在同一个页面上多语共同交际的场面。虚拟空间是现实空间的延伸，网络空间中的多语也具有信息功能和象征功能（Troyer 2012）。一方面，多种语言并存的话语实践为世界各地持不同语言的读者提供信息服务。另一方面，网络空间中不同语言的分布比例也可以反映当地的语言实践状况和语言意志。例如，Ivković & Lotherington（2009）考察俄罗斯联邦政府的网站后发现，俄语是网站的主要语言，网页上虽有英语，但英语只出现在边缘位置，且只有简单标题并无英语内容，可见非俄语读者的需求基本不在网站设计者的考虑范围之内。这种虚拟语言景观的象征意义是俄语在本国具有主导地位，而英语则是当地相对边缘的语言。可见，网络空间的语码选择和内容呈现形式能够反映某些具体语言的社会地位和权势关系。

（七）语音播报

在公共空间中，语言除了以视觉符号形式出现之外，也常常以语音形式在交际者之间传播。这种口头形式的语言在城市空间中的选择和应用可称为听觉语言景观或者简称语声景观（linguistic soundscape）。Schafer（1994）最先使用声音景观（soundscape）的概念，用以指各种声响所构成的声音环境。目前语声景观的研究主要侧重考察公共交通语音播报中的语言使用。比如，Sifianou（2010）和 Backhaus（2015）分别对希腊雅典和日本东京地铁上的语音广播进行了考察，以探究作为共通语（lingua franca）的英语在语声景观中的特征。雅典地铁站的广播使用希腊语和英语两种语言，而东京地铁上则使用日语和英语双语广播，为本地人和国际游客提供信息服务。Sifianou（2010）发现，希腊地铁广播中使用的英语受希腊语结构的影响，在语音、词汇语法以及语用方面与内圈英语相比都有一定的不同，说明当地不刻意遵从内圈英语的规范。而 Backhaus（2015）对东京山手线地铁车厢内的语音广播进行分析后发现，英语播报除了语音上受日本发音习惯的影响与美音有所差别外，其词汇语法和语用都是遵循内圈英语的规范，本土化的程度很弱。在交际环境中，选择具有最大交际潜势的语言是成功交际的关键。人们在非典型语言景观中选择哪种语言来达到交际目的是值得研究的。Pappenhagen, Scarvaglieri & Redder（2016）对德国汉堡圣乔治区以录音形式考察21家百货店内人员（包括店员和顾客）口头交际时发现，德语是主要的交际语言，主要用于店员与顾客的交易对话；土耳其语和阿拉伯语是移民语言，主要用作闲聊、谈论商品等，从而构建群体身份；而学校教授的外语（英语和法语）在语声景观中非常少见，说明在当地不具有符号流通价值。可见，在多语社会中，不同的语言常被用来发挥不同的交际功能。总之，城市环境中的语音播报、宣传广播、叫卖、人际交谈等都属于语声景观的一部分，其语言选择和使用都属于广义语言景观研究的范畴。Spolsky（2009b）认为，语言景观研究一般只关注书面语言，未顾及公共语言空间中口语的使用情况，导致它所反映的社会语言现实具有很大的局限性。语声景观的研究则很好地弥补了这一缺憾。

（八）其他非典型语言标牌

除了上述标牌之外，其他一些边缘性的语言标牌也受到研究者的注意，如标签、宣传册、传单、钞票、邮票、车票、账单、报纸、书籍、明信片、菜单、文身、雕塑文字、热气球、汽车贴纸等（Reh 2004; Sculle & Jakle 2008; Sebba 2010）。例如，文身者将人体皮肤作为意义构建的场所，通过人体皮肤上刺绘的文字或图案向阅读者传达某种信息，Peck & Stroud（2015）称之为体肤景观（skinscape）。随着人体在空间中的移动，文身不仅能向读者表达一种个人身份，而且能通过体肤这个媒介与身体之外的社会、文化和历史话语建立联系，因此体肤景观也是语言景观的延伸（Peck & Stroud 2015）。汽车贴纸常使用一些简短的文字或图案，用以表明自我身份、生活态度、理想追求等，甚至纯粹是为了娱乐、自嘲或幽默（Sculle & Jakle 2008）。刺绣样板、冰箱贴、木质或金属雕塑等含有文字元素的语言实体（language objects）并不具有明显的信息或实用功能，它们在城市空间中主要发挥诗意（poetic）功能（Jaworski 2015a）。

对于非典型标牌来说，其话语内容、置放方式、与读者的交互形式等所体现的意图和符号意义都是值得深入研究和分析的。比如，车身广告常使用亮丽的人物肖像或图画以及少量的文字，这种宣传策略与一般广告牌相比显得很别致，从而更容易吸引过路人的注意。游行标语使用目标读者能理解的语言来表达诉求，就是示威者理性分析目标读者语言能力的体现。文化T恤衫、文身等常常可以反映当事人的个性和身份认同，而语音播报中所选择的语言通常能体现它在当地语言生活中具有较高的权势和社会地位。在非典型语言景观中常常能发现一些普通标牌上看不到的语言现实。非典型语言景观中的语言选择与典型标牌有时会表现出很大差异，而这种差异恰恰体现了语言在多语社会中真实的权势和社会地位。如果只聚焦普通标牌上的语言使用，研究者便难以发现某些语言（尤其是少数族群语言）在多语社会中真实的语言权势和地位。非典型语言景观可能反映显性语言政策与隐性语言实践之间的不一致，而这种分歧可以说明不同语言及其使用者之间的权势关系（Messekher 2015），因此值得深入考察。

综上所述，非典型语言标牌已经开始受到语言景观研究者的关注，与路名牌、商铺招牌等典型标牌一样，游行标语、车身广告、涂鸦、T恤文化衫、网站界面等众多非典型语言标牌也是城市环境中的话语形式，都能发挥信息和象征功能，其语言选择和呈现也是标牌创设者在官方语言政策、读者需求、经济效益、历史文化、情感等众多因素之间权衡抉择的结果，大都包含了标牌创设者的意图和意识形态。从福柯的话语理论（Foucault 1987）来看，城市边缘话语也是与权力和体制相结合，通过控制与反控制等方式在社会空间中发挥作用，对读者的思想和行为产生直接或间接的影响。Shohamy & Waksman（2009）强调，公共空间是个动态的概念，公共空间中出现的书写文字、流动的文本、声音、图像、标志物等多模态、多语言的符号资源能表达多种功能，为阅读者传达多种信息，因此都应纳入语言景观研究的考察范围。对非典型语言标牌加以分析和解读，不仅可以丰富语言景观研究的实践，有时甚至能揭示传统语言景观研究无法发掘的语言规律和社会语言现实。随着研究的日益深入，相信会有越来越多的非典型、多模态的标牌进入语言景观研究者的考察范围。当前的非典型语言景观研究多采用质性研究方法，对标牌上的语言行为和话语策略等进行解读，阐释政策制定者、语言使用者、标牌创设者、读者等多个利益相关方之间的关系和相互影响。

3.10　语言景观与语言教育

标牌语言的教育和教学功能也是语言景观研究的热点主题（Shohamy 2019），有学者提出，语言景观研究已经出现教育转向（Krompák, et al. 2021）。关于语言景观对语言教育的影响，Cenoz & Gorter（2008）认为，语言景观是学习者二语习得过程中一个重要的输入来源；Shohamy & Waksman（2009: 326）提到，语言景观是个有力的教育工具，学生有必要留意公共空间所展示的多层次的意义；Sayer（2010）指出，开展以学生为主导的语言景观研究项目，能有效提高学生二语学习的兴趣。我们在综述众多前人研究的基础上，从五个方面对语言景观的教学功能及其在教育领域中的应用加以阐释。

（一）语言景观与偶发性学习

毋庸置疑，语言输入的多寡是影响语言学习和习得效果的关键，目的语材料的大量输入是语言学习的核心要素之一。根据克拉申提出的"习得-学得假说"（Acquisition-Learning Hypothesis）（Krashen 1985），语言习得和学得是两个截然不同的过程。前者指的是学习者在隐性、非正规或自然条件下接受语言输入，从而掌握语言知识、获得语言能力，是下意识的过程，母语学习一般来说是一个习得过程。后者则是学习者通过显性、正式的教学环节主动地接受语言输入，获取语言知识，是有意识的过程。外语学习通常是一个学得过程。对于在国外学习语言的研究表明，置身于目的语环境中，与目的语社区的接触会对二语习得有积极作用（Dufon & Churchill 2006），显示学习者处于语言输入较丰富的环境中时，语言景观会有利于习得语言，提高语言能力。

外在环境中的二语/外语文字可以对该语言的学习产生一定影响，大致可归因于"偶发性学习"（incidental learning）的发生。偶发性语言学习与语言习得的概念意义相近，指的是学习者在正式或非正式学习环境中进行的非计划性、非意愿性、附带式的语言学习（Marsick & Watkins 2001）。例如，儿童在观看动画片的过程中，学会片中角色所使用的词汇和句型，就属于偶发性学习。偶发性学习总在发生，但人们一般意识不到这个过程。实际上，在真正的偶发性学习中，能在记忆中保留下来成为学习者语言知识的成分并不多，而刺激物的出现频率、线索的隐现、刺激物的相关性等都会对学习成效产生影响（Cenoz & Gorter 2008）。强调正式学习常会导致人们忽略甚至否定非正式、偶发式学习的作用。然而，根据克拉申的理论主张，语言能力只能"习得"，不能"学得"，识字能力常常是在无意识或半意识状态下的非正式学习过程中形成的。这一论断虽引起不少争议，但偶发性学习的作用应获重视已渐成共识。

城市语言景观中大量的外语文字，为学习者学得和习得语言提供了客观、真实的文字环境。无论在街道、商场等休闲娱乐场所，还是校园、公共图书馆、补习中心等学习场所，这些公共空间中设置和展示的文字往往并不是以语言教学为目的，但它们仍有可能成为二语/外语偶发性学习的输入来源。例如，学生被问及对周围环境中的语言文字的印象时，常常会列举某些标牌上出现的英语拼写、语法或翻译等方面的错误。这种对标牌上外语形式特征正确与否的思考就属于偶发性学习，有助于巩固他们所学的外语知识。

需要指出的是，语言景观对偶发性学习的作用是不可控的，很难把语言景观与其他形式的语言输入独立开来，观察它对语言学习产生的效果。另外，通过注意力或意识实验来评估语言景观对学习者的作用也不易操作，因为很难判断语言景观中的哪些因素会吸引学习者的注意力以及学习者在多大程度上意识到这些过程（Cenoz & Gorter 2008）。考察语言景观对语言学习重要性的可行方法是问卷调查或访谈，询问学习者对于语言景观在语言习得中作用的看法。例如，Cenoz & Gorter（2008）曾运用此方法考察荷兰和西班牙的二语学习者是否从语言景观中学习，受访者认为阅读街道上的标牌对于语言学习有帮助，但不如语言课程、阅读、听音乐或看电视的帮助作用大。总之，语言景观在多大程度上促进二语/外语学习，还需要更深入的研究。

（二）语言景观与语言意识

语言景观虽然遍布于人们的生活空间，但大多数语言学习者往往不会留意周围环境中的文字使用，更不会反思语言选择所涉及的社会语言现实问题。引导学习者关注身边的语言景观，可提高他们对社会环境中多语现象及语言的地位和价值等的意识（Clemente, Andrade & Martins 2012）。而对儿童来说，语言景观也可以用来强化语言意识，以帮助他们发展语言形式多样性的知识。儿童在进入学校教育时，大多已具有阅读环境中文字的经历，如可以辨认路名牌、快餐店的标志等。这说明儿童在书本学习之前已经开始阅读探索，对环境中的文字已形成初步概念。当孩童开始在社区活动并与他人交流、学会读周围标牌上的文字时，城市的公共或官方话语便被他们赋予了意义，成为通过文字认识世界的开始（Cenoz & Gorter 2008）。接触环境中的文字，儿童可以对所见的字母、词、句等形成初步意识，推动早期识读能力的发展。研究发现，学前儿童会探索自身环境（如标牌、包装盒、电视广告等）中的文字形态等细节，发展出书本、报纸、其他印刷物等概念。例如看到写有 STOP 的标牌，儿童虽未学习过该词，但仍能理解其禁止通行的意义。另外，在语言意识活动中关注语言景观，对于教授语言的多样性及识读实践颇有裨益。儿童可以从公共空间的语言景观中对所居住的社会政治语境有进一步的了解。例如，Dagenais et al.（2009）尝试在温哥华的法语浸入语境以及蒙特利尔的法语区课程中引入语言景观，使学生注意语言的地位，培养语言接触中对于权势关系的理解。总之，儿童阅读周遭环境中的文字，要早于阅读书本文字，而正是这种对环境文字的阅读，成为识读能力发展的基础。

（三）语言景观与语用能力

语用能力是二语/外语学习者需要掌握的一项基本能力。作为交际能力的构成元素之一，语用能力指的是在具体交际情境中适当、得体地使用语言的能力。在二语/外语习得中，阐释语言使用者的交际意图、语言形式及交际语境等要素之间的相互联系，提高学生的语用意识和语用能力，是语言教师的一项重要任务（Cenoz & Gorter 2008）。在外语学习中，在真实语境中获得外语交际的机会有限，而语言景观可以为学习者语用能力的发展提供资源（Aladjem & Jou 2016）。公共空间中的语言有时包含完整句子，但大多数情况下都是与语境意义相关的单个词语或词组，这些书写文字常常使用间接语言或隐喻，在交际过程中包含不同的言语行为。Kelly-Holmes（2005）指出，语言有多种功能，可用来实现多种目的，例如表达情感（表达功能），提供建议或劝说（指示功能），知会、报告、描写或确认（信息功能），在说话人和听话人之间建立、保持及结束联系（交际或寒暄功能），通过语码传达特殊意义（诗性功能）等。而公共空间中标牌上的语言还有一些其他功能，如街牌用来标明地点，标贴告知读者标贴物的重要性，涂鸦是越矩式话语的实例，警示牌用来规范行为或活动等。语言景观中包含不同功能的文本，这些功能与言语行为的多样性说明语言景观可以为语用能力的培养提供适当的输入。语言教师的主要职责之一是让学生更清楚地认识诸如语言使用者的交际意图、选用的语言形式以及交际行为发生的情景语境等语言交际因素及联系。例如，Rowland（2013）在日本开展的一个语言景观项目中，学生对语言景观图片进行收集和归类，总结出标牌上的英语可以发挥信息功能、管束功能、劝说功能等，从而对英语的语用功能有了更清晰的认识。总之，语言景观可以为获得真实输入提供可能性，提高学习者实现不同言语行为的意识。

（四）语言景观与多模态技能

语言景观的一个显著特点是文字以多语言、多模态的表征形式塑造空间。语言的多模态性（multimodality）指的是意义的表征除了语言本身之外，还包括图像、声音、色彩、姿态等多种符号形式，它们在交际中共同构建完整的意义（Kress & van Leeuwen 1996）。例如，商店标牌除了选择一种或多种语码形式书写店名之外，还可能会选用不同颜色、不同字体来呈现店名中的组成元素，有些还会配合使用徽标及其他图案等来构建意义，以达到某种交际效果。这里的文字和色彩、图案等都是多模态实体的组成元素，不宜割裂开来。语言景观的信息出现在路名牌、广告牌、海报等不同类型的物质载体上，以文本和图像形式在一定的空间中展示出来，通过与读者的资源相互作用，从而构建意义。在当今多媒体技术日新月异、交际渠道日趋多样化的时代，多种模态的符号资源在意义构建中的作用愈发突出，传统的语言识字方式遭受挑战，多模态能力成为语言技能的重要一环。

语言景观可以让学习者体验公共空间中的多模态文本，从而对二语/外语的功能表达方式加深了解。阅读是一种社会行为，涵盖了文本和语境的意义潜势以及读者所具有的资源。二语习得通常把语言作为核心甚至唯一的交际形式，但事实上，很多读者不仅阅读文字，同时也会阅读与文本相依存的色彩和图像等。在交际语境中，语言并非承载所有的意义，其他模态也应纳入考量。如 Alvermann（2002）所言，理解施为行为、视觉信息、言语及符号内容等，对于构建文本意义是很有必要的。在语言学习语境中，多模态的方法旨在提高学习者在意义构建过程中对各种模态（包括语言）的理解、生成与融合（Royce 2002）。Cenoz & Gorter（2008）也指出，解读语言景观构建的意义，需要学习者关注文本的实体形式、相关的图像以及所占据的空间，从而培养学生从不同模态视角进行阅读和理解，帮助他们发展多模态能力。

（五）语言景观与多语能力

随着全球化的深入，外语学习者与其他具有不同背景的多语者交流机会增多，而多语使用者人数也持续增加。一个人的多语能力指的是其大脑中储存多种语言的知识及其多种语言互动的能力（Cook 1992）。多语使用者的语言系统并非几种独立的单语简单相加，而是多种语言的融合；多语使用者对于所讲语言有不同程度的能力水平，可以在几种语言之间进行语码转换，对于其第一语言、第二语言等往往有独特的理解（Cenoz & Gorter 2008）。平衡性双语者和多语者是很少的，不应要求学习者的每一种语言能力都向母语者水平看齐。外语学生需要培养的不是本族语者那样的标准性或者交流信息的能力，而是一种更为灵活的能力，根据对人类经验的历史和主观维度的深入了解，来理解人、情景或事态的能力。Kramsch（2006）主张语言教学中在强调交际能力之余，还应培养象征能力，强调学习者不仅要掌握一种或几种语言系统的知识，更重要的是能在几个语种之间操作的多语能力。语言景观中的语言并非相互隔离开来，多语并存是客观事实，而不同语言提供的信息不一定等同，因此多语能力或象征能力便成为全方位解读语言景观的关键。在一项小规模研究中，Cenoz & Gorter（2008）发现，二语学习者在面对语言景观中的多语标牌时，大多会阅读标牌上的多种语言，而不是只阅读一种语言。从多语能力的培养来看，多语混合的语言景观可以成为发展此能力的一个输入来源。

总之，语言景观可以成为一种有用的教学工具，在语言教育中发挥功能（Hancock 2012; Cenoz & Gorter 2008; Rowland 2013; Malinowski 2015）。Shohamy & Waksman（2009）呼吁，由于语言景观对于二语和外语教学具有众多价值，语言景观应被纳入语言教育场景中加以研究。然而，如何使语言景观对学生的语言学习产生作用，需要进行深入的探索。目前，田野徒步法、研究课题驱动法以及空间三维教学法是语言景观在语言教学中具体应用的尝试。下面分别简述这三种语言景观教学法的具体操作方法。

（一）田野徒步法

城市空间中的语言标牌很少是为年幼学生专门设置的，置放方式往往也不利于学生阅读。另外，在语言学习过程中，仅仅让学生置身于二语/外语文字丰富的环境中是不够的，他们一般并不会从中学习实质性的语言内容。对于阅读水平尚浅的学生，可以采用田野徒步法。田野徒步指的是教师带领学生走进城市街道、展览馆、公园、旅游景点等场所，边走边观察阅览周围环境中的语言使用，提高多语意识的活动（Chern & Dooley 2014）。街道的语言标牌上使用了多种语言，可以为年幼的学习者提供接触拼音、汉字、英语词汇等的机会。在徒步之前，教师可以利用景观图片引起学生对景观中语言文字的注意。教师可以让学生猜测照片中的标牌出现的场所、辨认上面的语言文字等。在徒步过程中，教师可以让学生关注某些具体的标牌，也可鼓励学生独自发现并拍下他们感兴趣的图片。在徒步之后，教师可以安排一系列活动来训练学生的语言意识和能力。例如，可以让学生根据不同的标准（如书写系统、语种数量等）对收集的照片归类、按字母顺序对照片文字排序、挑选具有相同首字母或偏旁部首的字词、寻找含有相同读音的词语等，以提高学生对所学语言进行解码的能力。

（二）研究课题驱动法

对于已具有一定语言水平的学习者来说，语言景观融入课程时则要更注重学习者的主观能动性，培养学生分析问题、解决问题的能力。教师可以布置一个语言景观的研究课题，让学生带着问题进入现实的文字环境中搜集语料，通过分析真实语言使用对某些语言问题提供解释，得出结论，从课题的实施过程中培养学生创造性、批判性地思考语言问题。Chern & Dooley（2014）认为学生参与语言景观的研究课题，可以扮演语码破解者（运用语言知识对文本材料进行解码）、文本使用者（理解、掌握和运用文本的社会文化功能）、文本参与者（解读、推断和建构文本意义）、文本分析者

(批判性分析、思考充足文本的观点、立场和倾向)等多重角色。Rowland(2013)让学生通过调查公共标牌上的语言,探究社区内英语的使用规律及其社会意义。在此过程中,学生一方面扮演"语言侦探"的角色,通过拍照收集数据,侦查语情;另一方面学生又可以扮演研究者的角色,把照片进行归类,然后对于语言发挥的功能及反映的社会语言现实进行分析和解释,得出自己的结论。总之,在语言教学中通过开展以学生为中心的语言景观探究活动,可以达到学以致用的目的,并且培养学生自主建构学习的意识。

(三)空间三维教学法

耶鲁大学学者戴维·马利诺夫斯基(David Malinowski)在以上教学法的基础上,结合法国社会学家亨利·列斐伏尔(Henri Lefebvre)的空间理论,提出了一个用语言景观协助语言学习的综合教学法框架(Malinowski 2015)。该框架包括构想空间、感知空间和生活空间三个领域的教学活动。

首先,构想空间涉及宏观、政策性的文本,学习者可以通过对官方性质的文件进行批判性阅读、比较、分析、评价等活动,理解语言意志、社会权势和关系等。学习者可阅读的文本包括:(1)语言教材;(2)人口数据和政策文件(人口调查、地图等);(3)与语言、场所和主题相关的书籍、文章、电影等(如民族研究、文化地理、应用语言学及语言景观研究等方面内容的节选);(4)报道当地事务和事件的报纸和网络文章。这些材料也可用来证实、评估或批判从其他学习途径所获取的知识。另外,正如官方标牌可以体现国家的语言政策、当地的地方性法规及官方意图,课程大纲、语言课堂读物及其他材料体现的也是具有某种官方意识形态的"构想空间",因此对这些文本进行分析,可以为学习者理解语言景观背后的意识形态提供指导。

其次,学习者可以通过标牌对语言文本进行解码。感知空间涉及标牌语言在环境中的实际分布,是语言景观文献中分析最多的部分,在语言课堂上可运用的方式也最丰富。例如,学生可以通过标牌文本学习词汇、理解词义、比较表达形式等。教师也可以让学习者对多语标牌上的语言信息对等性进行分类。如可让学生按照创设主体分成自上而下和自下而上的标牌,还可按照多语标牌上文本信息的对应性分成复制型、片断型、部分重叠型、互补型四类标牌(Reh 2004)。教师还可让学生讨论标牌上语言的功能主要是信息性的还是象征性的。而在二语/外语课堂上,让学生利用二语/外语来辨别、阅读和分析语言景观中多语文本的意义,分析其功能、多模态使用、交际行为等,可以同时培养学生的话语和多元话语能力。如果设计得当,学习者可以从基本的"读词语"转向"读世界",探讨标牌所包含的社会和政治意义。

最后,学习者可通过访谈来了解人们对各种语言的认知和态度。生活空间涉及标牌创设者及读者的主观体验,学习者可以亲身参与语言景观的田野调查,获取一手资料和信息。教师可指导学习者按照民族志的方法对标牌话语主体的观点和体验进行考察,解析语言景观的主观意义。具体教学活动可包括对商铺业主、居民、游客等进行访谈,通过日记或笔记记录学习者对景观的体会和反思,在城市徒步中对语言景观实践进行观察和批判等。此外,教师还可以设计一些艺术性和想象性的活动,如标牌设计、壁画创作等,考察学习者对语言的感知和态度。

综合来看，语言景观在教学上的潜在贡献在于，它可以成为学习者真实、语境化的语言输入来源，增加二语/外语学习者偶发性学习的机会，为语言学习中的意义构建创造条件。语言景观又是语言生态的主要组成部分，它可以用作教学工具，培养学生的语言意识、语用能力、多语能力、多模态能力、批判能力等。考虑到语言的书本教学与实际运用之间常常脱节严重，城市环境中的书面语言可以为课堂语言学习与情景化学习的关联提供一种可行的解决方案。另外，学校内部设置的语言景观可以成为少数族群语言复兴的起点。教师可以利用田野徒步法、研究课题驱动法以及空间三维教学法等，将语言景观与语言教学活动相结合，可达致设定的教学目标。总之，现实世界中的语言景观是很有价值的语言资源，在语言教学中宜善加利用，从而为语言教育服务。

3.11 本章小结

本章讨论了语言景观的分析维度，指出了研究者在考察标牌语言时聚焦的方面，包括语言政策在景观中的实现情况、语言的权势和地位、社会矛盾的语言景观表征、英语的国际传播、语言的商品化和真实性、标牌语言的形式特征、语言景观的历史变迁、城市的情感表征、非典型语言景观的意义表征、语言景观的教育功能等内容。需要指出的是，语言景观的研究领域仍在不断发展中，新的视角和关注点不断涌现，因此，语言景观的分析维度是多元和开放的，也是不断融合和变化的。研究者需要根据自己的兴趣和目的来选择适当的维度，展开深入分析。

第四章 语言景观的理论与分析框架

随着语言景观研究的深入,研究范围和场所持续扩展,其分析和阐释方法也体现出多学科理论"为我所用"的局面。语言景观研究的理论和分析框架日益多元,本章挑选六个有代表性的分析和阐释框架进行说明。

4.1 场所符号学

Scollon & Scollon(2003)基于社会心理学、视觉符号学、话语分析、文化地理学等理论来研究场所中的话语以及人类活动,并将此理论体系称为"地理符号学"(geosemiotics)。地理符号学关注出现在现实世界中的话语如何表达意义以及影响人们的行为,它包括交际秩序、视觉符号学和场所符号学等三个部分。其中,场所符号学(place semiotics)是一套较为松散的符号系统,用来分析标牌上的符号资源以及标牌的材料和放置方式等所产生的意义。场所符号学主要包括语码取向(code preference)、字刻(inscription)和置放(emplacement)等子系统。

语码取向指的是双语或多语标牌上各种语言之间的优先关系,以此反映它们在语言社区内的社会地位。当语言标牌上涉及多种语码或文字时，孰先孰后便成为值得考虑的问题。在很多地方，政府会制定相关政策对语言的相对位置做出规定。一般来说，在包围式的文字排列中，优先语码出现在中心位置，非优先语码则置于边缘位置；文字横向排列时，优先语码置于标牌上方或顶部，非优先语码则置于下方或底部；而纵向排列时，优先语码置于左侧，非优先语码则置于右侧。当然，对于那些书写方向是从右向左的语言（如阿拉伯语）来说，语码优先的方式可能刚好相反。选择可能基于政治思想、语用上的便利、当前的流行时尚等考虑，而究竟是哪种原因导致语码优先的选择，则需要历史学及民族学等层面的分析。

字刻指的是有关标牌语言呈现方式的意义系统，包括字体、材质、累加、状态变化等。字体指的是文字的书写方式，从手写、书法到印刷体、专业字体等，包括大小、形状、颜色等，不同字体会产生不同的意义。材质指的是字刻的物质载体，从花岗岩纪念碑到沙滩都在此列。材质可产生的意义包括永久性或持续性、暂时性或新近性、质量优劣等。这些意义可以通过字刻的媒介（刷子、雕刻）、标牌本身的材料（金属、木料、塑料、帆布、纸张）、安装的新旧程度等表征出来。累加（layering）指的是一种字刻作为添加成分附在另一（通常是永久性的）字刻上面，附加物表征的意义是新近性、临时性等。状态变化则是以背景灯光的亮灭来指示营业状态。例如当"OPEN"或"营业中"的灯箱或标牌亮起时，表明店铺开始进入营业状态。

置放研究标牌设置在某个地点的行为所激活的意义，这是地理符号学所关注的最根本的问题。置放共有三种形式：(1) 去语境化（decontextualized）放置，指的是标牌不受出现的语境影响，语言文字在任何场景中出现都保持同样的形式。这尤其适用于商标品牌的语言形式，如可口可乐、LV等品牌的商标无论出现在海报、商品包装，还是销售商店里，都会保持同样的形式。（2）越矩式（transgressive）放置，指的是标牌放置在"错误"的位置，在不该出现的地方出现，如涂鸦等。（3）场景化（situated）放置，指的是标牌在适当的场景中发挥该有的功能，如普通的规定性标牌、方向指示牌、商店标牌等。标牌在空间的置放方式可以产生很多耐人寻味的社会意义。例如，Milani（2014）在美国华盛顿特区机场的一家报摊发现，面向女性读者的时尚生活类杂志与面向男性读者的政治、体育类杂志在货架上摆放的位置以及空间排列很不一样：女性杂志居中，而男性杂志则置于外围。这种置放方式说明，摊主在顾客的视觉消费过程中，具有区别性别角色的价值观。即使遗弃在街道空间中的语言物品（如车票、传单、烟盒），看似没有什么语言意图，但仍具有一定的符号意义。比如，在巴黎街头角落里，丢弃在地上的写有罗马尼亚文字的烟盒，从置放方式来说属于越矩式的存在，它至少能说明巴黎和罗马尼亚之间有人员流动（Kallen 2009）。

除此之外，建筑环境、场所里的人及其行为、活动甚至天气和气候等，也是场所符号集合中的元素，在场所中也能产生意义。场所符号学是语言景观研究中运用非常广泛的一个框架，为标牌意义的阐释提供了较为明确的切入点和着眼点。

4.2 语言景观三维分析法

法国社会学家及哲学家亨利·列斐伏尔从后现代的视角审视空

间的社会性和空间得以产生的政治经济因素。在他看来，空间并非静止的、实践的物质空间，而是一种社会产物，其形成是各个群体制约和权衡、追逐各自利益的政治过程（Lefebvre 1991）。列氏的空间概念包含三个维度：空间实践（spatial practice）、构想空间（conceived space）及生活空间（lived space）。其中空间实践指的是人类在物质空间内的活动，这也是塑造生活空间结构的重要元素；构想空间指的是由技术专家、规划者、政客及其他决策者所构拟的空间，即通过控制和支配等建立秩序；而生活空间则是居民和使用者的空间，即人们在日常生活中所经历的空间。列氏主张用这三个紧密相关又不断演化的维度来阐释资本主义的空间生产及表征。

Trumper-Hecht（2010）根据列氏的空间理论，认为语言景观也可以参照三维空间的理论加以解析。列氏认为，景观作为空间的视觉层面，体现的是一种社会关系，有时会成为社会群体在一定的社会秩序中地位争夺的焦点。语言景观恰恰也是如此：语言是社会、民族和种族身份的象征，语言景观会成为语言族群权势斗争的焦点，比如维护本族语言在公共空间的主导性，或争取一定程度的能见性。据此，特兰佩－赫奈特（Trumper-Hecht）认为语言景观研究应考察三个紧密相关的维度：（1）实体维度，对应于列氏的"空间实践"，即可观察到的、能用相机记录的标牌语言的实际分布情况；（2）政治维度，对应于列氏的"构想空间"，考察决策者的观点和意识形态如何塑造语言景观；（3）体验维度，对应于列氏的"生活空间"，考察居民或语言使用者对语言景观的态度和理解。总之，语言景观作为社会语言与空间范畴的现象，其理论和实践需要把握这三个维度及其内部关系。

语言景观研究的上述三个维度很容易让人联想到博纳德·斯波斯基（Bernard Spolsky）的语言政策三元分析理论（Spolsky 2004, 2009a）。在斯波斯基看来，人们做出的有关语言的各种选择都属于语言政策的范畴，而语言政策分析的目标是"解释语言的个体使用者根据自己所属言语社区广泛认可的规范而做出的各种选择"（Spolsky 2009a: 1）。他认为，要全面理解人们在特定的社会语言环境中如何以及为何做出语言选择，语言政策分析需考察语言实践（language practices）、语言信念（language beliefs and ideology）和语言管理（language management）三个自成一体又相互关联的层面（Spolsky 2004, 2009a）。这可以称作语言政策三元论。语言实践指的是言语社区成员在具体语言环境中实际的语言使用和选择，是可观察到的语言行为和运用。社会成员在日常活动中会进行多种语言实践，如选择某种语言变体来发挥某种交际功能，又如与不同的交际者交谈时选择不同的语言形式，包括言语、沉默及普通话题等话语处理方式，表达掩盖身份的策略等等（Spolsky 2012: 5）。这些语言实践活动能反映事实上的语言政策，与文件上标明的语言政策可能一致，也可能有很大差别。语言政策中的第二个重要成分是语言信念（或语言意志），指的是社区成员对于语言使用所持有的态度、心理设定或价值观等。按照 Woolard（1992）的说法，每个个体的语言信念根植于并反映该个体社会地位相关的经验或利益。另外，社会个体也会按照其语言信念来构建和理解实际话语。人们会根据其语言信念赋予某些特定的语言或语言变体或高或低的价值和地位。而语言管理指的是某些拥有某种权势的人或团体对人们的语言行为或语言信念进行干预和操控的行为，其目的是使人们的行为和信念发生某种程度的改变。Spolsky（2009a）认为"管理"比"规划"（planning）一词更能准确地概括这种干预和操控行为的本质。语言管理可以发生在下至个体语言使用者上至国家政府的多个层面。例如，在国家层面，对社会中的语言使用进行立法就是一个很明显的语言管理的实例。斯波斯基的语言政策三元论在社会语言学和语言政策分析中应用非常广泛，是全面探究语言行为、官方的语言管理机制以及利益相关者的语言意志等三个层面相互作用的一个广受认可的分析框架。

可以看出，Trumper-Hecht（2010）的语言景观三维分析法与Spolsky（2004, 2009a）的语言政策三元论在形式和实质内容上是相通的：实体维度对应于语言实践，政治维度对应于语言管理，而体验维度对应于语言信念。只是特兰佩-赫奈特的分析框架是参照空间社会性理论而提出的，具有显著的社会学理论基础，而斯波斯基的理论则是建立在语言政策研究基础上的。这两个理论和分析框架都强调，城市公共空间中的语言实践状况值得深入考察，语言实践是否与官方语言政策相一致也应加以调查，虽然一个国家总体的语言政策与城市景观中的语言选择不一定有直接关系。另外，人们如何评价语言景观中的语言选择和使用，对于了解语言景观构建的成效也有很大的帮助。

4.3　SPEAKING 分析模型

美国语言人类学家海姆斯（Hymes 1972）从人类交际文化学

(ethnography of communication)视角出发,研究人类言语活动的交际效率,认为言语活动的主要构成要素可以用SPEAKING的八个首字母来表示,从而形成了SPEAKING交际模型。其中S代表背景与场合(setting and scene),即交际的时空背景和情境环境;P代表参与者(participants),包括说话人、听话人等;E代表目的(ends),指的是交际的目标及期待的结果;A代表行为次序(act sequence),指交际中言语行为与事件发生的形式和顺序;K代表基调(key),指交际中的语气、表情、姿态等;I代表媒介(instrumentalities),即交际的传播形式和风格;N代表规约(norms),指交际时需遵守的各种社会规则;G代表体裁(genre),即言语行为或事件的类型。

Huebner(2009)以此作为理论基础,认为语言景观研究也可参照SPEAKING模式进行语言学分析,以梳理语言手段与社会意义之间的多重关系。具体来说:(1)在背景与场合方面,语言景观研究可以考察标牌放置的即时语境(即标牌相对于读者的时空方位)所构建的社会意义;(2)在参与者方面,语言景观的参与者包括创设者和读者分别是谁值得研究;(3)在目的方面,研究者要考察语言标牌的普遍功能,如广告牌的功能在于推销或推广产品、服务或活动,而街牌的功能在于标明街道名称;(4)在行为次序方面,要考察语言条目的空间组织方式,包括语言排列的先后顺序、突显程度、信息呈现等;(5)在基调方面,语言景观研究要考察文字密度、信息的明确程度及语码选择;(6)在媒介方面,语言景观研究可以探究词汇选择、正词法、句法等语域层面的问题,也可以考察语码转换和语码混合等语码层面的问题;(7)规约包括交际规约和理解规约,其中交际规约因社会阶层、年龄、种族和言语社区的不同而不同,而理解规约指的是行为和特征的具体意义;(8)在体裁方面,研究者可按标牌的类型(如路牌、广告牌、布告、传单、海报)进行分类研究。许布纳(Huebner)认为,SPEAKING分析模型可以作为语言景观研究的分析框架,全面分析语言景观的语言形式、与语境之间的关系、创设人的动机、读者的反应等。

4.4 结点分析法

结点分析(nexus analysis)是由 Scollon & Scollon(2004)提出并发展起来的话语分析方法,它通过口语和书面语文本来探讨话语与行为之间的复杂关系,是一个跨学科的话语分析框架,有时也被称作中介话语分析(mediated discourse analysis)。结点分析的一个核心假设是,人类所有的行为都是社会性的,每一种社会行为都是参与者通过介体手段或者说文化工具(如语言、实物等)来执行的。因此,结点分析的出发点是各种社会和地理场景中的社会行为,而与行为过程相关的人物、场所、话语、思想、经验、实体等汇聚在一起,构成了社会实践的一个个结点。结点分析特别关注社会行为的三个关键因素:作为行为参与者的历史个体(historical body)、建立彼此现行关系的互动秩序(interaction order)以及行为主体使用的场所话语(discourses in place)(Scollon & Scollon 2004: 153;田海龙 2007)。结点分析的三个主要步骤包括:(1)对接(engaging)实践结点,研究者解读他们与实践结点的关系,建立认同空间,以局内人的身份来看待行为、介体手段和话语；(2) 导航 (navigating) 实践结点，即语料的收集和分析阶段；(3) 变革 (changing) 实践结点，探讨社会实践导致的社会变化 (Scollon & Scollon 2004: 154；唐青叶、李青 2015)。下面通过两个具体研究来看语言景观的结点分析。

Hult (2009) 将语言景观看作一个语言生态系统，对其动态、多层面的社会语言进行考察时，分析的重点是四个方面的关系，即各语言之间的关系、语言所在的社会语境之间的关系、个体语言使用者之间的关系以及前三个维度之间的内部关系，从而揭示多语现象相关的社会语言、政治及历史等多种张力之间的互动作用。胡尔特 (Hult) 认为，语言景观分析可以与结点分析相结合，探讨场所话语（不同场景中语言标牌设置所表达的社会意义）、交际秩序（标牌语言使用的惯例、根据不同读者而做的语言选择、标牌体裁、语言政策、人们对于官方和非官方标牌的期待等）和历史个体（语言使用者的个人经验、惯习、价值观、思想、态度等）三个方面，从而更好地解读语言生态中的各种关系。Hult (2014) 采用结点分析方法考察了美国圣安东尼奥高速公路上的语言景观，发现国家、文化和经济话语会影响标牌上的语言选择。由于地理（与墨西哥交界）及历史（西班牙殖民）等原因，西班牙语使用者在圣安东尼奥当地占有很大比例 (44%)。基于此，人们一般会认为西班牙语在语言景观中会有大量呈现。而调查数据却显示，绝大多数 (92.8%) 标牌上使用的是英语，而西班牙语标牌（单语或英西双语）数量很少，在语言景观中处于非常边缘化的地位。英语为主、西班牙语为辅的语言景观交际秩序强化了英语作为主导语言的国家语言意志，而作为美国第二大语言的西班牙语主要与有限的社区和家庭领域以及跨国移民等因素相关联。通过语言景观的结点分析，可以了解墨西哥文化与英西语言以及社会阶层之间的关系，以及西班牙语在当地社区和家庭之间的作用。

Pietikäinen et al.（2011）使用结点分析法探讨北极圈内北卡罗特（North Calotte）地区的语言景观。该地区横跨挪威、瑞典、芬兰和俄罗斯四个国家，语言环境复杂，包括四种官方语言、九种土著萨米语（Sámi）、两种少数族群语言以及受旅游活动影响而出现的其他语言。由于制作标牌的社会行为已经完结，作为行为结果的语言标牌是过往行为的物质体现，可以看作冻结的行为（frozen actions）。皮蒂凯宁（Pietikäinen）等按照结点分析的三个步骤来展开论述。（1）在对接实践结点方面，研究者确定了要探究的社会问题、行为主体以及主要的话语循环/过程。北卡罗特地区的七个村庄被选择为研究地点，作者介绍了各个地点的概况、萨米语在这一地区的使用情况以及语料收集过程。收集到的379张标牌照片构成分析语料。（2）在导航实践结点方面，作者分析标牌上的萨米语使用、标牌背后的社会行为主体（包括权力部门、组织或企业、私人个体）、标牌的体裁（地名、路牌、通知、广告等）等。（3）在变革实践结点方面，北极点的语言景观可以看出历史、政治和经济进程改变当地社会环境及各语言之间关系的一些痕迹，作者通过国家秩序、少数族群语言秩序以及全球秩序三个方面讨论了语言资源的组织和优先选择方式。

可以看出，结点分析是一种宏观和微观相结合的综合性分析方法，在语言景观研究中应用可以较全面地阐释语言景观中话语相关的社会和历史问题。

4.5 框架分析法

社会学家戈夫曼在社会学分析中引入框架（frame）概念，用以指人们认识和阐释客观世界的组织方式（Goffman 1974）。他认为，人们在社会生活中总是依赖特定的框架来理解日常生活，框架的形成来源于过去的经验，但也经常受到社会文化意识的影响。框架是人们对交际行为或事件理解的基础架构（schema），也是人们解释、转述或评论外在世界的根本（Goffman 1974: 21）。通过框架分析法，语言景观研究可以考察特定语境中标牌语言文字设置所激活的文化与符号价值和功能。下面以 Kallen（2010）与 Coupland & Garrett（2010）的研究为例，来看框架分析法在语言景观研究中的应用。

Kallen（2010）利用框架分析法对爱尔兰首都都柏林不同场域内的语言景观特征加以考察。都柏林的语言景观传统上是以英语和爱尔兰语主导，但受国际旅游、国际贸易以及外来移民等因素的影响，语言景观也随之出现变化。卡伦（Kallen）认为，进入视野范围的语言景观并非一个内部同质的运作系统，而是多个具有一定独立性的运作系统的汇聚。例如，官方标牌和私人标牌就属于两个不同的系统。这些系统构成不同的话语框架，而交际者的话语功能、语言选择以及各种表达形式是判别框架类属的核心原件。卡伦据此将都柏林的语言景观分成五个话语框架来讨论：（1）公务框架（civic frame），指的是语言选择和使用由政府部门主导的领域，如路名牌、指路牌、警示牌等都属于公务框架内的语言行为;(2)市场(marketplace)框架,指的是与商品买卖和服务相关领域,如商业、贸易、出版、公共和私人服务以及其他相关活动;(3)门户站点(portals)框架,包括机场和火车站等实体站点,银行和货币交易等资本站点以及网吧和手机供应商等电子站点;(4)墙壁(wall)框架,指的是涂鸦、临时海报和贴纸等出现的领域;(5)边角地带(detritus zone)框架,指的是印有文字的商品或包装在消费完毕之后被弃置在环境中的情况。在不同的框架中,标牌的话语功能和语言形式都会有所不同。例如,公务框架内的标牌通常依循国家的语言政策,使用英语和爱尔兰语书写;市场框架内的语言景观则是英语、爱尔兰语、移民语言等多种语言竞争共存的局面;边角地带出现的法语、波兰语等则可以显示人口流动的情况。通过不同话语框架内语言标牌的考察,可以揭示社区、社会和全球化等复杂因素对语言景观的影响。不过,作者也指出,这些框架既不全面也并非普遍适用,在研究中可以根据实际需要增删框架类型,如学校框架、社区框架、美食街框架、历史景区框架等等。

  Coupland & Garrett(2010)利用框架分析法考察阿根廷的巴塔哥尼亚(Patagonia)地区的语言景观,语料搜集地点以盖曼(Gaiman)地区为主。盖曼历史上曾是威尔士的殖民地,保留下来的威尔士文化生活和文化旅游是到访该地区的主要看点。西班牙语是当地的主导语言,会讲威尔士语的人非常有限,但公共空间的标牌上还是出现了不少威尔士语言和文化相关的文字、图像和符号。作者通过三个话语框架来看威尔士语言文化在当地被赋予的价值。在殖民历史框架中,研究者发现威尔士特色的地名和人名在当地非常常见。在威尔士文化元素框架中，威尔士国旗、红龙（国旗上的图案）等物件以及出现在食品或标牌上的威尔士语词根或语素等都是威尔士文化元素的展现（performance）。而在威尔士遗产框架中，标牌上的威尔士语文字的内容、字形、排列和风格以及对威尔士文化展现形式的评价等都向游客展示了威尔士文化元素的历史感和真实性。这三个话语框架既有独立性又有关联和重合，它们共同阐释威尔士文化意义和价值在巴塔哥尼亚地区的组织方式。

总之，语言景观研究者可以根据研究对象和目的创建多个话语框架，并对各个框架内的话语交际形式和功能等进行细致的阐释，从而揭示语言景观多个层面的社会意义。

4.6 对话性分析

苏联文艺理论家巴赫金（Bakhtin）认为，对话（dialogic）是人类存在的基本方式，所有的言语活动都是以对话为目的的，这种对话关系贯穿于整个人类语言（巴赫金1998）。如他所言，"语言的整个生命，不论是在哪一个运用领域里（日常生活、公事交往、科学、文艺等等），无不渗透着对话关系"（巴赫金1998：242），"一切都是手段，对话才是目的"（巴赫金1998：340）。

从巴赫金的对话理论来看，语言景观中的语言文字使用本质上也都是对话性的：标牌制作者和所有者向读者传递某种信息，从而引起读者言语、心理或情感上的反应。Scollon & Scollon（2003）也曾提到，场所环境中的标牌话语之间不是孤立的，对话性是地理符号学中的一个基本原则。拿示威游行来说，各种模态的标牌上的语言文字及内容都不尽相同，但各种声音汇聚在一起，共同构建了一个众声喧哗（heteroglossic）和多声部（polyphonic）的语言景观（Seals 2015）。标语、旗帜、T恤衫、呼喊的口号等多种模态同时使用，冲击和颠覆既有的语言生活秩序和规范，每一种形式都成为表达异见的手段，以引起周围民众及当权者的注意，对其态度施加影响，从而实现示威游行的劝说目的（Seals 2015）。他们可以通过喊话（interpellation）的形式与当权者构建直接对话，也可以使用祈使和问句等形式向当局发问或表达诉求，唤起旁观民众的意识和情绪。除非政府部门出面阻止或镇压示威活动，清理占据公共空间的语言景观，否则只要示威标语和标牌具有可见性，这种潜在的对话性就会一直延续下去，而且话语占据公共空间的时间越长久，对话性形成的影响就越大（Seals 2015）。总之，游行示威中临时形成的语言景观，其功能并非指示性或象征性，而是传达政治诉求，构建异议讯息，以对话性促成事态的解决。

标语所构成的语言景观是观察标牌创设者对话策略的一个重要途径。这里以突尼斯2010年末至2011年初的示威游行中的抗议标语进行说明。突尼斯的官方语言是阿拉伯语，而法语是法国殖民时期遗留的语言，在当地是第二语言。抗议是由一个街头小贩因经济不景气而自杀所引起的，起初只是小规模的静坐，后来演变为大规模的示威游行，最终导致流血冲突和政权更迭。Shiri（2015）对该游行中出现的66条标语进行分析后发现，绝大多数标语都是单语标牌，用阿拉伯语、法语或英语书写。由不同语种的单语标牌构成的多语景观反映了参与者身份的广泛性和多元性。这些语言在游行活动中发挥了不同功能。其中最早出现的阿拉伯语标语关注工作问题及对自杀小贩的同情；后来随着运动的发展，阿拉伯语标语从社会经济主张转变成政治诉求。法语标语在运动开始两周后才出现，其内容主要是政治主张。由于突尼斯与法国之间存在紧密关系，法语标语的出现说明参与者希望当地事件能引起法国关注。而最后阶段出现的英语标语则把读者进一步扩大到国际社会，这些标语通过互文性（intertexuality）方式与国际上一些合法的运动/事件联系起来，让外界理解该运动"追求民主和自由"的本质。总之，游行标语使用官方的阿拉伯语与当权者对话，而使用法语和英语向国际社会传达参与者的主张和诉求，以寻求国际舆论的理解和支持（Shiri 2015）。在游行示威中，各种不同的语码都有可能用来表达示威者的心声。尽管这些语言地位不同，甚至在社会语言生活中有冲突，但为了共同的目标临时组合在一起，各尽其用，成为示威活动中和而不同的声音。而在意大利，每年3月1日的移民为争取合法权利而进行的示威游行，则基本都使用意大利语标语，使用移民群体自己族群语言的标语则非常少（Barni & Bagna 2016）。Barni & Bagna（2016）认为，使用意大利语一方面向政党、当地社会及大众传媒"喊话"，使自己的主张更可能被听到、看到或读到；另一方面，在意大利这个单语主义盛行的国家，使用社会的主体语言来表达问题和诉求，也传达一种身份象征的意义，即"不要拿我们当外国人，我们属于意大利"。总之，语言景观本身具有内在的对话性，创建者使用哪些手段与阅读者构建对话，是值得研究的话题。

4.7 语言景观研究的理论构建

为了把语言景观研究发展成一个独立的分支学科，有一些学者尝试创建该领域专有的理论体系。这里简要介绍本-拉斐尔（Ben-Rafael）等提出的语言景观构建原则和斯波斯基的公共标牌语言选择理论。虽然这些理论概括尚不成熟和完善，但对于该领域专门理论的成型却有积极的推动作用。

4.7.1 语言景观的构建原则

现实世界中的语言景观看似杂乱无章，实则有内在的构建规律。本-拉斐尔从社会学的角度出发，提出形成语言景观构建的四条原则（structuration principle）(Ben-Rafael, et al. 2006; Ben-Rafael 2009; Ben-Rafael, et al. 2010）。

第一，突显自我（presentation of self）原则。依据Goffman（1963）的观点，社会个体作为社会生活中的行动者，总是把自己具有的优势一面展现给他人，以达致期望的目标。这个自我优势展现的原则也适用于语言景观的构建。在都市中心地带，商业标牌林林总总，竞相争夺路人的注意力，以吸引他们参与或执行标牌上的活动。语言标牌越稠密，各种标牌之间的竞争就越激烈，而那些与众不同、标新立异的标牌往往更有机会获得路人的关注，从而在竞争中胜出。语言标牌竭力呈现自己的"不同凡响"之处，是语言景观构建最主要的原则。

第二，充分理性（good-reasons）原则。语言标牌以其独特性吸引路人的注意力，但标新立异背后也有趋同的一面，那就是理性地满足读者的需求。Boudon（1990）指出，要影响公众的行为，行动者必须了解并尊重其感知、价值观、爱好、品位等，对公众需求的理性分析是追求目标时如何行动的关键。在语言景观中，可以看到无数的商家在标牌中一致强调舒适、豪华、潮流、名气等取向，以此来满足公众的需求与愿望。另外，在以象征价值为取向的现代社会，商业标牌创设者也会顾及顾客在成本效益方面的考量，因此标牌中也常体现经济实惠等理念。可以说，在商业化的公共空间中，预测并迎合顾客的动机和愿望是语言景观构建的一个重要原则。

第三，集体认同（collective identity）原则。在全球化和多元文化盛行的时代，语言标牌在设计中常展示某种身份特征，以获得某些群体的认同。该原则强调标牌对象主体身份归属，以"志趣相投"为基础来吸引潜在的顾客。如美食摊贩的标牌上显示"vegetarian"，不仅标明店家食品的特征，也与素食者构建了身份认同，以此招徕以素食为主的顾客。

第四，权势关系（power relations）原则。该原则关注一个语言群体能在多大程度上对其他群体施加语言管控。根据布尔迪厄（Bourdieu 1993）的文化资本论，特定场域内参与者范畴之间的权势关系是社会现实的主要部分。在语言景观中，这个原则体现在强势群体能够对弱势群体使用语言资源的方式加以限制。例如，政府或官方机构是官方标牌的创设者，他们比起私人标牌的创设者（商家或个人）更有权势，因此经常对私人标牌的语言使用加以管制，如规定语言标牌必须把国语或某地法定语言放在突出位置。Ben-Rafael（2009）认为，把官方语言强加在语言景观中是语言霸权的体现，而权势关系在构建语言景观中的作用越大，越容易引起对抗。

需要指出的是，这些原则体现在语言景观的不同侧面，各自在语言景观塑造过程中的权重也不一样，哪条原则更为突显要视具体情况而定。

4.7.2 语言景观的语言选择理论

语言景观理论认为有必要关注标牌如何书写的问题。例如，Spolsky（2009b）提出了公共标牌语言选择理论。他认为，公共标牌上的语言选择通常应考虑三个条件或因素。第一，使用创设者熟知的语言书写。语言景观的构建一般都会依此而行。这可以用来解释为何没有文字系统的语言不会出现在标牌上，而使用外语书写的标牌上经常会有拼写错误。第二，使用读者能读懂的语言书写。为了实现交际目的，标牌创设者要考虑读者的语言需求。这也是为什么在外国游客经常光顾的地方英语标牌很常见，而少数族群聚居的地方常常会设立含有主要用语及该族群语言的双语标牌。第三，使用自己的语言或者能标明自己身份的语言书写。这个条件常具有政治或社会心理意义，例如在多语区使用某种语言设立标牌，能表明标牌创设者属于哪个种族群体的身份。斯波斯基认为，这三个条件是公共标牌语言选择理论应涵盖的主要部分，其中第一个条件是必要条件，而第二和第三个条件属于典型条件，不一定适用于所有标牌。

斯波斯基的语言选择理论是从话语的角度来理解标牌语言的。

Kallen（2009）进一步提出，语言景观作为一种交际活动，除了语言的选择，还应包含至少三个层面的选择：（1）语码选择，即语言的表征模式，如字体、颜色、置放等；（2）语用选择，指的是标牌总体的交际功能，如指代、认知、描写等；（3）读者选择，即标牌预期的读者。而对于语言选择来说，不仅包括选择某种语言，也应包括语言与信息的关系，例如各种语言信息是否对等、翻译属于全文翻译还是部分翻译等。该理论模型可以用来考察语言景观话语中的交际选择。

4.8 本章小结

本章讨论语言景观研究中有代表性的理论和分析框架，包括场所符号学、语言景观三维分析、SPEAKING 模型、结点分析、框架分析、对话性分析等。另外，本章也介绍了学者们对于构建该领域理论体系所做的尝试，如标牌语言选择理论以及语言景观的构建原则。

以上章节阐述了语言景观研究的概况、研究方法、分析维度、理论与分析框架等多个层面的理论和方法问题。从第五章开始，我们以上海、杭州、宁波三个经济发达、开放程度高、人口密集的沿海开放区城市为案例，运用语言景观研究的理论和方法，系统地考察和分析城市语言景观的面貌、特征及社会映射。每个城市的一个中心城区（上海静安区、杭州西湖区以及宁波海曙区）被选作主要考察地点，除了对街道上设立的标牌进行观察和拍照以外，也借助文本分析、问卷调查、访谈等辅助方法来了解政府部门的政策机制、标牌主体以及读者的感知和态度,以多角论证的方式分析沿海开放城市语言景观的现象和本质。在分析和阐释过程中,语言景观三维分析、场所符号学以及结点分析、框架分析等理论和方法得到应用,结合量化和质性分析,考察公共标牌、路名标牌、商业标牌、旅游景区标牌等多种不同场域城市空间中的语言表征,并揭示城市语言景观在全球化和国际化的宏大背景中所隐含的语言政治、经济资本、意识形态等问题。

第五章 公共标牌上的语言景观

本章主要关注城市公共标牌上的语言选择和使用,考察官方领域语言景观的特征及制约机制,揭示不同语言(特别是汉语和英语)在城市社会语言生活中的价值和地位。公共标牌指的是由官方部门设立的不属于任何私人或企业的标识牌,包括地名、交通标牌、告示牌、警示牌、宣传标语等多种类型。在很多学者看来,城市公共标牌上的语言文字是该城市乃至国家的脸孔和名片,"一个城市规范、准确、地道的英语公示语有助于建立和谐的国际语言环境,树立良好的城市形象,促进城市经济的发展"(龙江华 2007)。本章将参照 Spolsky(2004, 2009a)和 Trumper-Hecht(2010)的分析模型(见第四章),首先探讨国家及地方政府对于公共标牌的语言管理和政策,然后分析上海、杭州和宁波等地公共标牌的语言实践,最后考察民众对于城市公共标牌语言选择和使用的态度。需要注意的是,路名牌(或街牌)属于最典型的公共标牌类型之一,其语言选择和使用具有特殊性,第六章会进行更详尽的专门讨论。

5.1 公共标牌的语言管理

关于公共标牌上的语言文字使用，我国国家层面的政府部门出台了不少政策性文件对之进行规定和规范。其中，2000年10月31日通过并于2001年1月1日开始实施的《中华人民共和国国家通用语言文字法》（以下简称《国家通用语言文字法》），明确了国家最根本的语言政策。作为中国第一部语言文字相关的专门法规，该文件指出：国家通用语言文字是普通话和规范汉字；国家推广普通话，推行规范汉字。其中，该法规的第十三条明确规定："公共服务行业以规范汉字为基本的服务用字。因公共服务需要，招牌、广告、告示、标志牌等使用外国文字并同时使用中文的，应当使用规范汉字。"按照最新的政策文件，这里的规范汉字指的是国务院2013年6月公布的《通用规范汉字表》（国发〔2013〕23号）中规定的简化汉字。另外，《国家通用语言文字法》也规定，繁体字或异体字在某些情形下可以保留或使用，比如文物古迹、书法和篆刻等艺术作品、题词和招牌的手书字等（第十七条）。

除此之外，国家质量监督检验检疫总局和国家标准化管理委员会（以下简称国家标准委）在2013年12月联合发布了《公共服务领域英文译写规范 第1部分：通则》（GB/T 30240.1—2013），作为推荐性国家标准来指导公共服务领域的英文翻译和书写形式。该标准明确规定，公共服务领域英文译写要遵循合法性、规范性、服务性、文明性等四大原则，应符合我国语言文字等法律法规的规定、英文使用规范以及英文公示语的文体要求，一般不按原文字面直译。在此基础上，2017年6月，国家质量监督检验检疫总局、国家标准委又联合发布《公共服务领域英文译写规范》的第2至第10部分，至此该系列国家标准完整出台，并于2017年12月1日起正式实施，用以保障公共服务领域英文翻译和书写的质量。① 该标准规定了公共服务领域英文翻译和书写的原则、方法和要求，涉及交通、旅游、文化、娱乐、体育、教育、医疗卫生、邮政、电信、餐饮、住宿、商业、金融等13个服务领域。该规范还以"资料性附录"的方式，为各领域常用的3500余条公共服务信息提供了规范译文。

　　除了国家政府部门发布的标牌语言文字相关规定以外，上海、杭州和宁波等地方政府部门对于公共标牌上的语言使用也进行了不少规划，在国家相关法规的基础上制定了一系列适用于本地区或本城市的语言政策，其中上海市的相关政策和法规最为引人关注。例如，上海市政府于2003年6月发布的《关于加强本市公共场所英文译名使用管理的若干意见》（沪府发〔2003〕42号）指出，在有关地名、公共交通、文化和体育场所、旅游景区、机关事业单位等标志和设施上需要使用英文时，应当同时使用中文和英文，英文"应当按照统一的英文译名使用规范执行"。2014年10月，上海市政府发布《上海市公共场所外国文字使用规定》（沪府令22号），以规范公共场所外国文字的使用，促进对外交流。其中第六条指出，在机场、火车站、客运码头、长途汽车站、轨道交通站点、民防工程、应急避难场所、公共环卫设施、公共停车场（库）

---

① 参见《公共服务领域英文译写国家标准发布》，新华网，2017年6月20日，http://www.xinhuanet.com/politics/2017-06/20/c_1121179758.htm。

等"公共场所的标牌上使用规范汉字标示名称或者提供警示警告、提示说明等信息的，应当同时使用外国文字标注。旅游景点、公共文化体育场所、商业服务场所、医疗卫生机构的服务场所以及金融、邮政、电信机构的营业场所和其他提供公共服务的办事场所等公共场所，可以根据服务需要在标牌上同时使用规范汉字和外国文字"。该规定也强调，除国家另有规定以外，"国家机关的名称牌禁止使用外国文字"，"公共场所的招牌、告示牌、标志牌等禁止单独使用外国文字"。

在长三角地区，城市空间标牌上的英文使用日益增多，但英文错误和用法不统一现象也屡见不鲜。为规范公共场所的英文使用，推动区域国际化进程，江浙沪等长三角地区的城市主管部门根据自身发展的需要出台了适用于该区域的公共场所英文使用规范。2009年8月24日，江苏、浙江和上海两省一市的语委和质量技术监督局在上海召开联合记者招待会，宣布《公共场所英文译写规范 第1部分：通则》正式发布。此标准是为了"进一步推进长江三角洲地区公共场所英文使用规范工作"而制定的，其起草单位包括上海市语言文字工作委员会、江苏省语言文字工作委员会、浙江省语言文字工作委员会等长三角地区的语言文字管理机构。该规范强调，"公共场所的英文译写应当符合英语使用规范，符合英语公示语的特点"。在此基础上，上海市质量技术监督局于2009年9月发布上海市地方标准《公共场所英文译写规范》(DB31/T 457—2009)的其余九个部分，对于实体名称、交通、旅游、文化体育、教育、金融、医疗卫生、邮政电信、商业服务业等公共场所的英文标识的翻译和书写做出规范。制定这些规范细则的法理依据包括《中华人民共和国国家通用语言文字法》《上海市实施〈中华人民共和国国家通用语言文字法〉办法》《上海市人民政府关于加强本市公共场所英文译名使用管理的若干意见》《上海市公共场所中文名称英译基本规则》以及国家和上海的其他相关法律法规、规范标准等。长三角地区联合发布《公共场所英文译写规范》，明确表示公共场所的英文译写要符合合法性、规范性、准确性、通俗性、文明性五大原则，强调英文译写应选用符合中文内涵的英文词语，尽可能使用英语的常用词汇和表达方法。

在杭州，浙江省质量技术监督局于2009年8月24日发布了《公共场所英文译写规范》地方标准（DB33/T 755.1—2009）。除个别举例外，该标准与上海公布的英文译写规范基本相同，不再赘述。另外，杭州市城市管理委员会2015年6月牵头编制了《杭州城市标识系统国际化设计导引》，用以整治和改进城市交通标志、公厕标识、综合信息系统、路径导向标识、建筑内部导向标识、建筑及事物解释标识（如路名牌、门牌等）、提示性标识、公益宣传标识、操作信息标识、商业信息标识等各种公共和商业标牌的设计和放置，以满足城市国际化的需要。此文件对于各类标识上的语言文字使用做出了一系列整改建议。例如，该导引规定：对于交通标志的英文翻译，"地名的专名部分原则上音译，用汉语拼音字母拼写，通名部分（如省、市、自治区、江、河、湖、海等）采取意译"，道路、街道和大道等的英译应使用缩写形式Rd、St和Ave；"卫生间"英文"TOILET"改为"Restrooms"；在车站标牌上，要"统一每块标识牌上各标识的文字部分，或全部图形符号配套中英文文字"，并"修改标识中错误的英语语法"（杭州市城管委 2015）。在宁波，当地市政府于 2015 年 7 月发布《宁波市城市公共双语标识系统建设实施方案》（甬政办发〔2015〕139 号）。该方案指出，城市公共双语标识系统建设实施的标识包括路名牌、公交站名牌、导向地图、方位指示性标志牌、道路交通标志牌等，实施范围涵盖公共交通设施、城市道路设施、重要城市街区、旅游及服务场所、城市公园绿地等五类建设区域，力争 2020 年中心城区全面覆盖公共双语标识，进一步提高宁波市现代化、国际化水平（参见宁波市人民政府办公厅 2015）。

除了出台语言景观相关的政策以外，各个城市语言文字主管部门都曾开展大规模的标牌语言整治行动，通过组织语言专家和学者或者发动学生、群众参与的形式对城市语言景观中的语言错误和不规范用法进行检查和纠正，来规范城市公共场所的语言文字使用，改善城市公共信息服务的质量。这种为公共标识牌找差错、纠语病的运动常常被称为"啄木鸟行动"。例如，上海市语委和教委 2016 年组织高中学生检查上海全市范围内社会用字的规范性。仅上半年，全市各区县 21 所高中学校约 1500 名学生参与了此次活动（郭娜，焦苇 2016）。据《劳动报》报道，上海浦东外国语学校的 179 名高中生在 2016 年 4 月 14 日对小陆家嘴地区、新上海商业城等区域内的地标性建筑、旅游景点及商业机构的单位名称牌、店招店牌、指示标志牌、路名牌、商业和公益广告牌等标牌中的汉字使用和英文译写展开全面检查和记录，检查范围主要包括违规使用的繁体字和异体字、英文拼写错误、中式英语等不规范行为。所有不规范现象的图文记录录入"上海市公共场所语言文字使用网络监测系统",通过浦东新区语委办交由有关执法部门依法处理(郭娜,焦苇 2016)。2018 年 8 月 30 日,在上海,由上海市旅游局、上海市语言文字工作委员会办公室等相关部门负责人、语言学者等组成的专家组对上海城区旅游景区、交通枢纽、游客中心等公共场所展开中英文规范用字专项检查,解决标牌上中文错别字、英文指示翻译不准确、不规范等问题。相关负责人指出,旅游景区等公共场所的文字规范化工作是需要常抓不懈的长期任务(陈爱平 2018)。类似的标牌语言整治行动也在杭州和宁波等城市展开。例如,杭州市城管委在 2018 年 8 月至 10 月中旬牵头开展"城市道路指示牌英文译写普查整改专项行动",对全市范围内的道路指示牌进行全面普查,要求各区对道路指示牌译写错误、格式不规范等问题进行自查自纠,共发现问题 281 处(刘文昭 2018)。杭州市城管局市政中心检查组从 2019 年 3 月开始针对全市各城区 716 条主要道路上的数千块道路指示牌进行检查,参照标准包括《城市道路杆件及标识整合技术规范》《道路交通指示标识英文译写规范》等,共计发现 247 处问题,绝大部分是英文译写不规范,包括译写错误和格式错误等(任彦,林彦 2019)。而在宁波,为了提升城市的国际化水平,宁波市双语办于 2017 年 12 月在全市中心城区发起开展为期三个月的双语标识牌英文纠错行动,对公共交通、城市道路、城市街区、旅游服务场所、公园绿地等领域的公共双语标识,纠正其中的拼写错误、表达错误、语气不当等问题。整治活动以"有奖寻错"的形式来展开,希望吸引有专业英语知识的市民群众参与，以引起各相关部门对公共双语标识标牌制作的重视，提升翻译准确性（杨绪忠 2017）。

总之，上海、杭州和宁波三个城市对于公共标牌上的管理，一方面贯彻执行国家语言文字法令法规，强调使用规范汉字作为基本服务用字；另一方面也基于城市国际化发展的需要，推行中英文双语标识系统的建设。可以看出，通过公共服务领域的语言景观来构建现代、开放和国际化的城市形象，是这些城市管理部门具有共识性的目标。三个城市官方语言景观中语言的规范性使用受到城市语言文字主管部门的积极干预，其最终目的是提升城市的文明和开放形象，构建国际化都市，并为城市的经济发展创造条件。

5.2 公共标牌上的语言实践

5.2.1 公共标牌的功能类型

在城市空间中，公共标牌以多种不同的形式传达信息，与读者构建交际。这些标牌都是以政府机构和职能部门为主要创设者，其语言选择体现了官方的语言意志。根据标牌的交际和功能特征，三个城市空间中最常见的公共标牌包括如下主要类型。

（一）交通标识牌

交通标识牌是城市街道上最典型、最常见的公共标牌类型之一，包括路名牌、指路牌、交通提示牌、路径管制牌等众多形式。

图 5-1 交通标识牌

这类标牌除了文字信息以外,还常常使用箭头、图符等非文字符号提供交通指引。路名牌一般设置在道路的两侧,由立柱支撑,也可能安装在灯杆上,同一块标牌上的正反面文字大体一致,标出所在道路的名称(如图 5-1 中"山东中路"的标牌)。指路牌作为道路导向标牌通常版面宽大,悬挂在道路上方,指明行驶前方若干条道路的信息。在图 5-1 中,含有"徐家汇/延安西路"等信息的大型标牌是典型的指路牌。"单行道路""行人地下通道"等属于交通提示牌,而"货车禁止通行""前方学校(限速)30"等则属于路径管制牌,标牌上显示的通常是出于安全或整体规划考虑而设置的速度、通行、停车、高度及载重等方面的限制,告

图 5-2　公共设施标牌

知驾车者在道路交通中必须遵守的规则范围，以及突破设定的界限会给自己或他人带来危险，而且被发现后常常会招致交通管制部门的处罚。

（二）公共设施标牌

公共设施标牌是设置在政府或社会机构提供的供公众使用的公共建筑、物品或设备上的标识牌，如车站、停车场、公共厕所、垃圾箱、共享单车停放站等场所或设施上一般都会设立标牌，作为公共服务的一部分，为公众提供位置、时刻、使用方法等相关的信息（如图 5-2 中的城市公共自行车系统、公共卫生间和垃圾箱）。城市的公共设施是城市服务的一个主要方面，因此在注重国际化建设的沿海开放区城市里，公共服务设施上提供中英文双语是常见的语码选择。

（三）警示牌及告示牌

警示牌和告示牌指的是用于安全警告或告知人们某些事项信息的标牌，在城市街道空间中也非常常见。这类标牌一般放置在地方或场所（如河道、湿滑的路面、车门、高速路）较显眼

图 5-3　告示牌及警示牌

的位置，以引起人们的注意，避免发生误会、麻烦或者安全事故。在城市街道上，以交通安全为目的的标牌是最常见的警示牌，标牌文字有时会以严厉的语气警告人们，违反交通规则会带来严重后果。在图 5-3 中，最左侧的告示牌属于临时性标牌，暂时悬挂在桥栏上，在施工完毕后便可拆除或移走。而后两个警示牌则是持久性的标牌，悬挂在立柱或公共设施上，长期发挥警示作用。

（四）标语及宣传标牌

在我国的城市空间中，文字简练、意义鲜明的宣传标语和口号是语言景观中最具中国特色的组成部分。在调查的三个城市中，宣传标语的内容包括国家的路线方针、交通规章、社会公共道德、城市建设目标等等，用来发挥宣传和激励的作用。例如，社会主义核心价值观、中国梦、文明行为等在城市空间中是非常常见的宣传标牌（图 5-4）。另外，交通安全类的宣传标牌也常常设置在道路上方，用以提醒驾车人士遵守交通规则、小心驾驶、注意安

第五章 公共标牌上的语言景观 113

图 5-4 标语及宣传标牌

全等。其他类型的宣传标识可能设置在墙壁、空地、灯柱、机关建筑、宣传栏等场所，以永久性标牌为主，有时候会占据较大的空间。

（五）机构及场所名称标牌

另一类常见的公共标牌是机构名称以及场所名称，标牌一般设立在建筑顶部或朝向街道的一侧，用以展示机构或场所的名称。这里所指的机构并非企业性质的公司，而是具有官方和公立性质的服务单位。例如，图 5-5 中的医院、质监局以及地税局的标牌都属于典型的机构名称标牌。而场所名称则包括广场、桥梁、景点等的名称标牌，如"人民广场""杭三大桥""黄浦江"等。这些名称一般是由官方部门主导命名的，因此也属于公共标牌的范畴。

图 5-5　机构及场所名称标牌

（六）其他

除了上述典型的公共标牌以外，城市空间中还有其他形式和类型的公共标牌，用以提供公共服务以及传达信息。有些公共标牌上展示的是汇总或众多类型的信息，如教育机构展示墙、综合商城内的机构名录、火车时刻信息表等都是典型的综合信息类标牌。综合信息展牌可以是永久性也可以是临时性的，设立的目的是给读者提供全局性信息。

5.2.2　公共标牌上的语言实践

为了了解三个城市开放空间中公共标牌上的语言使用情况，我们对上海静安区、杭州西湖区以及宁波海曙区等三个城区所辖范围内的普通街道上的公共标牌进行了语料采集。我们利用百度地图作为导引，采用田野徒步的方式沿着城市的普通街道行走，尽可能多地采集进入视野的各种交通标识牌、公共设施标牌、警示告示牌、宣传牌、机构场所名称标牌等。这里的普通街道指的是路线不经过风景区、机场和火车站等特殊场所的道路。本研究不考虑特殊场所和区域内的街道，是为了避免某些公共标牌因政府管理部门专门的规划而呈现特定的语言特征，从而影响数据的可靠性。必须承认的是，普通街道上公共标牌数量繁多，要将公共标牌全部进行采集和分析是不可能的。仅拿宣传类标牌来说，街道的灯柱、建筑外墙、马路护栏等地方以旗帜/横幅、喷漆、油画等各种形式出现的政治、交通安全、道德和精神文明等方面的标语和宣传牌不计其数，仅收集这一类标牌便是个无比浩大的工程。另外，街道也有一部分复现率很高的标牌：同一条道路常常会在不同地点设置路名牌、交通指引牌、站牌、宣传标语等，而很多同类标牌上文字的形式和内容是完全或基本相同的。为了使语料收集和统计具有可操作性和可比较性，本研究采用两条语料处理原则：（1）每一条街道上的公共标牌，样本收集要尽可能多样化，但机构内部的标牌不予采集；（2）同一条街道上同一种类型的标牌，如果形式和内容完全相同，则只收集和统计一次。这样的做法从绝对数量上来说不够精确，但多样化的数据有助于了解整个区域公共标牌上总体的语码分布趋势。

在2016年2月至2017年9月间，研究人员在三个城市的街道上共收集公共标牌2764个，其中上海静安区1032个，杭州西湖区842个，宁波海曙区890个。下面的统计分析便是根据这些数据所得出的。另外，我们按照语言景观研究的惯例，研究中不严格区分双语和多语标牌,双语标牌也看作多语标牌的一种。

5.2.2.1 语码选择

根据本研究的语料,三个城市街道上的公共标牌是由使用一种语言文字的单语标牌和使用两种语言或语码的双语[①]标牌组成的,并未发现使用三种或三种以上语码的多语标牌[②]。关于三个城市公共标牌上的语码选择情况,统计结果如表5-1所示。可以看出,三个城市的单语公共标牌在数量上仍占多数,而上海公共标牌上的双语比率是最高的,达到47.4%,杭州和宁波的公共标牌上的双语比率也都超过了40%。这说明这些城市都在积极推进城市公共语言服务系统的双语建设,在众多公共标牌上添加英文或者汉语拼音,以满足城市国际化的需要。

表5-1 城市公共标牌上的语码分布

地点	标牌类型		总计
	单语	双语(码)	
上海	543 (52.6%)	489 (47.4%)	1032 (100%)
杭州	477 (56.7%)	365 (43.3%)	842 (100%)
宁波	510 (57.3%)	380 (42.7%)	890 (100%)
总计	1530 (55.4%)	1234 (44.6%)	2764 (100%)

在使用双语的标牌中,地铁标识、公共厕所、垃圾箱等标识牌上基本都使用了中英双语,说明市政管理部门的双语标识规划得到了很好的实施。另外,三个城市的路名牌上虽然全部使用了双

---

① 汉语拼音是一种语码而非语言,因此含有汉字和拼音的标牌称作"双语码标牌"更为准确。为简便起见,本书行文中仍使用"双语"标牌作为类属概念,特此说明。

② 使用多语的公共标牌在旅游场景中比较多见,见第八章的讨论。

语（码）形式，但实际的语码选择却有很大不同。按照国家政府部门的相关标准和规定，路名标牌上应该使用汉语加拼音的双语码路名标注形式。但在上海和杭州，路名标牌上标注的基本都是汉语加英语的双语路名形式。路名牌上使用英文的做法招致了非议，不少人批评这样做涉嫌违法。但上海和杭州城市的主管部门则强调，路名牌上标注英文的决定是考虑到城市自身的发展需要而做出的（详见第六章的讨论）。宁波则按照国家政府相关法令条规的规定，在路名牌上标注汉语和拼音路名，但在道路上方的指路牌上则标注了汉语路名和英文路名。我们发现，上海指路牌上的双语比率占到94.4%，杭州的指路牌上则有67.3%使用了双语。而宁波的指路牌上原来只使用中文，但随着城市双语公共标识规划的推行，在我们的语料中，已有46.9%的指路牌使用了中英双语。可见，在道路上方的大型指路牌上，使用中英双语是三个城市共同的标注策略，但路名牌上则有英文和汉语拼音的语码之争。

单语标牌主要集中在警示告示牌、国家机关及机构名称、标语和宣传牌、限令禁止牌、临时性指令指示等。根据《上海市公共场所外国文字使用规定》，国家机关的名称牌禁止使用外国文字（国家另有规定的除外），因此使用只有中文的标牌是符合政策法规的。标语和宣传类标牌主要面向国内读者，只使用中文一种语码是最实用的语码设置方式。在本研究的语料数据中，添加了英文的宣传类标牌在三个城市公共标牌中占比不足1%。这可能是由于标牌上的宣传内容（如社会主义核心价值观、传统美德、交通安全）一般是供城市居民阅读，使用中文便可达到宣传、劝说、鼓动的目的。即使标牌上偶尔加上英文，也往往只是起装饰作用，对不懂中文的读者来说，实际价值并不大。其中，杭州的宣传牌设置特点最为鲜明：宣传牌与大型指路牌并行使用，即标牌的一面给出道路导向信息，另一面则是交通安全、政治方针、城市形象建设等相关的宣传语。其他几类标牌（警示告示牌、限令禁止牌、临时性指示牌等）数量和需求量大，标牌更换相对频繁，提供准确的双语信息对于市政管理部门来说有不少难度。一方面，由于缺乏公示语英文翻译指引，翻译质量难以保证，而且标牌的频繁更换也会造成成本增加。另一方面，标牌上双语文字的字符大小也需要仔细斟酌：字号太小不适宜阅读，字号大则需要增加标牌整体的尺寸，这样又会干扰人们阅读其他标牌。不过，从公共语言服务的角度来说，以适当的方式提供英文是这些以国际化为目标的城市努力的方向。

另外，在所有的单语和双语标牌上，超过98%的公共标牌上（N=2710）使用了中文，包括中文单语、中英双语以及中文加汉语拼音的双语码标牌。这说明在公共服务领域的标牌上，中文使用占有绝对优势。未使用中文的标牌共54个，这些都是只使用了英文的单语标牌，其中尤以停车标志最为突出（见图5-6）。

这种形式的标牌在本次考察的上海静安区最为多见。这里标牌上只使用一个大写的英文字母P来指代停车场或停车区域，从视觉效果上看确实比用中文书写更简洁明了，方便驾车者和骑行人士快速找到停车区所在地。然而，从《国家通用语言文字法》及其相关政策文件的规定来看，公共场所的标识牌应当以国家通用语言文字为基本的用语用字，停车场标志上只使用英文显然是有违国家语言文字法规的。需要指出的是，上海市政府2004年发

图 5-6　英文单语标牌

布的《上海市公共场所外国文字使用规定》第七条写道:"公共场所的招牌、告示牌、标志牌等禁止单独使用外国文字,根据国家和本市相关标准使用公共信息图形标志的除外。"如果将标志上的 P 理解为公共信息图形标志,这样的标志似乎又属于例外情况,不存在违反语言文字规范的行为。具体应该怎样认定,可能需要由标牌设立方给出更充分的解释说明才好判断。

5.2.2.2 优先语码

上文提到,在官方部门主导的公共标牌上,中文在数量上占有绝对的主导地位,有超过 98% 的公共标牌使用了中文。那么在使用中文的双语标牌上,中文是否具有优先地位呢?本研究的一个基本假设是,从视觉效果上看明显较大的语码是标牌创设者最为看重的语码,即优先语码。另外,根据场所符号学理论观点,当标牌上的不同语码处于上下排列时,上方位置的语码是优先语码;当语码处于左右横向排列时,左侧的语码是优先语码;当语码处于包围式排列时,优先语码通常居于中心位置(Scollon &

Scollon 2003)。按照这样的语码优先顺序来考察三个城市公共标牌上的语码设置情况,具体结果如表 5-2 所示。

表 5-2　公共标牌上的语码排列

语码排列方式	中文居上	中文居左	中文居中	中文居下、居右或边缘	总计
中文字符大	1066 (94.6%)	40 (3.5%)	6 (0.5%)	15 (1.3%)	1127 (91.3%)
英文字符大	4 (4.3%)	0 (0)	8 (8.6%)	81 (87.1%)	93 (7.6%)
字符大小相当	3 (21.4%)	9 (64.3%)	0 (0)	2 (14.3%)	14 (1.1%)
总计					1234 (100%)

从表中的数据可以看出,在绝大多数的公共标牌上(91.3%,N=1127),中文被设置成字号明显较大的语码,以突显其作为优先语言的地位。而在这些标牌中,设置者又偏好语码的纵向排列,其中中文居于标牌上方位置的标牌占比将近95%。这个结果说明,中文作为优先语码普遍出现在三个城市的公共标牌上,体现了中文作为国家主导语言的核心地位。另外,研究也发现,有一少部分标牌上(7.6%,N=93)明确地将英文设为突显文字,中文通常设置在英文的下方或右侧等非优先的位置。例如在图 5-7 中,停车场的英文形式 P 从字号上看明显比中文要大,表明设计者以英文作为标牌上的优先语码。用 P 表示停车场早已为城市驾车人士熟识,大号文字可以为驾车人士提供方便。不过,这样的语码排列与国家和地方政府语言政策中强调的公共标识牌上"以规范汉字为主、外国文字为辅"的设置方式似乎不符。如何做到既符合相关规定的要求,又兼顾读者阅读的便利,值得斟酌。此外,在本调查中也见到极少数中英文字符大小相当的标牌,但未发现汉语拼音比汉字更突显的标牌。

图 5-7　英文突显标牌

5.2.2.3 英语使用

语料统计显示，三个城市研究区域的公共标牌上使用了英语的标牌数量分别为 532、372、382，分别占标牌总数的 51.6%、44.2% 和 42.9%。由此可见，英文在三地的公共标牌的使用频率都很高。尤其是上海，超过半数的公共标牌上使用了英文，表明英语在当地语言景观中发挥了非常重要的作用。前文中谈到，长三角地区的两省一市在 2009 年出台了《公共场所英文译写规范 第 1 部分：通则》，用以指导公共服务领域标牌上英语的正确使用。不过，英语在中国属于外语，人们的英语能力普遍不高，由此造成的中式英语在公共标牌上并不鲜见。如图 5-8 中，杭州的一个警示标牌上，"花草有情 手下留情"被译成 Affectionate mercy foot grass，"当心碰头"翻译成 Beware of to meet；"学文明，知礼让"在宁波的一个宣传标牌上被译成"School culture, knowledge comity"。从语言规范化的角度来看，这些都是不符合

图 5-8 公共标牌上的中式英语

英语表达习惯的。公示语到底应该如何翻译是国内语言学者关注的热点课题,而在标牌实践中的中式英语也一直是城市管理部门着力解决的问题。

5.2.2.4 繁体字使用

按照国家语言文字法规的相关规定,公共标牌上应以规范汉字为基本的服务用字,只有在文物古迹、手书的题词和招牌以及经国务院有关部门批准的特殊情况下,可以保留使用繁体字。在上海、杭州和宁波三个城区街道的官方语言景观中,调查发现,以规范的简化字书写公共标牌的政策基本得到了贯彻执行,如路名、公共设施、警示告示牌等标牌上全部都使用了规范汉字。尤其是核心政府部门的机构名称标牌上一般只使用简体中文,以体现其作为国家法定语言规范在政府层面的地位和价值。不过,研

图 5-9 繁体字公共标牌

究也发现，在一些机构、地名和政府楼宇建筑上，出于历史传承的目的而保留繁体字书写形式，或者采用了书法形式的繁体字标牌。例如，图 5-9 中的浙江图书馆属于省属机构，其名称沿用蔡元培先生所写的繁体字馆名，文字书写方向也是按照古汉语的书写格式从右向左书写，体现了历史传承。另外，调查还发现，有极少数宣传类标牌上也使用了繁体字，如图 5-9 中宣传社会主义核心价值观的标牌便是用繁体字书写的。如果将标牌文字看作手写体，那么标牌便符合国家语言文字法规中关于繁体字使用范围的界定。不过，使用规范的简化字来书写宣传语可能更为合适，这样可以起到政治宣传和强化规范汉字政策的双重目的。总之，三个城市的公共标牌上基本以规范汉字为主，少量使用繁体字的公共标牌往往是出于历史原因或者手书文字等原因，显示国家的语言文字政策得到了比较彻底的贯彻执行。

5.3 城市民众对于公共标牌上语言使用的态度

由于汉语是我国的主导语言，公共标牌上使用汉语提供公共服务是最自然和正常的选择。英语作为全球语言在国际交流中具有非常重要的工具性价值，因此在国际商品和人员流动日益频繁的全球化时代，公共标牌上设置英语，为外国游客提供读者友好的符号环境，在国际化为目标定位的大城市也逐渐成为一种趋势。然而，城市公共标牌上常常出现一些让人忍俊不禁的中式英语，有些属于词不达意，有些则照字直译。国家质量监督检验检疫总局、国家标准委2017年6月联合发布《公共服务领域英文译写规范》系列国家标准，为城市公共标牌上的英文翻译和书写提供依据和参考，避免翻译错误的出现。另外，该规范也指出，公共服务领域应当针对实际需要使用英文，不应过度使用英文。那么，普通民众如何看待公共标牌上的语言选择和使用呢？本节主要探讨城市民众对于城市公共标牌上语言使用的观点和态度，属于语言信念（Spolsky 2009a）或体验维度（Trumper-Heckt 2010）方面的考察。这里主要分析城市的民众对于公共标牌上语言使用的感知和态度。另外，本研究也考察了外国留学生对于公共标牌上英语使用的看法。由于路名标牌是下一章的重点议题，本节所讨论的公共标牌主要是路名以外的官方标识牌。

5.3.1 城市民众对于公共标牌上语言使用的感知和态度

为了了解城市民众对于所在城市各类标牌上语言使用的态度，我们设计了城市语言景观调查问卷，要求参与者根据自己对所在城市语言景观的感知和体验来作答。问卷共包括30个问题，以选择题的形式给出，内容涉及人们对城市标牌文字的意识、外语文字的功能、标牌语言文字的选择、标牌语言文字的规范等方面的看法和态度(见附录2)。问卷通过问卷星平台进行设计,并通过微信链接形式进行发放和回收。考虑到城市语言景观中的英语标牌数量众多,参与者最好具有一定的英语能力才能给出较有针对性的回应。基于此,本研究的课题组成员通过个人社交网络以滚雪球的方式在上海、杭州和宁波等地民众中发放电子调查问卷。另外,问卷星平台也以随机邀约的方式邀请参与者填写问卷,要求参与者须为上海、杭州或宁波居住或工作的人士,有三年以上的英语学习经验。[①]

在研究开展期间,我们分阶段共计回收答卷1372份,其中有效答卷1302份,有效率占回收答卷总数的94.9%。在有效答卷中,19—25岁年龄段的参与者最多,19—40岁之间的参与者占总数的77.2%(N=1005)。在性别方面,男女比例为522/780,女性参与者居多。近90%的参与者具有6—10年或11年以上的英语学习经验(N=1161),其余则有至少3年的英语学习经验。在职业背景方面,近半数参与者为高校学生(N=648),其余参与者包括教师、公务员、公司职员、编辑、销售、导游、研究人员等来自不同领域的人士(N=654)。虽然参与者样本远不能覆盖各种社会背景的城市民众,但基本可以代表城市民众中的核心职业人群。本节将分析参与者对于公共标牌上语言选择和使用的看法。为了保证数据分析结果的客观公正性,我们将参与者按照职业分成学生组和工作人士组两个组别,分别探讨他们对于城市语言景观的感

---

① 根据问卷星的说明,该平台平均每天有超过100万人次在平台上填写问卷,平台按照要求随机邀请其中部分人群参与本次问卷调查,从而保证样本的随机性和数据的真实性。详情可参见 www.wjx.com。

知和态度。

5.3.1.1 民众对于公共标牌多语现象的意识

首先分析民众对于城市公共标牌上多语现象的意识程度。对于是否留意过城市公共标牌上的外语这一问题，81.3%的受访学生（N=527）及87%（N=569）的工作人士表示偶尔留意或者经常留意，而不太注意的学生和工作人士分别占18.7%（N=121）和13%（N=85）。在旅游场景中，近乎相同比例的学生（86.4%，N=560）及工作人士（86.7%，N=567）表示偶尔或经常关注景区标识牌上的外语文字。可见，大多数的受访民众都或多或少地意识到公共或旅游标牌上出现的多语现象。这些数据也说明，在当今中国的都市生活中，语言景观中的多语现象日益普遍，多元化的语言表征会影响人们对于都市语言环境的感受和认知。

5.3.1.2 公共标牌上多语使用的必要性和动机

本调查也询问公众对于公共标牌上多语使用的必要性和动机的看法。城市公共标牌上标注非中文文字，最主要的目的是什么？对于这个问题，近60%的受访学生（N=385）认为，标注英文、拼音等罗马字母是为不熟谙汉字的外国人提供阅读便利，而34%的学生（N=220）则认为这主要是为了体现城市的国际化形象。在工作人士群体中，认为公共标牌上的非中文语码是以服务外国人或体现国际化形象为目的的人数共占86.1%（N=563）。只有少数受访者（学生6.6%，N=43；工作人士13.9%，N=91）认为，这些文字设置可能是出于国家或城市语言战略的需要或者其他目的。

对于旅游景区的景点标牌上使用英语，绝大多数受访者（学生78.7%，N=510；工作人士76.3%，N=499）认为，这主要是为了帮助不懂汉语的外国游客更好地了解景点的文化内涵，因此与非汉语读者构建交际是主要考量。此外，14.7%的受访学生（N=95）以及16.8%的工作人士（N=110）认为，景区标牌上设置外语，是政府职能部门展示国际化形象的一种方式。还有一小部分受访者（学生3.9%，N=25；工作人士5.8%，N=38）认为，景区的英语可以营造一种对外国人友好的语言环境，因而是吸引外国游客的一个手段。此外，极少数受访者（1.9%，N=25）认为，景区的外语更多的是一种装饰性的文字符号，标牌上设置英语纯粹是应付差事，设置者不一定能看懂这些外语。

城市的景区标牌上有时设置日语或韩语，其主要原因是什么？对于这个问题，多数受访者（学生59.4%，N=385；工作人士77.8%，N=509）认为，设置日韩语可能与日韩游客人数日益增多有关，体现了城市对外国游客友好的待客之道。另外，也有一部分受访者认为，这与日韩经济文化的影响力日益增加有关（学生17.9%，N=116；工作人士11.9%，N=78），或者这些城市与日韩之间的联系比较紧密（学生17.1%，N=111；工作人士7.5%，N=49）。其余的受访者（4.1%，N=54）则认为，景区标牌上使用日韩语或许有其他原因。

不同城市中，公共标牌上英语呈现的多寡有别，造成这种差异的主要原因是什么？多数受访者（学生64%，N=415；工作人士67%，N=438）认为，英语使用量的大小与城市的国际化程度密切相关，城市的国际化程度越高，标牌上的英语使用就越多，反之亦然。另外，17.4%的学生（N=113）及19.9%的工作人士

（N=130）认为，地方政府的城市建设规划对英语标牌的使用具有决定性影响：如果决策者以城市的国际化为发展目标，推动公共服务领域标牌上的英语标注，那么英语标牌的数量自然会比普通城市要多。还有近15%的受访学生（N=96）及10.9%的工作人士（N=71）认为，英语标牌使用量与城市经济状况有关：在经济发达的地区，城市标牌上英语使用量相应较大。此外，还有极少数受访者（3%，N=39）认为，英语使用量的差别是其他原因造成的。总之，在受访民众看来，城市的国际化程度、城市的目标定位和政策激励、城市的经济发展水平等都可能影响英语在城市语言景观中的分布。

当被问及所在城市公共标牌上的英语是否应该更多一些，近70%的受访学生（N=452）和62.2%的工作人士（N=407）认为应该，因为英语标牌可以体现城市的国际化形象。可见，城市的国际化形象在多数人看来是至关重要的，而使用英语有助于构建城市的对外形象。约20%（N=129）的学生和24.2%（N=158）的工作人士则认为，"公共标牌上英语是否应该增加"这一问题不能一概而论，应根据城市的实际发展需要来定：若城市的外国游客数量较多，可考虑多设置外语标牌。在这些受访者看来，英语标牌的设置不能单纯讲求数量，而应该与实际读者（外国游客）的需求相联系，否则公共标牌上的英语便没有太多的实用价值。只有少数参与者（学生8.0%，N=52；工作人士10.1%，N=66）对增加公共标牌上的英语持明确反对意见，认为中文是我国的主导语言，外语不宜过多。其余受访者（2.9%，N=38）对此表示无所谓。这说明城市民众大多看重英语在我国城市公共标牌上的象征意义，希望通过设置英语标牌提高城市的国际化形象。不过也有相当一部分参与者对英语公共标牌持谨慎的态度，认为不宜盲目大量设置英语标牌。在他们看来，城市语言景观建设不能一味追求英语标牌的数量，而不顾其实用功能。

在少数族群聚居的地区，公共标牌上是否应该标注少数族群语言呢？对于这一问题，大多数受访者（学生86.4%，N=560；工作人士72.6%，N=475）表示应该，认为少数族群语言在语言景观中呈现，会有利于族群语言文化的传承。约有9%的受访学生（N=58）和16.7%的工作人士（N=109）持反对意见，认为少数族群应尽量多使用汉字，而且大多数民众读不懂少数族群的文字，起不到多少信息交流的作用。此外，还有一少部分参与者（学生4.6%，N=30；工作人士10.7%，N=70）表示无所谓。可以看出，大多数受访民众对于少数族群聚居区的公共标牌上设置该族群语言文字持支持态度，一方面可体现族群的身份特征和语言文字的存在感，另一方面对于少数族群的语言文化活力也能起到维持作用（Landry & Bourhis 1997）。

5.3.1.3 公共标牌上语言的规范化

调查也涉及参与者对于公共标牌上语言规范化的态度。城市标牌上常常会出现中式英语，对此应如何看待呢？调查显示，大多数受访者（学生72.4%，N=469；工作人士77.7%，N=508）表示无法容忍中式英语，认为公共场所中只有设置规范的英文标牌才能创造良好的城市形象。在他们看来，英文标牌在设置之前应寻求语言专家的意见，尽量提供规范的英文表达，而那些中式英语标牌应该集中整治。这种态度与城市管理部门处理不规范标牌的做法基本一致，都将中式英语视作城市形象的"破坏者"。不过，也有一少部分受访者（学生22.7%，N=147；工作人士16.1%，N=105）对中式英语并不反感，认为它们体现中国文化特色，应研究其存在价值。其余参与者（学生4.9%，N=32；工作人士6.3%，N=41）则对中式英语持无所谓的态度，认为英语毕竟只是一门外语，外语使用中出现偏离规范的情况是很常见的，因此不必过度担忧。

国家以及很多城市的语言文字管理部门出台标牌英文译写规范，对标牌上的英文翻译进行引导。对于这种做法，绝大多数的受访者（学生93.4%，N=605；工作人士84.4%，N=552）认为很有必要也值得推广，因为英文对城市的形象和发展至关重要，这样的规范化措施可以减少英文错误。只有少数受访者（学生6.6%，N=43；工作人士15.6%，N=102）认为，规范和整治公共标牌上的英语并没有多少作用，人们整体的英语水平并没有实质性提高。不过，其中一部分人也认为，长期坚持会有助于提高我国城市的国际化水平。总体上说，学生群体更加认同英文译写规范的必要性。

我国大陆地区当前的标准字体是简化字，那么机构大楼、景点、店铺等标牌上使用的繁体字是否应该整治呢？对此问题，62.3%的受访学生（N=404）和64.4%的工作人士（N=421）认为不必大张旗鼓地整治，因为繁体字也是汉语的一部分，不能因为当今社会推行简体字就彻底否定繁体字在城市语言生活中的价值；而且有些标牌中的繁体字书写（如建筑名称）已形成传统，也不宜通过行政命令的方式进行废止。与之相对，21.8%的受访学生（N=141）和16.2%的工作人士（N=106）认为，由于简化字是规范汉字，这一标准应当严格执行。这些受访者强调规范的绝对性和严肃性，对于规范例外不予容忍。此外，还有15.9%（N=103）的受访学生和19.4%的工作人士（N=127）持比较温和的态度，认为已经形成传统的繁体字标牌可不再整治，但新树立的标牌则应严格要求使用简化字。需要提及的是，《国家通用语言文字法》第十七条规定，文物古迹、书法和篆刻等艺术作品、题词和招牌的手书字以及经国务院有关部门批准的特殊情况下，可以保留或使用繁体字。因此，一定范围内的繁体字使用是合乎相关法规的。总体来说，繁体字在城市语言景观中并不少见，尤其是古文化街和仿古建筑上更是如此，繁体字不会对以简化字为主导的语言生活造成冲击，因此多数受访者并不反对标牌上使用繁体字。

综上所述，受访者大多意识到城市公共标牌上日益普遍的多语现象，也普遍支持公共标牌上设置英语等外语，以体现城市的现代化和国际化特征。在他们看来，公共标牌上的英语水平反映了城市的国际化和经济发展水平，与城市形象紧密相关。城市管理部门有责任监督和整治公共标牌上的中式英语，尽量减少和避免语言景观中出现不符合英语规范的语言标牌。对于公共标牌上的繁体字，多数民众持包容态度，认为它们也是汉字系统的一部分，不必大力整治。参与者对于繁体字的态度一方面反映了繁体字在现代都市社会中的价值和意义，另一方面也说明，很多城市民众对于国家语言文字规范的政策不甚了解或不敏感，若有必要，语言文字宣传部门可加强宣导。需要指出的是，限于时间和人力，本研究所选取的参与者只是三个城市民众中的部分职业群体，而对于未成年人、老人、城市务工人员等未进行调查。虽然样本量很小，但这些随机选择的参与者的观点能大致反映城市主体人群对于城市语言景观的见解和态度。

5.3.2 外国人对于公共标牌上外语使用的态度

公共标牌上标注外语的主要目的之一是为外国人提供便利，那么在华的外国人是否认可这样的标牌设置呢？为了弄清楚外国人对于我国城市语言景观的态度，本研究以网络问卷的形式对在上海、杭州和宁波学习的外国留学生群体进行了小规模的调查（参见附录3）。这些留学生在沿海开放区城市求学和生活，对于当地的城市景观有较深入的体验，因此他们的观点可以反映当地的语言景观在留学生群体中的印象。2018年5月至8月，我们通过问卷星系统共回收有效问卷46份。大多数参与者是大学本科学生或交换生，男女生比例为20∶26，女生稍多。年龄大多介于18—25岁之间（共计40人，约占参与者总人数的87%）。这些学生的国籍分布广泛，包括泰国、越南、印度、孟加拉国、柬埔寨、文莱、英国、法国、挪威、瑞典、津巴布韦、坦桑尼亚、加纳、墨西哥、哥伦比亚等亚洲、欧洲、非洲及拉丁美洲国家。在华时间1年或1年以内的有22人，约占47.8%；1年以上3年以内的有11人，约占23.9%；其余的13人（28.3%）在华居留时间在3年或以上。下面对问卷调查的问题和结果进行简要分析。

中国城市的公共标牌上常常设置英语的主要原因是什么？对于这个问题，52.2%（N=24）的受访留学生认为这些标牌旨在为不熟悉汉语的外国人提供便利；28.3%（N=13）的受访者认为这么做是为了体现现代化和国际化都市的身份；15.2%（N=7）认为设置英语标牌可以吸引国外游客及其外来投资，具有重要的经济价值。此外还有4.3%（N=2）认为有其他原因。可以看出，多数外国人认为英语语言景观建设主要是出于信息交流的目的，但也有很大一部分外国人（43.5%，N=20）相信，中国城市英语语言景观的符号或象征意义更大一些。

外国人在中国学习和生活，公共标牌上的英语对他们有很大的工具性作用。那么他们如何看待城市标牌上的中式英语呢？调查显示，91.3%的受访外国留学生（N=42）表示，会偶尔或经常见到城市标牌上的中式英语表达，只有8.7%的受访者表示很少见到。这说明外国人也留意到我国城市标牌上不符合规范的英文表达。尽管许多城市都对标牌英语进行过专项整治，但城市标牌上的英语产出量大，很难做到全面把控，因此中式英语在城市空间中的能见性依然较高。对于标牌上的中式英语，有半数的受访者（N=23）认为它们很有意思，给都市生活带来了乐趣。另有近24%的受访者（N=11）表示，他们不介意看到中式英语标牌。这说明大多数受访的外国人并不反感中式英语，在他们眼中，中式英语无伤大雅，反而具有独特的魅力。与之相对，26.1%的受访者（N=12）认为中式英语可能会带来交际问题，也可能有损城市形象。这与中国城市主管部门及普通民众的观点比较一致，即中式英语不利于城市的形象建设及信息交流，但这种观点在外国留学生受访者中并不占主流。

对于城市标牌上的中式英语是否应该整治的问题，只有约四分之一（N=12）的外国学生认为有必要，这与前一问题中对中式英语持反对态度的比例相同。其余受访学生对于整治中式英语表示不赞同，或认为毫无必要（约32.6%，N=15），或持中立立场

(约 30.4%，N=14)，或认为无所谓（约 11%，N=5)（见图 5-10)。由此可见，外国人对于城市主管部门整顿公共场所语言生活的规划行为并无多少兴趣。中式英语在很多外国人看来并非不可饶恕的语言现象，而是平淡的都市语言生活中的一点调味剂，因此政府部门发起的整治行动无法赢得他们的支持。

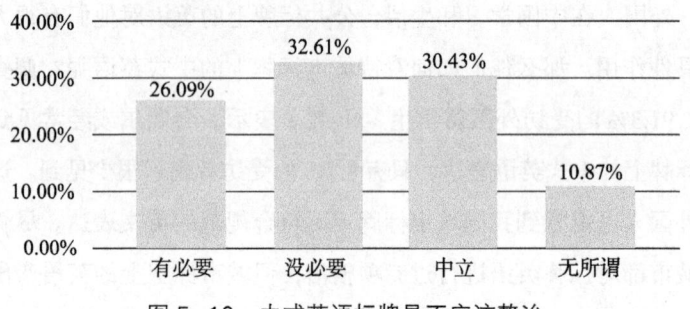

图 5-10 中式英语标牌是否应该整治

有必要 26.09%　没必要 32.61%　中立 30.43%　无所谓 10.87%

中国城市标牌上设置的非汉语文字主要以服务外国人为主，那么外国人对我国城市的多语景观现状是否满意呢？调查显示，65.2% 的受访者（N=30）认为我国城市标牌上的语言文字非常有用或比较有用，说明多数在华的外国人对城市的多语标牌设置比较认可。另外，由于路牌上常常出现的标注不一致、英语信息不充分、对中文主导的城市语言环境不熟悉、中式英语频现等诸多问题，30.4% 的受访者（N=14）表示城市标牌有时会让他们感到困扰，还有 4.3% 的受访者（N=2）表示，中国当前的城市语言景观状况对他们来说不够方便。

对于外国人来说，中国城市空间中营造的英语环境是否充分呢？调查显示，半数的受访者（N=23）认为英语标牌从数量上看还不够，可以更多一些。对于讲英语的外国人来说，在一个各方面都很陌生的国度和城市生活，语言景观中的英文当然是越多越好，增加英语在城市环境中的分布符合他们的需求和利益。39.1%的受访者（N=18）认为，城市的英语标牌对外国人群体来说已非常方便，4.3%的受访者（N=2）认为英语标牌让城市更有吸引力了。这是外国人对我国城市主管部门设置英语标牌工作的一种肯定。此外，有4.3%的受访者（N=2）觉得标牌上的英语错误偏多，还有1位受访者选择其他。

中国许多城市在官方语言景观中使用外语，那么外国人如何评价这样的城市呢？调查显示，绝大多数受访的外国人对此持欢迎态度，认为这些城市对外国人友好（约39.1%，N=18）、有国际范儿（约34.8%，N=16）、很现代化（约21.7%，N=10）等，还有很少一部分（约2.2%，N=1）认为这些城市很看重自身形象的塑造，希望通过设置外语标牌来构建出一种国际化都市的身份（见图5-11）。外国人对于城市语言环境的正面反馈，对于努力打造城市品牌和形象的大都市来说无疑是很受鼓舞的。

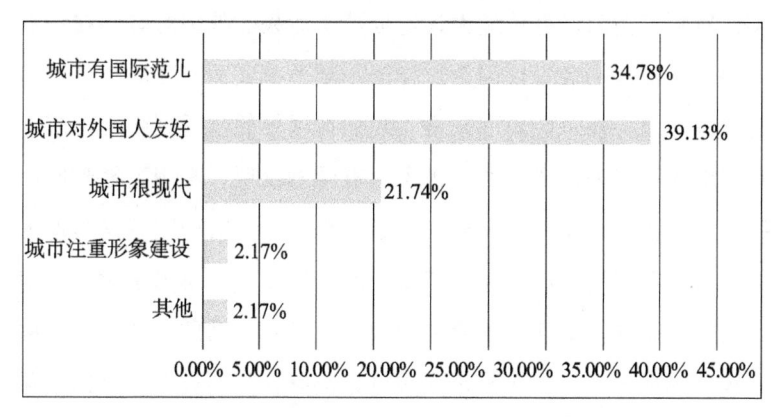

城市有国际范儿	34.78%
城市对外国人友好	39.13%
城市很现代	21.74%
城市注重形象建设	2.17%
其他	2.17%

图5-11 外国人对于注重外语景观建设的城市评价

总之，在华生活和学习的外国人大多积极看待所在城市的多语景观，认为英语丰富的城市语言景观不仅为他们带来了便利，找到宾至如归的归属感，同时也有助于构建现代化、国际化的都市形象。虽然英语标牌分布的广度和密度都在逐渐提高，但语言景观要充分发挥其信息功能，仍有提高和改进的空间，比如保持标牌上中英文信息的一致性、减少英文拼写错误、在必要的地方设置更多英语译文等。需要指出的是，中式英语在官方部门看来是城市形象的破坏者，需要清理和整顿，但在多数受访外国人看来却无必要整治。在官方的意识意志中，英语的规范性与城市形象紧密相关，使用欠规范的中式英语会对城市形象造成不利影响。但多数外国人却并不介意中式英语，对于不合规范的英语表达常常持包容态度。在很多语境中，公共标牌上即使没有英文，人们也不难判断标牌上的内容。例如，警示牌上的视觉图片、周围场景等符号线索，让不懂中文的游客很容易猜到警示语的意思，因此诸如"Slip Carefully"这样的英文表述只会让英文读者会心一笑，通常不会因信息传递失误造成严重后果。外国游客和在华的外国人一般也不会仅仅因为这样的不规范英文而改变对一个城市的整体印象。换一个角度来看，我们在国外偶尔看到中文标牌上有错误或不当表达时，通常也不会有强烈反感，希望当地政府出手大力整治。相反，我们通常会给予理解：中文毕竟不是当地人的母语，在使用中出错并不稀奇，况且提供中文是出于对中国游客友好的态度，即使表达有欠缺也不应苛责。因此，城市空间的中式英语在很多外国人看来无关城市形象，只不过是英语本地化过程中产生的一些有趣的形式而已。

最后需要指出的是，参与本调查的外国人总数非常有限（46人），而且都是在华留学生，由于语言背景等因素，在某些问题上的观点与完全不懂中文的外国游客可能会有差异。因此，本调查结果中受访者的态度只具有一定的参考价值，要弄清楚不同背景的外国人群体对我国城市语言景观的态度，需要更大规模的调查研究才能得出结论。

5.4 讨论

5.4.1 城市事实上的语言景观政策

公共标牌作为政府部门设立的标识，其语言文字使用构成了官方语言景观。中文是我国社会语言体系中最重要的语言，在城市公共标牌上使用汉字受到国家法律法规的保障和许可。在上海、杭州和宁波的官方语言景观中，超过98%的公共标牌上使用了中文，而且在多语标牌上，中文在大多数情况下都作为突显或优先语码来呈现，其信息也最为完整。其他语言/语码（英文、拼音）通常位于中文下方，字号相对较小，文字内容通常是中文信息的译写。这种以中文为主、其他语言文字为辅的使用模式体现了语言景观构建的权势关系（power relations）原则（Ben-Rafael 2009）：中文在我国的语言生活中占有绝对的主导地位。

英语在世界各地语言景观中的使用情况一方面体现了英语作为全球语言在世界语言格局中的地位，另一方面，这些规划也反映了在全球化时代，英语对世界各地语言秩序的影响。从全球范围来看，公共标牌上的英语使用大致有四种规划模式：(1) 英语作为主导语言使用，这通常体现在英语为主体语言或共通语的国家和地区。(2) 英语与其他官方语言共同使用，这主要体现在推行双语或多语以及追求都市国际化的国家和地区。例如在日本东京，东京都厅在 1991 年出台《东京官方标牌手册》(*Tokyo Manual about Official Signs*)，其中的一条说明就指出，"为跟上国际化步伐，我们的原则是日语和英语并用"(Backhaus 2011: 155)。(3) 英语作为辅助语言有限地使用，这是大多数非英语国家通行的公共标牌设置方式。(4) 英语在公共标牌上禁止使用，这种排斥英语的语言景观规划目前已不多见。我国是一个以中文为主导语言的多语国家，虽然英语是一门最重要的外语，在社会生活中的价值也日益显著，但各级政府迄今为止从未在任何场合提出将英语作为一种官方语言来使用的规划和构想。在本次考察的三个城市中，虽然中文在公共标牌上占有绝对的主导地位，但英语在官方语言景观中正在成为一种重要的辅助性语言，无论是路牌、指路牌还是警示牌、公共服务设施标牌、机构及场所名称标牌上，英语使用越来越多。也就是说，公共标牌上的语言实践显示，在公共服务领域使用中英双语正在成为经济外向型大城市实质上的语言景观政策。

实际上，在三个城市的公共标牌建设规划中，中英双语的使用都是非常重要的规划对象。例如，上海市政府 2014 年 9 月发布的《上海市公共场所外国文字使用规定》(见 5.1 节) 强调，在机场、车站、码头等公共场所的标牌上，应当同时使用中英文标注。而在其他一些公共场所（如旅游景点、商业服务场所），可以根据服务需要同时使用中英文。对上海的语言景观调查显示，同时使用中英文已成为公共标牌上常规的语码选择模式。在杭州，为了迎接2016年9月举行的G20峰会，城市主管部门对城市标识系统，包括路名牌、公厕指示牌、交通指示牌、景区指向牌、公共建筑、场所（机场、地铁、医院、剧院等）指示牌等各类导向标识、图文信息指示和公共信息标志等，进行了国际化改造，以使公共标牌既能发挥导向功能又能美化城市环境。[①] 标识系统国际化改造的第一步就是中英双语化，在改造完成后，标牌上都会呈现中文和英文翻译的双语表达方式。杭州市城市管理委员会2015年发布的《杭州城市标识系统国际化设计导引》提供总体的规范指引，而《道路交通指示标识英文译写规范》（DB3301/T 0170—2018）等陆续出台的细则文件提供具体的英文设置和译写规范。在宁波，市政府2014年3月发布的《宁波市加快推进城市国际化行动纲要》提出，宁波要在加强国际语言环境建设、扩大对外交流、建设国际化社区、提高公共服务和城市管理国际化水平等方面取得突破，其中的一项举措便是在公共机构和公共场所实施双语标识工程改造。宁波市政府2015年7月发布的《宁波市城市公共双语标识系统建设实施方案》要求，在公共交通设施、城市道路设施、重要城市街区、旅游及服务场所、城市公园绿地等五类建设区域首先实施中英双语标识牌建设和改造。

总之，在经济文化全球化、城市国际化发展的浪潮中，城市

[①] 参见《中英双语标识、多杆合一 杭州马路"国际范"越来越足了》，《杭州日报》，2016年6月8日，https://zjnews.zjol.com.cn/zjnews/hznews/201606/t20160608_1612646.shtml。

公共标牌上中英双语并行使用既有地方政府官方部门的政策性支持，又有职能部门在城市空间中的强力执行，已经成为三个前沿开放城市官方领域事实上的语言景观政策。这样的景观政策有强大的民意支持。在本次语言景观的研究中发现，三个城市公共标牌上的双语（码）比率目前都不足50%，说明要实现公共标牌全面双语化，仍有很长的路要走。

5.4.2 公共标牌上不规范英文表达的成因

城市公共标牌上的英语翻译错误和偏离"规范"是个老生常谈的问题，在我国语言学界讨论公示语翻译策略和规范的文章不计其数。例如，杨永林、程绍霖、刘春霞（2007）认为，国内目前双语公共标牌设施建设存在多方面的不足，比如：指示不明，形同虚设；表述不当，语用"失范"；信息不全，误导普遍；外语错误比比皆是；中外信息互不一致；形式驳杂，缺少规范；缺乏标准，各自为政等。杨绪忠（2017）认为，宁波现有的公共双语标识设施存在的突出问题包括：标识双语化程度不高，大部分交通设施的公共标识缺少双语标注；标识种类繁多，版面内容杂乱，缺少统一规范；不同类型标识的创制部门不同，翻译标准存在差异；英文拼写错误、表达错误等现象频现，存在监管漏洞。我们的考察发现，三个城市虽然公共标牌规范化程度较高，但中式英语仍然时有所见。

公共标牌上使用的英语出现不规范表达的成因是多方面的。第一，标牌翻译者的英语水平有限。虽然英语教育在中国的各级教育机构已经推广了多年，但效果并不理想，人们的英文水平普遍不高。城市空间中各种类型的标识语不计其数，即使在英语研究专家处理起来都颇费思量。因此，在未有译写规范可供参考、无专家学者进行指导的情况下翻译并制作出来的标牌，难免出现表达不当的情况。第二，标牌制作者责任心不强。在标牌的创设过程中，政府职能部门通常将标牌的生产和制作外包给标牌制作公司来完成。有些标牌公司为了省事或赶时间，对于标牌上的语言文字不加深究，草草了事，在标牌语言译写时往往只机械地参考英语词典，甚至盲目依赖机器翻译软件，造成标牌上的英文翻译错漏百出。第三，标牌负责部门监管不力。很多带有英文的标识牌在树立之前，并没有专业人员严格把关，标牌监管部门未仔细审核标牌上的中英文内容，便将标牌置放在城市的公共空间中，有应付差事之嫌，负有监管责任。第四，城市标牌的管理存在着多头运作、各自为政的情况，缺乏协调，容易造成错乱。实际上，城市公共标识牌的设立和监管并非一两个政府机构能办到的事，而是多个政府职能部门协调配合、齐抓共管的浩大工程。以宁波市 2015 年开始实施的公共标牌系统建设为例，按照《宁波市城市公共双语标识系统建设实施方案》指示，此工程由宁波市政府牵头发动，市住建委、市规划局、市外办、市民政局、市公安局、市城管局、市交通委、市旅游局、市质监局、市委宣传部等各相关职能部门各司其职，分工协作，共同推进城市公共双语标识系统建设与管理工作（宁波市人民政府办公厅 2015）。各个政府职能部门根据职责出台标牌相关文件条规，如果在执行与管理上与其他部门缺乏沟通协作，便有可能造成标牌文字使用标准和规定的不统一。

从另一个角度来看，中式英语的大量存在，说明英语在城市语言生活中很多时候以象征功能为主，其交际功能并未成为标牌设立者的主要考量。我国是世界上英语作为外语学习者人数最多的国家，据估计有4亿（超过总人口的三分之一）甚至更多人学习过英语（Bolton & Graddol 2012）。英语教育在我国投资巨大、影响深远，英语教育从宏观到微观的各个环节都受到学界的广泛关注，但实际的教学效果并不理想，真正熟练掌握英语技能的学习者数量并不是很多。在教育领域之外，英语的使用域并不大。然而，英语作为一种国际化语言，又是重要的符号和文化资本（Bourdieu 1977）。对于很多城市主管者来说，英语的重要性在于它是一种现代化、国际化的象征符号，在语言景观中呈现可以为城市的国际化形象加分。除此之外，英语在社会文化生活中的实用价值有限。因此，语言景观中英语的可见性在一定程度上反映了这种全球性语言在我国社会语言生活中实际的社会地位，而公共标牌上中式英语的存在也说明，英语在某些官方领域中的实际价值仍有待提高。

5.4.3 公共标牌上的英语使用与城市形象建设

在三个城市中，在公共标牌上设置中英文双语是当地政府提供公共服务的一项特别举措。如Danielewicz-Betz & Graddol（2014）所言，中国城市公共标牌上的中英双语化是通过打造国际化城市形象的官方政策来实现的。城市形象具有丰富的内涵，"涵盖城市精神、城市文化以及政府行为、市民素质、经济发展、社会秩序、城市生态和市容市貌等诸多方面"（吴格奇 2019：1）。毫无疑问，我国各级政府都非常重视城市的形象建设。在城市主管部门看来，公共标牌上的语言使用则与城市的景观形象、功能形象、文化形象等密不可分。在官方话语中，设置中英双语公共标牌是城市国际化进程中的客观需求，而正确规范的英语是良好城市形象的象征。例如，上海在公共标牌上使用英文是"为了适应上海国际大都市的发展需要，展现文明城市的良好形象"（上海市人民政府《关于加强本市公共场所英文译名使用管理的若干意见》），宁波建设公共双语标识系统是"为进一步提高现代化、国际化水平，优化城市环境，展示宁波形象"（宁波市人民政府办公厅 2015）。而江浙沪地区 2009 年 8 月联合发布《公共场所英文译写规范 第 1 部分：通则》时，也提到公共标牌上的错误和不规范表达影响整个长三角地区的形象："由于翻译水平参差不齐，以及缺乏统一的参照标准，各地均存在单词拼写错误、语法运用失误、印刷排版不符合英语规范、译法不符合英语使用习惯等问题，不但没有方便外籍人士的工作和生活，反而使他们感到困惑，进而影响了整个长三角地区的社会文明形象和国际化进程。"[1]

在三个城市中，官方语言景观构建的一个重要目标（甚至核心目标）就是塑造城市的国际化形象。许多研究者指出，公共标牌（公示语）是一个城市或地区进行对外交流的形象名片，标牌上英语译文的质量与城市形象紧密相关（郭建中 2005，2007；赵湘 2006；皮德敏 2010 等）。例如，赵湘（2006）认为公示语"是社会文明程度的标志，了解社会精神文明建设的窗口，同时也反

---

[1] 参见《江浙沪发布公共场所英文译写规范》，《浙江日报》，2009 年 8 月 24 日，http://news.sina.com.cn/c/2009-08-25/062216178673s.shtml。

映了生活在这个社会群体的整体文化素质、道德修养和精神面貌"。从我们的问卷调查可以看出，普通民众受国家和政府部门宣传的影响，也很看重城市的国际化形象，认为英语标牌充足、准确和统一的实体语言环境可以为国际游客提供必要的信息，满足其符号需求，从而有助于构建良好的城市形象，提高城市的国际化水平和影响力。相反，公共标牌上的英文拼写错误、不符合英语规范的中式英语表达都被视作不利于城市形象建设的成分。新华网的新华时政评论认为，公共场所的英文翻译是国家文化软实力和国家形象的象征，不可小看："公共场所提供外文翻译，不仅仅是方便国外客人，也是国家文化软实力在细节上的体现。这些雷人的神翻译不仅不能给外国人提供方便，反而无形中破坏着我们的国际形象"[①]。各地政府部门都曾组织以找茬纠错为目的的标牌英语整治行动，以清除公共标牌上不合规范的语言使用。另外，国家和地方政府发布的公共场所英文译写规范，对公共标牌上的英文翻译提供指导和参考。这样的规范化努力往往会赢得民众的认同和好评，被认为是改善城市语言服务形象、提高城市国际化水平而必须采取的举措。

与我国政府部门及民众将中式英语视作"语言垃圾"不同，在多数外国人看来，公共标牌上出现的不规范英语并不会给他们带来太多交际障碍，也不会因此而影响他们对城市形象的总体评价；那些被国内学界广泛批判的中式英语表达实际上无伤大雅，而且还能给他们的在华生活带来乐趣。www.chinglish.de 网站的德

---

① 参见《软实力怎提高？小小翻译牌就是方向》，新华网，2015 年 3 月 25 日，http://www.xinhuanet.com/politics/2015-03/25/c_127615549.htm。

国汉学家奥利弗·卢茨·拉特克（Oliver Lutz Radtke）认为，中式英语提供了观察中国人思维的窗口，应看作一种新兴的英语变体甚至一个值得骄傲的文化宝藏（cultural treasure）。[①] 以色列著名语言学家斯波斯基和美国南加州大学中美研究院的雷·邝（Ray Kwong）教授也都曾表示，中式英语中的错误对他们来说很有魅力和吸引力，整治中式英语的行动让他们觉得有一丝惋惜（Zheng 2017）。这种对待中式英语态度的差异说明，中国政府和民众将标牌上的语言呈现看作面子问题，中式英语会让标牌设立者和管理者（官方职能部门）丢脸、蒙羞，是城市形象不能承受之重，只有使用符合规范的标牌英语才能与国际化发展目标相符。而在外国人看来，在中国这个以汉语为主导语言的国家，城市标牌上标注英文已经显示出对外国人友好、开放的态度，而英语作为外语在翻译中偏离西方规范是难免的，因此更倾向于持一种理解和包容的态度来看待标牌上的中式英语。

5.5 本章小结

本章对上海、杭州和宁波三个城市公共标牌相关的语言管理政策、语言实践以及语言态度进行探讨，以了解该区域官方语言景观的特征。国家及地方政府对于公共标牌上的语言管理政策显示，在规范汉字使用的基础上，鼓励和规范公共标牌上使用英语是三个城市普遍实行的语言景观政策。在官方话语中，公共服务

[①] "Chinglish: Linguistic trash or a cultural treasure?", June 17, 2009, http://www.china.org.cn/culture/2009-06/19/content_17982361.htm.

领域使用英语是城市国际化发展的需要。在公共标牌语言实践方面，本研究对三个城市公共标牌上的语码选择和使用进行了调查，结果显示，中文是公共标牌上绝对的主导语言，体现了其公共服务领域以及国家语言生活中的核心地位。中文的主导性也符合 Spolsky（2009b）提出的"使用创设者熟知的语言书写"和"使用读者能读懂的语言书写"的语言选择原则。随着全球化的深入，大量外国游客、留学生及工作人士涌入，英语在公共服务领域的实用性也日益显著。城市公共标识的中英双语化是三个城市国际化建设中比较一致的目标，不过在具体实践中，三个城市公共标牌上的双语比率都介于 40% 至 50%，虽然比率很高，但要实现公共标牌全面双语化仍有很长的路要走。在语言态度方面，大多数民众对于都市的国际化形象建设持积极态度，支持公共标牌提供英语信息。公共标牌上英语的规范性和准确性在民众看来是城市形象的象征，而标牌上的中式英语与都市国际化形象的要求不符，应该大力整治。总之，在经济全球化和城市国际化建设的时代背景下，三个城市官方语言景观的多语实践说明，公共标牌上使用中英双语正在成为该区域实质上的语言景观政策，该政策也具有比较深厚的民意基础。

第六章 路名牌上的语码之争

本章探讨上海、杭州和宁波城市路名牌上的语码选择及其争议，阐述语码之争所反映的社会语言现实。在城市空间中，用于指引交通的道路标志牌有很多种类型，其中最重要的当属路名牌和指路牌[①]。本研究使用前者指设立在街道两侧以标明某条街道或道路名称的标志牌，而后者指城市街道上方悬挂的道路指示性标识牌，通常版面较大，给出周围衔接道路或重要地标的方向或方位信息。此外，站牌、地标导引牌等也都是城市空间中常见的交通标志牌。本章的分析主要围绕路名牌上的语言使用来展开。道路名称一般由专名和通名两部分构成，如"中山路"中的"中山"属于专名，用于区别性指称；"路"属于通名，用于表示交通实体的性质。我们所提及的英文路名一般是指通名部分使用 Road、Street 等英语词或者其缩略形式的路名。

根据我国地名标志的相关规定，路名牌上应设置中文路名和罗马化路名，其中中文路名应使用简化汉字，而罗马化路名使用汉语拼音。在实践中，人们对于中文路名的书写基本没有异议，但对于罗马字母书写应该使用汉语拼音还是英语则分歧

[①] 根据《现代汉语词典》（第 7 版），"路牌"指的是标明交通路线或地名的牌子。本研究将路牌看作"路名牌"和"指路牌"的上位概念。

较大，城市路名牌上的标注形式不统一现象非常常见，为城市语言交际造成诸多不便。《人民日报》（海外版）和《北京周报》都曾报道过外国游客在上海旅游时因路名不统一而遭遇的困扰，例如：

"一对丹麦夫妇到上海旅游，在热闹的人民广场迷了路。他们看到眼前有一块'西藏中路'的路牌，遂掏出地图来对照，可在地图上怎么也找不到路牌上的路名。原来他们手里拿的是一张英文地图，西藏中路在这张地图上被翻译成'XIZANG ZHONGLU'，完全用汉语拼音音译；而西藏中路的路牌上标注的对应英文却是'CENTRAL TIBET RD'，直接意译成英文；不远处的灯箱上还有一张'上海旅游图'，那上面的'西藏中路'又被翻译成'CENTRAL XIZANG RD'，一半意译一半音译。结果这对夫妇被弄得云里雾里，摸不着头脑。"（刘菲 2015）

这里不探讨这段经历描述的真实性，但城市路名牌上译文标注的不统一确是不争的事实，新闻和网络媒体对道路标牌上拼写混乱现象的报道或评述屡见不鲜。例如，《人民日报》（海外版）曾报道，在北京市朝阳区的金台路上，指示同一道路的两个标识牌所标注的译文既有 JINTAI Rd，又有 JINTAI LU，两种不同的路名标注同时设置在路口，给外国游客带来困扰（见图 6-1）。该报道将此现象形象地描述成同一路名两种译法在公开"打架"（刘菲 2015）。汉语拼音和英语作为两种不同的语码在城市标识牌上争夺空间，二者并存标注路名所造成的乱象给路牌使用者带来诸多困扰。

图 6-1　北京路名牌上同一路名两种译法

图片来源:《人民日报》(海外版)网站,http://paper.people.com.cn/rmrbhwb/html/2015-06/10/content_1575268.htm。

值得一提的是,汉语拼音与英语在我国社会语言系统中的地位截然不同。汉语拼音是一种用罗马字母给汉字注音的拼写系统,也是国际普遍认可的汉语普通话罗马化转写标准。1958年2月11日,全国人民代表大会通过了《汉语拼音方案》作为拼写汉语普通话的标准和规范。六十多年来,汉语拼音成为中文学习的基础内容,作为汉字注音工具帮助识字和统一读音,在我国的语言生活中发挥了无比重要的作用。另外,汉语拼音也是外国人学习中文的一个重要的辅助工具,为汉字文化与字母文字系统之间架起了一座桥梁。另一方面,英语是当今世界上广泛使用的语言，也是中国最重要的外语。根据 Bolton & Graddol（2012）的研究，截止到 2010 年，我国英语学习者的人数大概有 4 亿，相当于全国超过三分之一的人口都有英语学习的经历。在我国政府看来，英语从宏观上来说是与世界接轨、实现现代化的一项核心技能（Cortazzi & Jin 1996）。而对于个人来说，英语能力是一种重要的符号资本，与职业前途、社会声誉、出国机会等密切相关（Hu 2003, 2005）。由于英语具有重要的工具性和实用性价值，我国各地的学英语热潮盛况空前。在商业领域，由于英语常常具有国际化、时髦、潮流、先进、高端等象征意义（Piller 2001, 2003），很多城市的购物商场、商铺的店名招牌和广告牌上会使用英语，通过英语的符号意义吸引消费者，从而带来经济效益。

　　汉语拼音是中国国家政府认可的路名罗马化书写的标准，而英语作为国际上广泛使用的语言受到很多地方政府的青睐，在路名标牌上使用为外国游客提供便利。这样一来，代表着国家意志的汉语拼音与象征国际化的英语之间的角力，便成为城市语言景观中的一个值得关注的语言政策与规划问题。由于路名牌属于典型的官方标牌，管辖权隶属于政府部门，语码选择的问题可以反映官方领域对于标牌上拼音和英语使用的语言意志及冲突。本章对上海、杭州和宁波三个城市路名景观的现状及其反映的社会语言现实问题加以分析和探讨。按照 Spolsky（2004, 2009a）的分析模型，本章首先探讨国家及地方政府对于路名牌语言的管理和政策，然后考察三个城市路名牌的语言实践，以及民众对于路名牌上语码选择的态度，最后是讨论和小结。

6.1 路名牌上的语言管理

6.1.1 地名罗马化拼写的国家标准及法令条规

新中国成立以来，中国的地名规划成为一门专门学科，各级主管部门在这个方面做了大量的工作。根据韩光辉（1995），我国地名规划的主要事项包括:（1）建立各级地名机构，制定地名法规和管理条例，开展全国性地名普查;（2）参加国际地名会议，开展国际学术交往;（3）推动中国地名的标准化规范化，规定"改用汉语拼音方案作为我国人名地名罗马字母拼写法的统一规范"，并制定《中国地名汉语拼音字母拼写法》和《少数民族语地名汉语拼音字母音译转写法》等;（4）广泛开展地名科学研究，编辑出版地名刊物和地名研究著作与地名辞典，发表了许多重要成果。我国政府部门历来重视地名规划工作，出台了一系列法规和标准，对地名标牌上的语言使用加以规范，其中的一条重要原则是，地名要使用汉语拼音拼写。道路名称在官方部门看来属于地名的范畴，使用汉语拼音书写的规定也适用于路名牌。下面按时间顺序列出一些较为重要的法规条文，以了解国家层面的地名管理机构对于路名牌上罗马字母书写的规范化工作。

1978年9月，国务院批转了中国文字改革委员会、国家测绘总局、外交部和中国地名委员会的《关于改用汉语拼音方案作为我国人名地名罗马字母拼写法的统一规范的报告》（国发〔1978〕192号）。该报告指出，"改用汉语拼音字母作为我国人名地名罗马字母拼法,是取代威妥玛式等各种旧拼法,消除我国人名地名在罗马字母拼写法方面长期存在混乱现象的重要措施"。此文件作为一个方向性的纲领指导地名罗马字母书写的实践。不过,该文件并未具体到街名、路名的书写方法。

1984年12月,中国地名委员会、中国文字改革委员会和国家测绘局联合制定了《中国地名汉语拼音字母拼写规则(汉语地名部分)》(〔84〕中地字第17号)。该规则对于地名拼音书写的一些细节问题(如专名与通名的分写和连写、数词的书写、大小写、隔音、儿化音的书写和移行等)做出具体规定,成为此后多年间地名管理执行和参照的重要依据(薛光2005)。该文件对于道、街、路、巷等都有具体的示例说明,在实践中更具参考价值。

1986年1月,国务院发布《地名管理条例》(国发〔1986〕11号),这是新中国成立以来第一次将地名管理纳入政府规章,而此行政法规的出台是"为了加强对地名的管理,适应社会主义现代化建设和国际交往的需要"(第一条)。该条例第八条规定:"中国地名的罗马字母拼写,以国家公布的'汉语拼音方案'作为统一规范。拼写细则,由中国地名委员会制定。"

1987年3月,《关于地名用字的若干规定》(国语字〔1987〕第9号)由国家语言文字工作委员会、中国地名委员会、铁道部、交通部、国家海洋局、国家测绘局等多个部门联合发布。该规定条文简短,但再次强调,"用汉语拼音字母拼写我国地名,以国家公布的《汉语拼音方案》作为统一规范"。

1992年6月,中国地名委员会、民政部联合印发了《关于重申地名标志上地名书写标准化的通知》(中地发〔1992〕4号),旨在进一步强调地名拼音化书写这一规范的重要性。该通知重申,"地名的罗马字母拼音,要坚持国际标准化的原则。地名的专名和通名均应采用汉语拼音字母拼写,不得使用'威妥玛式'等旧拼法,也不得使用英文及其它外文译写"。该通知也责令有关部门,那些不符合书写标准的地名标志必须进行更换或改写。

1996年1月,国家技术监督局发布《汉语拼音正词法基本规则》,作为一项国家标准(GB/T 16159—1996)加以执行。该规则指出:"汉语地名按照中国地名委员会文件(84)中地字第17号《中国地名中文拼音字母拼写规则(汉语地名部分)》的规定拼写。"规则中还对通名和专名的连写细则进行了举例,如"景山后街"拼写成 Jǐngshān Hòujiē,"朝阳门内南小街"拼写成 Cháoyángménnèi Nánxiǎojiē,等等。

1996年6月,民政部印发《地名管理条例实施细则》(民行发〔1996〕17号),以更好地贯彻落实《地名管理条例》(国务院1986年颁发)的有关规定。其中第十九条关于"中国地名的罗马字母拼写"的条款强调,"《汉语拼音方案》是使用罗马字母拼写中国地名的统一规范。它不仅适用于汉语和国内其他少数民族语,同时也适用于英语、法语、德语、西班牙语、世界语等罗马字母书写的各种语文""汉语地名按《中国地名汉语拼音字母拼写规则(汉语地名部分)》拼写"。2010年12月,民政部对《地名管理条例实施细则》的部分规章进行了修改,但对于地名罗马字母拼写的部分未更动。

1998年9月,民政部办公厅下发《关于重申地名标志不得采用外文拼写的通知》(厅办函〔1998〕166号),再次强调我国地名以拼音拼写的规范。该通知指出,"地名标志为国家法定的标志物,地名标志上的书写、拼写内容及形式具有严肃的政治性""各地在设立各类地名标志时,其罗马字母拼写一律采用汉语拼音字母拼写形式,不得采用英文等其他有损于民族尊严的外文拼写"。

1999年4月,国家质量技术监督局发布了《地名标牌 城乡》（GB 17733.1—1999）,对城乡地名标牌的分类与型号、要求、试验方法、检验规则及包装等做出规定。这是又一项与地名管理相关的国家标准。该标准对于标牌上的文字版面、颜色、书写等做出文字规定。例如,街牌上要标示汉字名称和拼音名称,具体来说,"街牌上部五分之三的区域用于标示汉字名称,下部五分之二的区域用于标示相应的汉语拼音"（5.1.1）;地名的汉语拼音依据汉字的普通话读音拼写,"标牌上的汉语拼音不标声调"（5.3.4）。

1999年4月,国家质量技术监督局发布了国家标准《道路交通标志和标线》（GB 5768—1999）。该标准对交通标志和标线的分类、设计、制造、设置、施工的要求等进行了规定。对于交通标志上的文字使用,该标准提到,"道路交通标志的文字应书写规范、正确、工整。根据需要,可并用汉字和其他文字。当标志上采用中英两种文字时,地名用汉语拼音,专用名词用英文"。这里没有具体说明"地名"和"专用名词"分别指什么,对管理造成一定的混乱。

2000年10月,第九届全国人民代表大会常务委员会第十八次会议通过《中华人民共和国国家通用语言文字法》,为国家通用语言文字的使用提供了法律依据。其中第十八条明确指出,"《汉语拼音方案》是中国人名、地名和中文文献罗马字母拼写法的统一规范，并用于汉字不便或不能使用的领域"。这是我国第一次用法律的形式确定汉语拼音作为地名罗马化拼写的标准。

2008年4月，国家质量监督检验检疫总局与中国国家标准化管理委员会联合发布《地名 标志》（GB 17733—2008），用来代替1999年颁布的国家标准《地名标牌 城乡》。这套国标的条款中不再使用地名标牌、街牌、巷牌等术语，而是用地名标志统称并提出规范要求。它强调，"地名标志上的汉字应使用规范汉字书写""汉语拼音拼写方法按照《中国地名汉语拼音字母拼写规则（汉语地名部分）》的规定执行"。在街巷版面示例中，"中山街""柳荫巷"等都使用汉字加汉语拼音的形式来标示街巷名称。

2012年6月，国家质量监督检验检疫总局与中国国家标准化管理委员会发布《汉语拼音正词法基本规则》（GB/T 16159—2012），对1996年的同名文件（GB/T 16159—1996）进行修订。除了专名和通名分连写的细则稍有调整外，此规则再次指出，地名的书写要遵循《中国地名汉语拼音字母拼写规则（汉语地名部分）》。

总体来说，国家层面的政府部门非常重视地名的拼音化书写，出台了一系列关于地名拼音化书写的标准和法规。这些政府文件无一例外地将汉语拼音界定为地名罗马化拼写的法定标准，在地名标牌上使用英文译写地名是被明令禁止的。路名被视作地名的一部分，因此路名牌上标注汉语拼音在官方话语中是正当、合法的标牌语言设置方式。

6.1.2 路名译写的地方标准

我国地名标识的规范化工作大致采用两层式管理模式：国家层面的政府部门（民政部、地名委员会等部委）出台纲领性的地名标识标准和规则，而省、自治区、直辖市等地方政府的相关部门则在国家标准和规范的基础上，结合本区域的地名实际情况制定地名标识的地方标准，用以指导当地的地名标识实践工作。下面简要说明上海、杭州和宁波等三个城市路名译写的地方标准。

在上海，2004年8月，上海市公共场所中文名称英译专家委员会第一次全体委员会议审议通过了《上海市公共场所中文名称英译基本规则》。该规则指出：中文名称转译成英文，专名原则上音译，使用汉语拼音，可以不标声调号；通名原则上意译，使用相应的英语词语；英文译名中可采用全部字母大写、分写的各部分首字母大写或者整个译名的首字母大写等方式来处理。上海市质量技术监督局于2009年8月24日发布《公共场所英文译写规范 第1部分：通则》（DB31/T 457.1—2009），同年9月发布《公共场所英文译写规范》的其余九个部分。这里虽然没有对道路名称等的英译进行专门说明，但大道 Boulevard、大街 Avenue、高速公路 Expressway 等的英译实例（规范第3部分：交通）表明，道路名称的通名部分使用英文，是上海市道路标识的译写规范。2015年4月，上海市地名管理办公室发布《上海市道路名称音译导则》（沪地办〔2015〕45号），专门对道路名称的英译制定统一标准。该文件强调，道路名称的"通名部分应当意译，使用英语词语""专名部分应当音译，使用汉语拼音"。例如，"大沽路"译成

Dagu Road,"北蔡大街"译成 Beicai Street,"蔡阳弄"译成 Caiyang Alley,"南京东路"译成 East Nanjing Road,等等。由此可见,路名牌上使用中英双语标注路名是上海市道路名称的地方规范。2016年9月,上海市政府发布政府令《上海市道路公共服务设施指示标志管理规定》(沪府令45号),明确了道路公共服务设施指示标志管理的监管职责和责任主体,规定"市交通行政管理部门是本市公共服务设施指示标志的主管部门,其所属的市道路管理机构负责市管道路范围内公共服务设施指示标志的具体管理"。

在杭州,浙江省质量技术监督局于2009年8月发布本省地方标准《公共场所英文译写规范第1部分:通则》(DB33/T 755.1—2009),其内容与上海市发布的译写规范基本相同,都规定公共场所的英文译写应符合英语使用规范。2016年4月,杭州市质量技术监督局发布《道路交通指示标识英文译写规范》(DB3301/T 0170—2016),作为该市道路标牌书写的地方标准加以实施。该标准指出,道路交通指示标识上的专名和通名分别用汉语拼音和英文进行拼写或翻译。路、街、支路、大道等专名分别翻译为 Road (Rd)、Street (St)、Branch Rd、Avenue (Ave),如"解放路"译成 Jiefang Rd,"河坊街"译成 Hefang St,"文三支路"译成 Wensan Branch Rd,"西湖大道"译成 Xihu Ave 等。可见,路名牌上使用中英双语标注路名是杭州市道路名称译写的地方规范,这与上海的路名牌译写规范是一致的。

而在长三角地区的其他开放城市,道路名称的罗马字母书写规范不一定追随上海、杭州等核心城市。例如,宁波市的道路名称标牌的书写标准就是以汉语拼音而非英语作为规范的。2003年

1月，宁波市政府发布《宁波市地名管理办法》(市政令第109号)，对该市行政区内地名的命名、更名、使用、标志设置及相关管理活动进行规范。其中第十六条规定，"地名的罗马字母拼写，应当符合国家公布的《汉语拼音方案》和《中国地名汉语拼音字母拼写规则》"。这就是说，路名牌上使用中文和汉语拼音标注道路名称是宁波市路名标识书写的地方规范。

总体来说，国家层面的政府部门将道路名称视作地名范畴，要求路名牌上采用汉语拼音作为道路名称罗马化书写的统一标准。此规定在一系列条例法规中反复强调，显示了我国政府强调汉语拼音特殊政治意义的官方意志。而在上海和杭州，当地的地名管理机构基于本区域经济和社会发展的需求，把公共场所中的标牌上提供正确、规范的英语信息作为城市服务规划的一部分，路牌与其他功能服务设施都提供对应的英译，而不是把路牌作为特殊的公共标牌来对待。在宁波，当地政府则按照国家标准和规范来制定当地的地名标识书写的标准。可见，地名罗马化书写存在着地方标准与国家标准不统一、区域内部标准不统一等问题。需要指出的是，上海等地的英文路牌标注已经起到示范作用，带动其他一些以国际化为导向的大城市争相仿效，这就为地名拼音化的国家标准带来了更多的挑战。如2016年5月，青岛市城乡建设委发布的《青岛市路名牌设置导则》，要求路名牌导示信息中道路汉语路名下方由拼音改为英文。武汉、长沙等内地城市近年来也规定，在路名牌上的拼音改用英文标注。城市路名标注的国家标准和地方标准之间如何协调一致已成为各级政府必须解决的一个城市管理问题。

6.2 路名牌上的语言实践

本节主要通过上海、杭州和宁波三地田野调查所收集的数据，来分析路名牌上的语码选择和使用及其社会政治内涵。

6.2.1 路名牌上英文与拼音的选择

上节谈到，上海、杭州和宁波三个城市道路标志牌上的语言使用规范不尽相同。上海和杭州在路名牌上都按照地方标准采用"中文＋英文"的双语形式，而宁波的路名牌则按照国家标准采用"汉字＋拼音"的双语（码）形式。在路名罗马化书写的实践中，专名部分使用汉语拼音拼写基本无争议，而通名部分到底使用拼音形式（Lu、Jie）还是英文形式（Road、Street 或缩写形式 Rd.、St.）则分歧严重。

在上海，路名牌上的语言设置基本按照《上海市道路名称英译导则》的相关规定来实行。上海的路名牌在 2001 年举办 APEC 会议之前，统一为英语译名标注。2007 年筹备上海世博会期间，结合当时全市道路名称英译现状，上海对道路通名、专名的译法再次明确做了统一要求，英文路名牌一直沿用至今。上海的路名牌从空间上看分成两个部分：上方标注中文路名，约占路名牌面积的三分之二，采用蓝底白字的形式书写；而下方则标注英译路名，采用白底黑字形式，专名和通名部分分写，专名部分使用汉语拼音拼写，而通名部分使用英文译写。英译专名和通名的首字母大写，其他字母小写。出于节省空间的需要，通名在路名牌上通常用 Rd.、St. 等缩写形式来书写（见图6-2）。英文路名中当"东西南北"等方位词用来区分同一道路的不同路段时，方位词的英译缩写显示在括号中，置于整个路名末尾，如图6-2中延安西路的译名 Yan'an Rd. (W)。其他形式的路名（如支路、带数字的路名等）也都遵循导则的相关规定进行英译处理。路名牌上通常还会标出道路的方向（南北向或东西向），中英文对应，英文使用缩略形式（如 E 相当于 East，表示该侧方向为东）。此外，上海的路名牌还会用数字形式标出该路段所包含的门牌号，以方便人们查找某个具体门牌地址所在的路段范围。在道路上方设置的蓝色指路标志上，英文路名的书写形式与路名牌上基本保持一致。

总体来说，上海城区路名牌上的版面设计简洁，语言使用规范性很强（以当地标准为基准），显示出城市地名负责机构高超的协调和管理水平。在这些路名牌上，中英文信息基本保持对等呈

图6-2 上海路名牌实例

现，中文为主、英文为辅的语码突显模式非常清晰。另外，路名牌与指路牌上的英文译名在绝大多数情况下能保持一致，可以给外国游客和驾车人士提供很大的便利。

在杭州，路名牌上的语言选择和使用主要按照浙江省的《公共场所英文译写规范》以及杭州市《道路交通指示标识英文译写规范》等地方标准规定来执行。路名标牌主体分成两个部分：上方以绿底白字书写中文路名，约占路牌面积的三分之二；下方以白底绿字书写英文路名，约占路名牌面积的三分之一。英文路名专名与通名分写，专名使用拼音形式，而通名使用英文形式；专名和通名的首字母大写，其余部分小写。通名在路名牌上通常使用 Rd.、St. 等缩写形式（见图6-3），"东西南北"等方位词在英文路名中以缩写形式注在括号中，置于整个路名末尾，如保俶北路的英文译名 Baochu Rd. (N)。路名牌上还提供道路方向信息，而对应的英文以

图 6-3 杭州市路名牌实例

缩写形式（E, W, S, N）给出。道路上方使用绿色的指路牌，英文路名的书写形式与道路两侧的路名牌上基本保持一致。

杭州路名牌上的语言使用突显了中文作为主导语言、英语作为辅助语言的地位。不过，在英文标注上的问题比较多，主要表现在不同道路甚至同一道路的英文译写常常出现不统一（见下节讨论），与上海相比，总体上的规范性要差一些。

在宁波，路名牌上的语言使用基本按照地名标志的国家标准来执行。路名牌上方是中文路名，约占标牌面积的三分之二；下方是拼音路名，约占标牌面积的三分之一（见图6-4）。拼音路名中的专名和通名分写，"东南西北"等方向属性词归入通名，与"路""街"等连写。除了路名以外，路名牌上还标出道路的方向指向（如东西方向、南北方向），但该方向信息只提供中文，并无对应的拼音或英文。南北向的路名牌使用深绿色作为背景色，而东西向的路名牌使用深蓝色作为背景色。路名牌下方一般是广告灯箱，显示市政管理部门充分利用路名牌空间，实现路名指示和经济创收

图6-4 宁波市路名牌实例

的双重目的。此外，道路上方的指路牌比较简洁，很多指路牌上仅有中文，未标注相关路名的拼音或英文形式。不过，随着城市双语化标识工程的推进，大量的指路牌近年来已开始标注英文。

6.2.2 路名牌上的罗马字母标注的准确性

虽然路名牌上的语言使用有国家标准以及各个城市自身的地方标准作为执行规范，各个城市也都有地名委员会和交通管理部门进行监管，但由于种种原因，路名标注不准确的现象在各个城市都时有发生。路名牌上路名标注常见的错误包括翻译不当、拼写错误等多种情况。

如上所述，杭州路名牌上标注英文（而非拼音）是当地的路名书写规范，其中通名部分使用英文翻译，而专名部分则使用拼音拼写。以此为标准来看，路名牌上的专名部分使用英文直译便属于不准确的标注。例如，新华网就曾报道过，杭州城南的美政路和复兴南街交口处，美政路标识牌上的英文标注成了 The United States Government Road，回译过来是"美国政府路"，这样逐字全译的路名标注一时成为笑柄。① 此外还有钱潮路的路名牌上，英文曾采用直译的方式标注成 MONEY-IS-COMING ROAD（钱要来路），让人忍俊不禁。另外，本研究的语料中也有其他形式的英文路名标注错误。例如，杭州圣苑北街和圣苑南街的路名牌上，英文给出的是 Shengyuanbei Rd. 和 Shengyuannan Rd.，将"街"（St.）错误翻译成 Rd.（见图 6-5）。

---

① 参见《软实力怎提高？小小翻译牌就是方向》，新华网，2015 年 3 月 25 日，http://www.xinhuanet.com/politics/2015-03/25/c_127615549.htm。

图 6-5　圣苑北街的路名牌

在路名牌上，带有"东、南、西、北""上、中、下"及"前、后、内、外"等方位词语是我国城市路名的一大特色，但也是英文翻译上的一个难点。例如，"萍水西街"到底应该翻译成 West Pingshui Steet，还是 Pingshui West Street？"南京中路"应该译成 Nanjing Middle Road、Middle Nanjing Road 还是 Nanjingzhong Road？这样的问题即使是语言专家也很难界定和解释清楚。在城市街道中，上述的各种翻译形式都有使用。这样不一致的路名翻译方式必然导致正确与错误形式并存的局面。

另一种与标注准确性相关的不当形式是路名拼写错误，即制作者出于疏忽和漫不经心等原因将英文路名拼错。例如，曾有报道提到，上海内环高架桥的英文应该是 INNER RING ELEVATED RD，但标识牌上却把 INNER 拼写成了 INNNER，多出来一个字母 N；在天山西路地铁站的指示牌上，"天山西路"被错误翻译成了 East Tianshan Road（天山东路）；杭州将军路的路名牌上，英文标注写成了 Jingjun Rd，缺失了一个字母 a，而丰庆路路名牌上的英文标注写成了 Jinhua Rd，完全成了另一条路。类似的错误在本研究的语料中也有体现，如图 6-6 中，"宝石山下四弄"路名下方的英文标注是 Baoshishanxiasi，通名缺失，造成中英文路名的不对应。

图 6-6　不对应的英文标注

在其他的新闻报道中，道路标识上出现的其他书写错误也偶有所见。例如在杭州，登云路在指路牌上的英文写成了 DENYUN RD.，将含有后鼻音的"deng"错拼成前鼻音的"den"；影业路的英文错拼成了 YINGYIE RD.；丽水路的英文写成了 LI SHU ROAD；省府路的英文中，"路"的单词拼写成了 RAOD；等等。[①]除了拼写错误以外，有时候还会出现中文路名的书写错误。例如，据《东南商报》报道，在宁波的慈海南路上，一块路名牌上写着"慈海南路"，而马路另一侧的路牌上给出的中文路名却是"慈南海路"。该区地名办的负责人解释说，路名牌是委托广告公司制作的，"慈南海路"是标注错误（吴丽燕 2011）。

总之，道路标识上的文字或译写错误多是标牌制作公司粗心

[①] 参见《网友曝杭州雷人交通指示牌 road 写成 raod》，浙江在线，2009 年 2 月 12 日，http://news.66wz.com/system/2009/02/12/101140691.shtml。

大意造成的，也有翻译者想当然地按字面意思直译而酿成的错误。然而，城市主管部门在道路标识置放之前疏于检查，对待交通标牌语言设置的态度不严谨以及监管不力，负有领导责任。

6.2.3 罗马化路名标注的一致性

与路名标注出现错误相比，不同的道路标识牌上标注的不一致问题在城市空间中更为普遍，其中尤以罗马化路名拼写形式的不一致最为常见。在我们收集的语料中，上海乌鲁木齐北路的路名牌和指路牌上出现了 Urumqi Rd. (N) 和 Wulumuqi Rd. (N) 两种英文形式，愚园支路的路名牌和指路牌上则有 Yuyuan Feeder Rd. 和 Yuyuan Branch Rd. 两种标注形式，同一道路的不同译名会给外国游客带来很大的困扰。我们的实地调查发现，罗马化路名标注的不一致至少包括同路不同名、英文与拼音语码混用、同形译异、分写与连写不统一、大小写不统一、缩略与否不统一等类型。这里结合杭州的路名牌实例，来说明路名标注一致性方面的具体问题。

第一，同路不同名，即同一条道路，道路两侧的路名牌、道路上方的指路牌上以及公交站牌等不同类型的道路标志牌上标注不同的英文形式。例如，在图 6-7 中，文一西路的路名牌上标注的英文是 Wenyi Rd. (W.)，但在道路上方的指路牌标注的却是 WENYI WESTERN ROAD，在公交站牌上，文一西路又变成了 WEN YI XI LU。对于只阅读英文的人来说，很难想象这三种形式指的是同一条道路。类似的同路不同名现象还出现在其他道路上。例如，保俶北路的路名牌标注是 Baochu Rd (N)，而道

第六章 路名牌上的语码之争 167

图 6-7 "文一西路"路名牌、公交站牌及指路牌上的英文标注

路上方蓝色的指路牌上显示的却是 Baochu (N) Rd.。实际上，这种类型的不统一在很多城市的道路标识牌上都有体现，如上文提到的上海乌鲁木齐路和愚园支路的英文路名不统一，以及本章开头提到的北京金台路上两种语码"打架"的实例都属于这种情况。

第二，拼音与英文两种语码形式混用，造成语码使用的不统一。在有些路名牌上，中文路名下方给出的是英文，而另一些路名牌上则标注拼音。在杭州，路名牌使用英文标注路名是当地的标准，在绝大多数道路标识上都按照此规定进行路名标注。但调查也发现，有少量路名牌上使用拼音标注路名，从而与主体的标注形式形成对立。例如，古荡前街的路名牌使用汉语拼音 Gudangqianjie 来标注，而且专名通名未分写，属于不符合国家和地方规范的罗马化形式。而星洲街的一个老式路名牌上使用了汉语拼音来标注路名。此外,很多的巷名和弄名,在路名牌上标注的是汉语拼音(如图 6-8 中的莫干巷 Mo gan Xiang、政紫弄 Zheng zi Long),但也有一些巷弄的路名牌上使用了英文翻译,如文冠巷的路名牌上标注的是 Wenguan Lane。这种混用现象在国内很多城市的道路标识上都是很典型、很突出的问题。很多地方媒体报道过,同一条道路的路名牌上使用汉语拼音标注路名,而指路牌上则使用英文标注路名,两种语码形式对立,让读者摸不着头脑(如:刘菲 2015)。

第三,同形异译,即路名的语法结构相同,译写形式不同。我们发现,语法结构相同的路名形式在不同的路名标志上,译名形式常常出现不同。例如,"文三支路"和"华星支路"这两个路

图 6-8 杭州的拼音路名

名中(见图6-9),"文三"和"华星"属于专名,"支路"属于通名。但在杭州的这两条街道上,文三支路的英文标注是 Wensan Branch Rd.,而华星支路的英文标注则是 Huaxingzhi Rd.。前者将"支路"视作通名,进行意译处理,而后者则将"支"作为专名的一部分,按照汉语拼音拼写。同样的不一致还出现在其他道路的路名牌上。例如,黄姑山横路的路名牌上,英文标注给出的是 Huanggushan Cross road;而在嘉绿横路的路名牌上,路名的英文标注则是 Jia lu heng Rd。同样的"横路"在不同道路的路名牌上译名却很不一样。又如,在文冠巷的路名牌上,英文标注是 Wenguan Lane,而团园巷的路名牌上给出的英文则是 Tuan yuan Xiang。同样是巷名,不同的道路上却使用了英译 Lane 和拼音 Xiang 进行标注,造成不一致。

第四,路名的专名中分写与连写的不统一,出现时而连写、时而分写的状况。依据地名罗马化标注的国家标准和地方标准,

图6-9 两条支路的译写形式不同

图 6-10 "莫干山路"路名牌的分写与合写不一致

路名的专名部分要连写。但在路名标牌实践中，同一条路的路名标牌分写和连写不一致的情况非常常见。例如，在杭州的莫干山路上，两个相距不远的路名牌上分别使用 Moganshan Rd. 和 Mo gan shan Rd 的英文标注，前者将专名连写为一个单位，而后者则将专名进行逐字分写处理（见图 6-10）。在教工路和古墩路的路名牌上，我们也见到 Jiaogong Rd. 与 Jiao gong Rd、Gudun Rd. 与 Gu dun Rd 等分写和连写形式不一致的标牌同时呈现的情况。

第五，同一路名英文字母的大小写不统一。在杭州街道两侧的路名牌上，通常是路名的专名和通名的首字母大写，其余字母小写。然而，街道两侧接近路口的位置所设立的交通标识牌上，路名的英文标注却是全大写形式。如图 6-11 所示，交通指引牌上的 MOGANSHAN ROAD 与图 6-10 中路名牌上的 Mo gan shan Rd 语义内容完全相等，但从视觉效果来说，二者又很不一样。

图 6-11 全大写形式的指路牌

第六，通名部分英文缩略与否的不统一。按照杭州的道路标识规范，"路"和"街"的英文都采用缩写形式，即路名牌上使用 Rd. 和 St. 来译写。但调查发现，也有少量道路标识上使用了 Road 和 Street 等词语的完整形式，使得英文标注的书写格式出现不一致。例如，莲花街的一个路名牌上，英文标注给出的是 Lian hua Street，"街"的译文书写采用的是完整形式（见图 6-12）。

除此之外，还有不少其他的标注不一致现象。如不同的公交公司，在道路的站牌上给出的路名标注也不相同。拿图 6-13 来说，政新花园在两个公交公司的站牌上分别使用了英文 Zhengxin Garden 和拼音形式 ZHENG XIN HUA YUAN。与之类似，在天目山与古翠路的道路交叉口上的公交车站，相距不远的两个公交站牌上给出分别是英文标注 Tianmushan Road & Gucui Road Crossing

图 6-12　通名全拼写形式的路名

图 6-13　不同公交公司站牌标注不同

和拼音形式 Gu cui lu tian mu shan lu kou。

　　总之，本次调查的三个城市在道路标识实践中都遵照当地标准标注中文和罗马化的路名，但各地都存在着一些书写错误、标注形式不统一等现象。路牌上罗马字母书写的规范性和准确性是城市主管部门的重点监管内容，大到拼音与英文的选择，小到专名与通名的分写与连写、方位词的位置、大小写等都是地名管理部门需要面对的实际语言问题，不过，政出多门、多头管理是道路标识语言实践中错误和不一致现象频发的根本原因。例如，路名牌的书写法是由地名委员会管理的，指路牌的书写法则是归公安局交通管理局负责的。不同主管部门委托不同的标牌公司制作，而由于监管不严、规范不统一、部门之间缺乏沟通等原因造成了街道名称罗马化书写的混乱。如黄芳（2009）所言，"地名标志、标牌的书写技术规范及标准，由地名主管部门制定颁布。但是，地名标志、标牌的设置与管理工作，又不属于地名主管部门管理，这样势必造成设标的不知道有关技术规范标准，而制定技术规范标准的，又不能直接参与地名标志、标牌的设置和对标牌名称的标准审定工作"，因此路名牌上的语言标注出现问题是难免的。无论新闻和网络社交媒体还是专家学者，都对国内不同城市之间以及同一城市内部道路标识上罗马化书写的错误、混乱及不规范等现象表达了关切，而各个城市开展的以找茬纠错为目标的"啄木鸟行动"就试图解决这些问题。

6.3 路名牌语言选择相关的语言态度

上文讨论显示，路名牌上采用汉语拼音是路名罗马化书写的国家标准，这一标准在宁波得以执行。上海和杭州则以本区域国际化发展的需要为考量，在路名牌上使用英文作为罗马化书写的地方标准。那么，普通民众对于城市路名牌上的语码选择有什么看法呢？这些意见反映了怎样的语言意志？本节就这个问题展开讨论。需要指出的是，本研究虽然尽可能使调查涵盖面广泛，但由于时间和人力所限，语言态度的调查主要涉及专家学者、新闻媒体及网络媒体、大学生及专业人士、外国留学生等群体，而对于中小学生、儿童、不懂英语的市民等其他人群未进行考察。

6.3.1 专家与学者的观点

在语言学界，学者们对于路名牌上采用英文翻译还是拼音书写的标准争议由来已久，双方各执一端，相持不下。支持路名牌拼音化处理的一方认为，地名标牌上使用汉语拼音书写是一以贯之的国家标准和国际标准，因此地名标识应按照国家相关法律法规标注汉语拼音，而不是英文。这里还可分为强硬派和温和派。强硬派以国家主权和国家尊严的严肃性为纲，认为路名牌上标注汉语拼音必须强制执行。例如，郭建中（2003，2005，2007）认为，街道路牌作为一种地名标志，是国家法定的标志物，也是国家领土的象征，代表着民族尊严，具有严肃的政治性，即"除殖民地外，任何国家都不会在自己的领土地名标志上用外文书写本国地名"（郭建中2005）。因此，街道名称等地名标志的译写不单纯是学术问题，也是一个具有严肃政治性的法律法规问题。既然法律法规已做出规定，那么下级执行部门只能遵纪守法，按规定行事，不可自作主张（邢杰2013）。这种观点和定位得到许多学者的认同（史定国1994；孙冬虎2005；黄玉明2008；黄芳2009；于森2012）。陈克相（2003）指出，地名翻译采用专名音译、通名意译的做法不妥，主要理由是：(1) 不利于我国地名的标准化管理；(2) 曲解和破坏了我国地名的国际化及与国际接轨工作；(3) 违反了国家的法律和政策规定；(4) 违反国家主权和民族尊严；(5) 涉嫌语言歧视，不利于国家的改革开放政策（转引自葛校琴2009）。这些观点都把路名使用拼音书写提高到国家主权和民族尊严的高度，强调法律法规的严肃性，不能越矩。在相关法律、国家和国际标准相继做出规定的前提下，地方制定的道路名称英文译写规则必须与国家标准和国际标准保持一致。以此来判断，上海等大城市的地方性法规中规定使用英文而不是汉语拼音的做法是不妥甚至违法的。

支持拼音的温和派认为，地名译写标准的推行不能仅依靠强制手段，而必须提供令人信服的依据，以理服人。吴伟雄（2006）就认为，在当今多语世界中，采用拼音标注路名既有法规依据（国家相关法规）和理论依据（"名从主人"的翻译原则），又有情理依据（只标注英文对于不讲英文的人士不公平）和现场效果依据（拼音更便于外国人问路）。在作者看来，拼音路名是便于国际交往而又不损害民族尊严的最优译写方案。高芳（2013）认为，使用汉语拼音拼写路名，一方面便于外国人识读和记忆，另一方面确立了每个地名的唯一性和排他性，不至于造成标注的混乱，同时汉语拼音也便于持不同语言的外国人与中国人之间就某一地点的名称和实际地理位置进行沟通。但作者也指出，如果通名的文化内涵或社会功能意义远比其指称意义重要，则应采用专名音译、通名意译的方式来处理地名。

支持路名牌英文译写的一方认为，路名通名部分英译是传统的处理方式，更易于目标读者接受，而且使用英文才是真正与国际接轨。例如，葛校琴（2009）提出，中国地名国际标准不应该只是地名国家标准的外推，而是要把欲确立的国际标准化地名放到外语语境下进行考察，看其使用的有效性或接受性。她认为，地名拼音化"不仅国际社会接受存在问题，国内从事翻译的学者专家也难以认同"，而"专名音译、通名意译"的传统做法仍是最受认可的处理方式。乌永志（2012）对西安、北京、上海、青岛等多个国内主要城市的街道及相关地名标志上的公示语译写进行调查后发现，路名的通名部分使用英文翻译的情况在全国范围内大量存在，国家标准中"地名使用汉语拼音拼写"的强制性规定未得到执行。他认为，"人文地理实体名称的拼音化实际接受效应比较差，需要有关部门重新审核该规定的合理性"。叶章勇、沈杨（2015）认为，我国地名译写实践中"专名音译"的原则无可非议，但"通名音译"这一规则的科学性、必要性及有效性都值得商榷，因为它曲解了地名国际标准化的初衷，也不符合翻译学的基本原则。他们建议，地名翻译应坚持"名从主人、译从客便"的原则，采用专名音译、通名意译的方式来处理才更符合城市国际化发展的需要。

还有学者持折中的观点，认为路名标识采用音译和意译皆有必要，二者可以并行不悖。例如，冯志伟（2016）认为，路名在一般情况下应当根据国家标准进行字符译音，即使用汉语拼音拼写；而在公共服务领域，根据对外交流和服务的需要可以对路名实行外文译写。无论是拼音拼写还是外文译写，地名中的专名部分都必须遵循"单一罗马化"原则，使用汉语拼音进行拼写。金其斌（2011）指出，街道路名的通名部分到底应该意译还是用汉语拼音"并不是相互对立、水火不容，而是互补共存、使用领域各有侧重的问题"。他认为，"把作为地名标志的街道路牌的拼写与文学作品、双语词典以及翻译教学中地名通名的翻译区别对待"是解决争执的关键，可在地图、路名牌、条约、协定和其他法律文件中实行专名通名一律拼音，而在词典、图书、报刊、旅游地图、文学作品、文献资料中使用"专名音译、通名意译"的做法。

地名翻译究竟采用拼音还是英文的争执不休、僵持不下的局面让不少学者感到茫然。例如，葛校琴、季正明（2006）提出，地名英译的拼音化规范与传统上的"专名音译，通名意译"的处理方式截然不同，这种对立会持续存在下去，"对于从事汉英翻译教学的教师来说，到底是遵循专家的翻译还是遵守国家相关部门的规定，是大家面临的两难选择"。作者以一个问句"地名英译，究竟何去何从？"作为文章的结尾，显示出作为语言文字教学工作者的无奈和不知所措。

6.3.2 政府地名管理部门的态度

路名牌属于由政府部门所主导和设置的官方标牌，其语言使用体现了政策制定者的语言意志。对于路名牌上到底应该使用汉语拼音还是英文的问题，许多城市的地名管理负责人曾发表过自己的见解。这些政府官员的表态有助于我们了解官方领域对于路名牌上罗马字母标注所持的态度。在这一节的分析中，地名管理者的观点均来源于新闻报道或政府门户网站发布的文章。

对于道路标志上标注英文，在国家的地名管理机构的负责人看来既不合法，也不合理。例如，时任民政部区划地名司司长戴均良表示，路名采用"Rd"缺少法律依据，而且也有悖于国际通则。他指出，诸如巴黎、维也纳等国际化大都市都是使用本国的语言标注，而非英文，"为什么不让外国人认认我们的'Lu'呢？"（徐靖 2006）该负责人还指出，由于地图标注拼音，路名牌上使用英文译名反而会给外国游客认路造成困扰："目前全国的地图全部统一使用汉语拼音标注地名，外国人在中国完全可以利用地图找到相对的地方。如果用英语的译名反而可能让外国人摸不着头脑。因此使用汉语拼音标识地名不会使外国人感到不便。"（徐靖 2006）教育部语言文字应用管理司有关负责人在接受《北京晨报》采访时称，道路标识上要用汉语拼音的规定"主要是考虑既不懂英语也不懂汉语的外国人，其次是只认识繁体字的人，还有不认识汉字只能用拼音的半文盲。如果用英文标注，反而会给以上人群造成不便"（周萍 2005）。

大多数负责地名管理的地方政府官员都清楚，使用汉语拼音拼写地名是我国地名标志的国家标准，而英文等外文标注地名是国家层面的政府文件多次声明禁止使用的。但上海和杭州等地的路名牌上以英文标注作为当地路名罗马字母书写的标准。对此，上海地名办的相关负责人认为，既然路名牌上的译文是方便外国人的，那么"街""路"这样的通名还是用英译比较好。该负责人还表示，"严格来讲，上海的做法虽不合上述规定，但这也是考虑上海的实际情况，多次广泛听取意见后才定下来的方案"（颜维琦，曹继军 2015）。面对上海路名牌上的英文标注不合法的质疑，时任上海地名办的副主任刘波认为，"上海的地名英语标注在地名标注方面必须找到一个既符合国家法规，又适应自身特点的办法，是否继续施行'Rd'，要根据上海的特殊情况和特殊需求，如果确实有必要采用'Rd'，则必须在与国家有关部委协商后，进行标准例外和法规例外的探索"(徐靖 2006)。针对有关人士提出的"为何单单只使用英文译名，却不使用法文等其他语种，这是否有所偏颇"这一问题，刘波认为，英语是世界上大多数国家通用的语种，"上海作为一个国际化的大都市，在路牌中添入英文等国际化元素确有其必要性所在"(杨冬 2006)。上海地名办负责人的态度表明，在上海等城市的政府部门看来，汉语拼音标注路名无法与国际真正接轨，作为追求国际化的大都市，上海的路名标识的语言实践不仅要考虑国家标准，更要考虑自身的需要，而使用英文标注路名则被当地政府看来是契合自身实际需要的地名罗马化标注方案。

在国内其他城市，有些政府官员对于路名标牌上的英文与拼音之争也发表了意见。例如，武汉市近年来在路名牌上放弃汉语拼音，改用英文标注路名。该市城管局相关负责人称，北京、上海、重庆、广州、深圳等大城市的部分地名标志上使用中英文对照的路名牌，而武汉作为全国特大城市要建设国家中心城市，必须与国内大城市接轨(姚德春，雷霓芬，杨希 2012)。在成都，路名牌上英文和拼音混用的情况很严重。时任四川师大党委宣传部部长王启涛在受访时表示，在城市道路标志上设置中英双语已是当今社会发展的必然趋势和现代化城市发展的潜在要求。当今普遍使用的"汉字＋汉语拼音"的路名标注方式"在形式上显得重复累赘，在实际运用上也不便于交流，无法真正做到与国际接轨"(李影 2005)。不过，也有不少地名管理官员力挺汉语拼音标注路名。例如，针对地名为何用拼音而不要英文翻译这一问题，时任广州市外事办副主任刘保春认为，使用拼音"恰恰是为了方便和统一"。他解释道，使用拼音路名更容易达到问路的目的："如果外国人问'Tianhe Road'怎么走，并不是每位市民都能听懂，但如果问'Tianhelu'怎么走，市民都能明白意思"（毕征，徐静，饶贞 2009）。另外，广东省民政厅区划地名处一位未具名的负责人表态，采用汉语拼音拼写路名符合世界各国拼写本国地名的国际惯例，也有利于国际交往。他在采访中指出，"改成英文我们主要是怕外国人看不懂我们的标牌，其实不会的，因为'jie'和'lu'这些字母都出现在特定的场合和载体上，有规律性的，外国人一看就知道它的意思，很少提出异议的"①。江苏省民政厅区划地名处的薛光认为，使用汉语拼音拼写地名是中国的国家标准，也是国际标准，全国人大、国务院及国家有关部门出台的一系列规范地名书写的官方文件表明我国政府对于地名译文的严肃态度、鲜明立场和正确主张（薛光 2005）。他认为，地名标牌使用英文而不是汉语拼音标注，具有严重的危害性，包括：（1）英文标注国内地名使我国的主权受到侵害；（2）英文标注国内地名使我国的民族尊严受到了挫伤；（3）英文标注国内地名使国家地名标准化原则受到了践踏；（4）英文标注国内地名使地名国际化原则受到了歪曲；（5）英文标注国内地名可能成为国际上别有用心人的口实（薛光 2005）。

可见，支持路名英文翻译的地方政府官员倾向于认为，路名牌上使用英文比汉语拼音更能体现城市的国际化，更符合国际化都市

---

① 参见《广州英文标识法：东风西路就叫"DONGFENG XiLu"》，中国网，2008 年 5 月 10 日，http://www.china.com.cn/news/txt/2008-05/10/content_15148096.htm。

建设的发展目标。而支持拼音的地方官员强调汉语拼音作为国家标准和国际标准的严肃性，路名牌上使用汉语拼音作为地名拼写的标准具有法定地位，既然国家有相关规定，地方部门就应该依照施行。另外，汉语拼音路名在外国人问路方面也更具便利性。

6.3.3 城市民众对于路名牌上语言选择的态度

我们发放的城市语言景观调查问卷中，有部分问题涉及公众对于路名牌上语言选择和使用的态度（见附录2）。在研究开展期间，共计回收有效答卷1302份，其中高校学生约占半数（N=648），其余为工作人士（N=654），包括教师、公务员、记者、律师、工程师等（第5.3节）。这里依然将参与者分成学生和工作人士两个组别来进行统计分析。

根据《国家通用语言文字法》及其相关规定，路名牌上应使用汉语拼音，不能使用英文，如何看待这样的规定呢？对于此问题，42%的受访学生（N=272）和31.8%（N=208）的工作人士认为，这样的规定是合理的，体现了我国语言社会生活的需要。另有13.4%的受访学生（N=87）和27.2%的工作人士（N=178）认为，既然标准已经确定，那么就应该统一执行。工作人士中持此观点的比例明显较高，这或许与该群体成员的工作经验和生活历练有关，他们会更加看重既定标准的稳定性和依规办事的契约精神。也有很大一部分受访者（学生37.8%，N=245；工作人士31%，N=203）认为，这样的规定值得商榷，标注拼音可能无法顾及目标读者（主要是外国人）的阅读感受。而明确反对路名拼音化规定的参与者只占一小部分（学生6.8%，N=44；工作人士9.9%，

N=65），他们认为路名牌上标注拼音意义不大。从这些数据对比可以看出，城市的民众对于罗马字母文字究竟如何选择存有不少分歧。

上海"西藏东路"这样的路名牌上，罗马字母标注有 EAST TIBETAN ROAD、EAST XIZANG ROAD、XIZANGDONG ROAD、XIZANG DONGLU 等多种可能性，那么到底哪种标注方式最恰当呢？对于这个问题，绝大多数受访学生（95.7%，N=620）和工作人士（93.7%，N=613）选择前三个选项，说明在受访民众看来，路名牌上标注英文路名才是最合理的。只有不足5%的学生（N=28）和6.3%（N=41）的工作人士认为，拼音形式 XIZANG DONGLU 是最恰当的。这种选择倾向说明，路名牌上的罗马字母在绝大多数受访者看来是中文名称的翻译，因此倾向于选择英文形式，而不是以汉语拼音进行文字注音。

对于道路上方的指路牌上是否应该设置英语，公众的态度倾向性比较明确：绝大多数受访者（学生87.5%，N=567；工作人士77.8%，N=509）认为，设置英文便于外国人查找和确认方位，因此指路牌上提供英文是很有必要的。只有5.6%的学生（N=36）和9.9%的工作人士（N=65）表示不应该设置英文，因为标牌上文字太多，容易给驾车者带来困扰。此外，也有一小部分受访者（学生5.6%，N=36；工作人士11.5%，N=75）表示有没有英文无所谓，只要中文信息明确即可。其余受访者（1.1%，N=14）未表态。由此可见，城市指路牌上设置中英文在多数民众看来是适当且有必要的。上海市路政局曾在2016年8月就道路指路标志上的文字设置向社会公众征询意见，建议取消指路牌上的英文，因为英文的利用率不高，取消英文后可腾出空间，适当放大指路牌上的中文字体，加强视认性，从而给驾车者带来便利。[①]但此提议因遭到民众的反对而作罢。

城市地名标牌上英文不符的情况常见于报章报道（如中文名称为"新城河路"，下方的英文则成了"XIN CHEN GHE RD."），这说明什么问题呢？多数受访者（学生61.1%，N=396；工作人士67.9%，N=444）将问题归咎于标牌制作者以及标牌管理者，认为标牌制作者的英语水平差加上标牌管理者应付差事，导致城市公共标牌上错误不断。也有不少参与者（学生24.5%，N=159；工作人士22.3%，N=146）认为，标牌这样的公共设施上无法提供准确的英文信息，说明城市的国际化水平还很低。此外，还有14.4%的受访学生（N=93）以及9.8%的工作人士（N=64）认为，公共标牌上的英文错乱，说明标牌上的英语对于中国人来说实用性不高。总之，在受访民众看来，管理部门敷衍了事、人们整体的英语水平差、城市的国际化水平低、英语在城市生活中的实际价值低等因素，都能导致公共标牌上英语不准确或不规范的现象不断发生。

城市管理机构在路名标识上设置英语或拼音路名时，应该考虑什么原则呢？对此问题，受访学生最看重的原则依次是一致性、可理解性和准确性，三者的比例分别是39.8%（N=258）、38.1%（N=247）、20.5%（N=133）。而在工作人士组别中，最重要的原则

[①] 参见《上海拟删除路牌的英文路名 路政：利用率不高》，凤凰网，2016年8月26日，http://inews.ifeng.com/yidian/49843410/news.shtml?ch=ref_zbs_ydzx_news。

顺序依次为准确性（40.7%，N=266）、一致性（32.3%，N=211）及可理解性（25.8%，N=169）。在受访者看来，罗马字母路名与中文路名保持一致且具有唯一性才不至于造成混乱；表意的准确性能反映城市主管部门对待公共语言的态度，而提供大多数外国读者读得懂的文字有助于他们辨识和理解标牌内容。只有极少数的受访者（1.4%，N=18）认为应该以我为主，让外国读者适应我国的语言文字政策。

综上所述，受访的城市民众高度认同罗马化路名为外国人提供便利、体现城市国际化的功能，但对于路名牌上的语码选择和使用的意见则显得前后矛盾，即一方面绝大多数参与者认为路名牌上的罗马字母应该选用英文翻译形式，另一方面多数受访者又对国家相关法令条规中路名（地名）拼音化的原则表示支持。这样的结果显示，人们对于路名牌上罗马字母的选择持有模棱两可和纠结的态度。

6.3.4　网络和社交媒体中的语言态度

网络上的新闻和社交媒体关于路名标牌上究竟应该用拼音还是英文进行过诸多讨论。我们以"路名标牌 Lu 还是 Road"为关键词在谷歌（google）上进行搜索，收集相关的报道或评论，然后对其中的观点进行归纳分析。需要指出的是，上海和杭州与宁波存在着路名牌上英文与拼音选择的对立，但网络和社交媒体中对于路名牌上语言选择的讨论不局限于这些城市，而是一个带有地域普遍性的问题。对于路名牌上的罗马字母书写形式，网友和新闻工作者中既有支持使用汉语拼音标识的拼音派，也有支持使用英语标识的英文派，还有认为拼音和英文标识皆可的中间派。下面分别来看各派支持者的观点。

（一）拼音支持者的观点和态度

对于路名牌上的书写，马克·斯沃福德（Mark Swofford）在其汉语拼音推广网站上评论指出，路牌上没有什么理由使用英文，汉语拼音足矣（Swofford 2005）。在国内著名的社交媒体"知乎"①上，针对"中国的地名翻译作英语应该用音译还是意译？"这个问题，许多网友提出了自己的见解。路名牌上使用汉语拼音获得了多数知乎网友的支持，其原因可以大致归纳为四个方面。

第一，使用拼音便于外国人在问路时获得当地人的帮助。由于中国市民的英语水平普遍不高，当外国人使用英语地名问路时，当地人很难听懂，而使用拼音地名则可解决问题。例如，网友 Yuan Yu 评论道，"如果不管是老外还是小学生，在北京问一句 changcheng，大家都知道。如果问 the Great Wall，估计很多人都不一定懂"。网友 JackZ 也提到，"有时候老外来问路的时候，他们就会照着自己的英文手册的路名来问，鉴于有些人是不会英语的，所以听到比如 XX 南站的时候，只能听得懂 XX 而听不懂 south station。所以这时候如果路名标注的是拼音的话，在问路方面对外国人也就没什么阻碍了"。网友"平常心"也指出，英文路

---

① "知乎"是一个以知识问答为主的社交网络平台。2017 年 9 月，知乎个人注册用户总数超过 1 亿，日活跃用户量达 2600 万。而 2018 年 11 月底知乎公布的官方数据显示，用户人数已突破 2.2 亿。用户群体广泛分布在一、二、三线城市等不同地域，以教育和收入水平较高的年轻人（26—40 岁）居多。参见 https://tech.sina.com.cn/i/2018-12-13/doc-ihmutuec8882383.shtml 以及 https://walkthechat.com/zhihu-chinas-largest-qa-platform-content-marketers-dream/。

名不方便外国人问路,"国标也好,行政法规也罢,最关键的是外国人拿着写着汉语拼音的纸条问路,你中国人甭管老幼都能大概猜出来,你拿着英文问中国人?呵呵了"。

第二,使用拼音更容易与汉字名称对应,不会出现翻译错误。网友"曹笑"就直截了当地指出,"我认为全拼音更合适、简便,不会出现翻译错误"。网友"图腾子"认为,使用拼音"译写和还原都具有唯一性,可以最大程度减少译写分歧,最大程度保留原语言的命名差异"。网友李郸指出,路名牌的首要功能是指路,翻译得精彩与否并不能为外国人提供便利,而且常常还会弄巧成拙,"只有直接上拼音对老外才有意义。翻译得乱七八糟,老外找不到,中国人也拿不准,指路的意义丧失殆尽,毫无意义。路的名字就是用来指路的,不是用来体现翻译水平的。翻译得再好都会导致指路作用的降低"。

第三,汉语拼音是中国地名拼写的标准,外国人来到中国应尽力顺应。例如,网友"消散"认为,来中国旅游的外国人应该能想到中国使用的是不同的语言系统,因此外国人应该顺应中国的路名标识习惯:"语言是为了交流,为了交流就应该入乡随俗,应该以拼音来和当地人交流沟通。"网友"阿基弹"也指出,游客到了另一个国家旅游需要入乡随俗:"入乡随俗再自然不过。日本有北千住和南千住两个地名,英语报站是 Kita-Senju 和 Minami-Senju,而不是 North Senju 和 South Senju。一个道理。"同样,在众多的非英语国家,路名都是使用自己的罗马化系统来标注(如泰国的路名标牌上标注 Thanon,马来西亚的"路"写成 Jalan 或 Lebuh),而非使用英语的 Road 或 Street。

此外，由于游客的语言背景不同，使用英文地名并不能服务所有的游客，使用汉语拼音可以避免提供语言服务时厚此薄彼。如网友 Eric Qiang 所言，"为什么要把街路翻译为 st、rd？为什么不翻译为日文、韩文、俄文？如果是为了方便外国友人，是不是韩国人聚居的青岛、北京望京、丹东等地的路牌上应该写韩文？满洲里、绥芬河的路牌得写俄文？新疆塔城、伊宁的路牌要写基里尔字母的哈萨克文？广西凭祥甚至南宁的路牌要写越南文？现实是所有这些情形都必须依照法规写汉语拼音，而不是英文、俄文、韩文、哈萨克斯坦文"。

第四，使用汉语拼音地名是文化自信的表现。网友华承韬认为，使用自己的标准（即汉语拼音）标注路名更能赢得外国人的尊重："只有民族的，才是世界的；只有自己瞧得起自己的语言、文化和地名，别人才会瞧得起。用拼音，更是对中国本土文化的一种尊重——如果老外来了中国，看到的却是满眼的 Century Avenue 和 Honey Lake，他们会觉得这是中国本土文化吗？"（见图 6-14）网友 Dannis 认为，路名是用来辨认方位的，文字含义对外国人来说并无多大价值："用来命名的就应该是让人知道它叫什么，知道音不就足够了么？让一个老外知道意思干啥呢？老外也没那个需要去了解那么多深层次的啊？"他还以日本的地名标注为参考，认为坚持自己的标准即可："别的我不敢说，目前看到的日本人发的名片全都是保留他们本民族的发音的，丁目→chōme，区→ku，而不是什么乱七八糟的 No. 和 district。"网络评论员李岩（2015）也认为，"使用英语译名就是国际化"是一个认识误区："国际友人不都懂英语，对他们来说看中文和看英文是一样的，甚至很多在中国生活的外国人，懂中文但不懂英文，因此改路牌对他们来说是完全无用的。"这些评论说明，一味强调使用英语以接轨国际，在这些人看来是语言不自信的表现（颜维琦，曹继军 2015）。

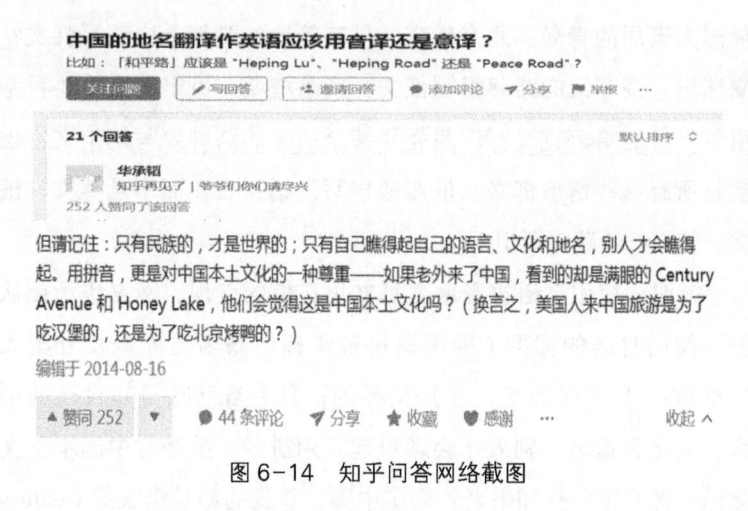

> 中国的地名翻译作英语应该用音译还是意译？
> 比如："和平路"应该是 "Heping Lu"、"Heping Road" 还是 "Peace Road"？
>
> 21个回答　　　　　　　　　　　　　　　　　默认排序
>
> **华承韬**
> 知乎再见了 | 爷爷们你们请尽兴
> 252 人赞同了该回答
>
> 但请记住：只有民族的，才是世界的；只有自己瞧得起自己的语言、文化和地名，别人才会瞧得起。用拼音，更是对中国本土文化的一种尊重——如果老外来了中国，看到的却是满眼的Century Avenue 和 Honey Lake，他们会觉得这是中国本土文化吗？（换言之，美国人来中国旅游是为了吃汉堡的，还是为了吃北京烤鸭的？）
>
> 编辑于 2014-08-16
>
> ▲ 赞同 252 ▼　● 44条评论　↗ 分享　★ 收藏　♥ 感谢　…　　收起 ∧

图 6-14　知乎问答网络截图

（二）英文支持者的观点和态度

支持路名英文标注的一派认为，路名牌上提供罗马字母的目的是为外国人提供便利，那么就应该使用国际通行的英语，使用汉语拼音属于服务对象不明确。网友"张An"认为，既然要翻译，就应该用英文："为什么要翻译？是因为别人看不懂，所以要转化成他们的语言。如果还是全部保留拼音，他们还是看不懂，那不是白翻译了，并不是所有人都懂拼音的。"把街、路这样的词语翻译成英文，"起码外国人知道是什么性质"，使用拼音音译在有些网友看来属于"四不像"（见图6-15）。网友钟瀚也支持用英文翻译道路名称，因为"译名的使用者主要是外国人，因此在译名的设计方面并不需要优先考虑母语使用者的'便利性'"。他认为，路名标牌"使用拼音方便外国人问路"的说法并无实际意义，因为"随着智能手机、导航软件与移动互联网在全世界范围内的普及，针对'有迹可循'的地点而对当地人进行问路的情形，实际上是越来越少的"。网友 glenxoseph 也反对设置汉语拼音路名方便外国人问路的论点，原因是：(1)汉语拼音的设计初衷不是帮外国人念中文；(2)路名翻译的首要目的是让外国人知道地名的性质（是一条路还是一个广场），而不是考虑问路等细节问题；(3)拿着音译名称去问路不太合习惯，中国人到外国旅游时也不会拿着中文译名去问路。

图 6-15　知乎网友回答截图

很多网友也认为，地名中的通名部分可以给外国人提供最根本的功能性信息，即地名的性质，因此使用英语译文具有重要的交际功能。除路名之外，许多其他的场所名称更适合意译而不是拼音音译。网友夏邟庆认为，地名译名的文化含义不必过多考虑，更重要的是其定位功能："赋予地名文化内涵的是本名，而不是译名。译名重要的是让外国人定位，而不是传递文化内涵。"网友 Jobgu 以天津滨海国际机场的翻译举例说明地名英译的重要性："就像天津滨海国际机场，只翻译为 tianjin binhai guoji jichang，无法知道这个地方是干什么的。但是无论翻译成 tianjin binhai guoji jichang airport，tianjin binhai guoji airport 还是 tianjin binhai international airport，外国人不借助任何其他，就能知道前面这一堆字母代表的是一个机场的名字。"网名为 THEODORE.CHEUNG 的网友以连续反问的形式对机场的音译处理方式表达强烈的质疑："TIANJIN BINGHAI GUOJI JICHANG 是什么？外国人能读出汉语拼音吗？中国人看地标需要汉语拼音吗？说到底，如果全部标注汉语拼音，服务人群是谁？"

另一个观点是，英文路名具有国际范儿，只有使用英文才能与城市国际化的目标相一致。《成都日报》的报道认为，设置中英文双语对照的路名牌，既体现了城市的包容精神，也方便外国友人识别道路，而且才对得起国际旅游城市的知名度（李影 2005）。安徽合肥市高新区的路名牌从标注拼音改成标注英文（如"科学大道"下方的罗马字母从 Kexue Dadao 改为 Kexue Ave.），当地媒体认为这些"高大上"的新路名牌让高新区变得洋气十足，具有国际范儿（于小溪 2017）。一些知乎网友认为拼音不够国际化，显得比较土，不翻译成英语属于懒政思维。

针对"路名是语言政治的一部分，因此应该服从政治正确的原则"这样的论点，有些网友认为，在全球化和国际化日益深入的今天，拿拼音路名去表征国家主权和民族尊严的论调已经不合时宜。网友朱纯认为，语言是用来为交流服务的，而不是为"'民族自尊'之类无谓的政治概念"服务。网友 Lepton Baryon 认为，使用拼音属于政治正确的说法很牵强:"如果是为了政治需要,我认为对于路牌来说,这样用拼音标注不如不附加任何标注。既然美国的路牌不会有中文标注,为什么中国的路牌要出现拉丁文,这样不更加政治正确吗?为了显示民族平等,在民族地区使用双语标注已经是完全足够的了。"

(三)中间派的观点

也有不少人认为,地名标注更应该注重名称的一致性。不论用什么样的语言标注,都是希望人们在城市的生活体验更方便,如果同一个路名既有拼音又有英文混杂使用,则给读者带来很大的困惑和不便。网友 Schoen cho 认为,公共设施上译文的统一性大于准确性,"最怕的是一个地名同时有几种翻译",比如"机场路"有 Jichang Lu、Airport Road 和 Jichang Road 三种翻译形式,老外很难想象它们指代的是同一条路。此观点获得了 68 个赞同。网友"喝醋的孩子"也认为,路名标注最重要的是一致性:"其实最主要的问题是对于同一个有争议的路名,所有地铁站、路牌、导引牌、公交站的翻译统一就好了,这样既方便记忆,也不会把老外搞晕——就像漕东支路,到底是翻成 Caodong Feeder Rd. 还是 Caodongzhi Road,甚至是添油加醋但能让人知道前因后果的 East Caohejing Branch Rd. 并不重要,统一就好了。"网友孙中尖反向思考认为,外国提供的中文地名标牌不统一,也会对中文读者带来困扰:"反过来想想如果外国地名翻译成中文如果没有统一且合理的标准是什么景象。想象一下你是一个英文很差的人,到了外国,地铁图上写的是'Shangrila Town',底下的中文标注的是'香格里拉镇'你记住了,结果那儿的公交车站名叫'尚日拉顿',你成功迷路。"也有网友指出，如果条件允许的话，可以考虑在汉字和拼音标注之外，提供英文翻译，从而可以让外国人了解路名的含义，从而宣传城市的历史文化。网友 Grover Lin 认为，路名牌上应该标注汉语拼音和英语两种翻译形式："路名这种场合，优先使用转写，避免混淆；辅以英语，方便外国人。"

综上所述，网友对于路名牌上使用英文还是拼音这个问题存在着很大的意见分歧。在拼音支持者看来，除了拼音标注地名具有合法性以外，还具有问路的便利性、能有效避免翻译错误、符合国际惯例等。此外，使用拼音也是文化自信的表现。而在英文派看来，因为罗马化的路名是用来服务外国人的，因此使用英文更为合适。另外，英文更能体现城市国际化的目标定位。中间派则认为，拼音和英文标注都可以，更重要的是保持路名标注的统一性。

6.3.5 外国人对于路名牌文字标注的观点

一般认为，路名牌上的罗马字母是以外国人为主要服务对象的。那么，外国人对于路名牌上使用英文或者拼音的问题持什么态度呢？在新闻报道中，很多记者曾调查过外国人对此问题的看法。例如，在成都旅游的加拿大游客 Ida 和 Britt 看不懂武侯祠大街路名牌上标注的"WUHOUCI DAJIE"，他们认为，如果能在路名牌和公交站牌上加注英文，将给外国游客尤其是不太懂中文的外国游客带来很多方便（宋元东，谭麟 2006）。来自澳大利亚的 Sinika 对于厦门路名牌上的拼音标注并不认同，她认为完全不懂汉语的人难以理解路名标识上的内容，而把 Lu 改成 Road 会更有利于外国人辨识（郭钦转 2017）。此外，也有报道指出，在上海生活的外国留学生认为路名牌上使用拼音"Lu"还是英文"Rd"，对他们而言没有太大的差别（徐靖 2006；颜维琦，曹继军 2015）。

为了了解外国人对于我国城市路名标牌上语言选择的真实见解和态度，本研究针对外国留学生的问卷调查中有三个题目与我国城市路名牌上的语言设置有关。参与问卷调查的外国留学生共计 46 人。在华时间 1 年或 1 年以内的有 22 人，约占 47.8%；1 年以上 3 年以内有 11 人，约占 23.9%；其余的 13 人（28.3%）在华居留时间在 3 年或以上。

首先来看外国学生对于路名牌上拼音与英文路名的认同程度。对于"城市路名牌上什么样的语言组合形式最恰当"这个问题，超过半数的留学生（54.35%，N=25）认为，路名牌上标注中文、拼音及英语三种形式最为适当，而认同拼音路名的参与者比认同英文路名的参与者多出近一倍（见表 6-1）。有学生留言指出，拼音可以为不认识汉字的外国人提供交流上的便利，尤其是问路的时候。外国留学生理论上都学习过汉语拼音，也懂一定的英语，无论拼音还是英文对他们来说都不存在太多困难。多数学生希望看到拼音和英文同时出现在路名牌上，大概是因为汉语拼音有助于他们学习汉字，而英文可以给出更多的交际信息。

表 6-1 路名牌上的语言选择问题

人数及比例	语言选择				总计
	中文+拼音+英语	中文+拼音	中文+英语	无所谓	
人数	25	13	7	1	46
比例/%	54.35	28.26	15.22	2.17	100

对于路名牌上标注汉语拼音的主要目的,约有80%的参与者(N=35)认为,"为外国人提供便利""避免英语翻译错误"以及"表明汉语拼音的法定地位"等是城市路名牌设立者的主要考量(见表6-2)。虽然汉语拼音不是国际通行的语言,但对于不认识汉字的外国人来说,拼音的罗马字母形式显然比汉字更易于辨识和阅读,外国人可以根据汉语拼音辨别地理方位,不至于迷路。另外,由于英语在中国是外语,使用英语翻译有可能造成路名表达的错误,所以路名牌上选择使用汉语拼音标注,在外国学生看来是一种避免翻译错误的手段。也有一些受访的留学生或许了解一些《汉语拼音方案》的创制历史和过程,知道汉语拼音对于中国社会发展的巨大作用,因此认为路名牌上的拼音是依法标注的。

表6-2 路名牌上标注拼音的主要目的

人数及比例	目的类型					总计
	为外国人提供便利	避免英语翻译错误	表明汉语拼音的地位	其他原因	不清楚	
人数	17	11	9	6	3	46
比例/%	36.96	23.91	19.57	13.04	6.52	100

对于标牌上设置罗马字母路名应以什么原则为重,有41.30%的留学生(N=19)认为,路名在地图、路名牌、站名牌、交通指示牌等各个系统上的书写形式应保持统一,这种形式的一致性是最为重要的(见表6-3)。这种观点说明,同一条道路多种译名表达形式确实会给外国人找路问路带来不便,应该尽量避免。此外,有30.43%的参与者(N=14)认为,翻译的准确性最为重要,这里的翻译可能是英语的意译方式,也可能是汉语拼音的音译形式。在这

些外国人看来，路名牌上的罗马字母是对中文路名的翻译，一致和准确的译文对他们才更有帮助。而 23.91% 的留学生（N=11）认为罗马字母路名的可理解性是最关键的，路名标识设置者应考虑大多数读者对标牌信息的可及性。只有 1 位受访者认为，路名罗马化应以中国的自身利益和目的为重。有一位参与者表示，除了中国的自身利益以外，其他原则都可以。由此可以看出，外国学生倾向于认为路名牌上的罗马化路名应以统一、准确的形式来服务大多数读者，而只考虑中国自身的便利性或利益难以获得外国人的认同。

表 6-3 路名牌罗马化文字设置的原则

人数及比例	原则类型					总计
	一致性	翻译准确性	可理解性	自身利益	其他	
人数	19	14	11	1	1	46
比例 /%	41.30	30.43	23.91	2.17	2.17	100

总之，路名牌上的罗马化文字为不熟谙汉字的外国人带来一定的便利。在华留学生认为，标注中文、拼音及英文三种语码的路名最为理想。无论采用哪一种字母文字形式，路名在交通指示系统中保持一致在多数人看来是最为重要的，只有准确一致的拼音或英文路名才能避免命名混乱，为外国人提供"读者友好"的公共服务。

综上所述，对城市不同人群语言态度的调查显示，路名标牌上标注拼音与标注英文都有大量的支持者。拼音论者强调地名拼音化的法定地位，同时，拼音路名可以在外国人问路方面发挥作用，也更容易避免路名翻译的错误和不一致。而英文论者则强调英语在国际上的地位，认为以非汉语使用者为服务对象的罗马化路名标注理应使用英文，英文也更符合大城市的国际化定位。在路名牌上究竟应该使用拼音还是英文这样的争论旷日持久，正反双方的论述都有理有据，一时之间很难有定论。而在华的外国人则更注重路名罗马化标注的一致性，无论拼音标注还是英文标注，同一条道路的标注形式应该统一。

6.4　路名牌上汉语拼音与英文之争的症结

关于地名的功能，我国民间有一个很有名的比喻："地名是外地人的眼，本地人的脸。"在这个关乎眼睛与脸面孰轻孰重的问题上，代表着政治正确的拼音与象征着都市现代化与国际化的英语，在标识牌空间中互相竞争，始终僵持不下。拼音和英文大体上都是以对外服务为目的的，但其定位完全不同。知乎网友"图腾子"对拼音地名和英语地名标注之间的差别总结得很到位："地名拉丁化（罗马化）是规范的、普适的、政治正确的，还有是低成本的，有国家和地方法律法规保障。而地名双语标注，除了在民族自治地方标注民族语言和汉语是法定的之外，是额外的、面向特定人群的福利，做得好的话成本很高昂，只是个别地方个别机构的政策，还没有法律法规保障，严格说来是不规范的。两者都是对外的、国际化的，只是定位、策略不同。"我们认为，路名标牌上罗马化标注的争议主要与以下四个方面的界定不清晰有关。

6.4.1　路名牌上罗马字母的功能属性

路名牌上拼音与英文之争的症结之一是罗马字母的功能属性

定位不清。罗马字母书写的路名究竟是什么性质？是不是翻译？如果是中文路名的翻译，那么使用英文更符合翻译的传统和常理，也需要与其他公共标牌上的英文翻译保持形式和风格的统一。如果不是翻译，那么标注拼音的目的则需要更明确化。从政府发布的官方文件上看，路名标牌上罗马字母的功能属性也未给出清晰的界定。例如，在《公共服务领域英文译写规范》（GB/T 30240.1—2013）这个国家标准中，相关的说明是：场所和机构的"专名一般使用汉语拼音拼写""通名一般使用英文翻译"。从此处的官方话语来看，汉语拼音和英语具有不同的功能属性：前者属于拼写，而后者属于翻译。这种定位本身没有问题，但何为拼写、为何拼写以及整个路名最终属于拼写还是翻译则不好判定。在专家学者以及网友的讨论中可以看到，很多人倾向于把路名牌上的汉语拼音看作路名的音译，而英语形式则是路名的意译。音译和意译的说法似乎比"拼写"更容易理解。可以说，路名牌上罗马字母功能定位的不明确性是造成路名书写之争的一个重要原因。地名管理部门应该把路名牌上标注罗马字母究竟是何目的界定清楚（比如标注拼音是给不懂汉字的人参考的辅助性音读路名，并非中文路名的翻译），这样或许可以化解很多人的困惑。

6.4.2 国家标准的内部一致性

我国政府地名管理相关的职能部门先后发布了多项与地名管理相关的标准和条规，有些是强制性标准，另外一些是推荐性标准。例如，《地名 标志》（GB 17733—2008）属于强制性标准，而《汉语拼音正词法基本规则》（GB/T 16159—2012）则是推荐性标准。出现在这个推荐性标准中的条款提到，地名的书写要遵循《中国地名汉语拼音字母拼写规则（汉语地名部分）》。这个规定是否具有强制性，便不太清晰。此外，有些国家标准关于地名罗马化的表述是，地名标志"应"执行某项规定，比如，《公共服务领域英文译写规范 第1部分：通则》（GB/T 30240.1—2013）第4.1.3条款写道："地名的罗马字母拼写应符合我国语言文字和地名管理法律法规的规定……地名标志应执行 GB 17733。"这种义务性条款语言出现在推荐性标准之中，或许被解读为非强制性规定，有协商和变通的余地。据此来说，上海、杭州等一些着眼于国际化的经济开放城市将路名标志书写的国家标准看作推荐性标准，在当地的地名使用规范中选择不采纳，而是根据自身实际情况制定自身的规范，似乎是能自圆其说的。此外，国家不同部门出台的标准和法规中也有互相矛盾的地方。例如，国家标准《道路交通标志和标线》（GB 5768—1999）中规定，"道路交通标志的文字应书写规范、正确、工整。根据需要，可并用汉字和其他文字。当标志上采用中英两种文字时，地名用汉语拼音，专用名词用英文"。这个专门以道路交通标志为对象而制定的国家标准，指出可以根据需要使用中英文，这就与其他法令条规中"地名标志上不得使用英文"的规定相抵触。可以说，国家标准之间存在的矛盾也对路名标牌上的标注实践造成一定的影响。

6.4.3 英语在公共领域的应用界限

第三个具有争议的方面是，英语在公共领域中的应用范围如何界定的问题。国家政府主张路名牌上标注汉语拼音路名，并作为强制性标准加以推行。另一方面，政府部门又允许甚至鼓励城市公共服务领域的标牌上使用英语，为不懂汉语的外国人提供便利。这两个方面的矛盾说明，官方领域对英语使用的范围和界限并不明确。此外，国家地名管理机构出台的地名书写标准中也有不自洽的地方。国家质量监督检验检疫总局和国家标准委联合发布的《公共服务领域英文译写规范》系列标准（GB/T 30240），对包括交通系统在内的公共服务领域的英文翻译和书写制定了国家标准。该规范的"通则"部分提到："地名的罗马字母拼写应符合我国语言文字和地名管理法律法规的规定。作为公共服务设施的台、站、港、场，以及名胜古迹、纪念地、游览地、企业事业单位等名称，根据对外交流和服务的需要，可以用英文对其含义予以解释。"在译写要求中，"通则"又指出，场所和机构名称应区分专名和通名部分，其中专名部分一般使用汉语拼音拼写，通名部分一般使用英文翻译。也就是说，火车站作为公共服务设施，可以英译为 Railway Station。但火车站作为一个地名，按照《地名 标志》的要求应使用拼音标注为 Huoche Zhan。两个标准对同一个交通实体的标识方式要求有别，更容易造成混乱。另外，城市的街道很显然属于一个典型的公共场所，因此街路名称按照该规范应把通名部分做英译处理。这又与其他关于路名罗马化书写的标准和规定相冲突。

6.4.4 地名概念的内涵与外延

官方文件对于"地名"这个概念的内涵与外延的界定也不够精细。在官方的政策文件中，地名指的是人们对各个地理实体所赋予的名称（GB 17733—2008）。它是个广义的概念，既包括自然地理实体，也包括人文地理实体；既有比较纯粹的地理方位名称（如上海、渤海、泰山等），也有功能场所名称（如大学、博物馆、火车站、广场、旅游区等）。但实际上，地理名称（geographical names，如城市名、山川河流名）与场所名称（place names，如街道、机场等）具有明显的不同，前者基本属于专名，在交际活动中作为一个命名符号主要用于区分和指代；而后者往往是专名与通名的结合，涉及不同类型的公共服务发生的场所。场所名称中的专名部分与地理名称类似，是一个区别性标记，而通名部分则是场所性质的界定。路名从构成和实际功能上看更接近于场所名称，而不是地理方位名称。网名为 Siyao Luan 的知乎网友就质疑街道是否应归为地名范畴："一条街道，是不是独立可以作为'地名'出现？一座立交桥、一个公共汽车停靠站，是不是'地名'？如果一条街道、一座立交桥、一个公共汽车站，只是作为交通设施出现的话，不应该仅仅因为一部分人会用它们来指代周围区域，就认为它们等同于地名。"

联合国地名标准化会议所提出的地名"单一罗马化"原则，实际上主要是针对地理名称而言的，用汉语拼音拼写中国的地理名称是得到该国际组织权威认可的（如使用 Beijing 而不是 Peking，使用 Changjiang River 而不是 Yangtse River）。联合国地名标准化会议的决议并未明确说明场所名称的拼写建议。地理名称从官方的角度来看具有强烈的政治意义，而对于民众来说通常只是一个用于指称的代码或符号，名称的字面意义及背后的文化和历史内涵对于文化圈外的人来说价值并不大。而场所则是人们活动发生的处所，与人类的体验活动息息相关（Tuan 1977），并非地理名称标记。因此通名（店、街、超市、广场、旅馆等）将场所进行了最基本的功能类属界定，这对于行动者的介入和参与具有重要的信息价值。坚持路名英文译写的一派便认为，Road 和 Street 等通名可以为外国人提供可理解的场所性质信息。我国地名管理部门在发布地名罗马化书写的规则时，把地理名称和场所名称都归入地名范畴，使用一刀切的方式处理两种性质不同的地名罗马化书写，未提供强有力的理据解释，也是造成当前路名罗马化拼写混乱局面的一个原因。

6.5 路名罗马化标注的语言社会学思考

Blommaert（1999）从历史文化视角看待语言问题，将一切与语言规划有关的争议概括为"语言意识形态之争"（language ideology debate）。下面将从语言社会学角度探讨路名语码选择所涉及的语言意志方面的争论。

路名的拼音化书写常常与"单一罗马化"（Single Romanization）原则有着重要的历史关联。联合国经社理事会属下的特设机构"联合国地名专家组"（United Nations Group of Experts on Geographical Names，缩写为 UNGEGN）定期组织联合国地名标准化会议（UNCSGN），会议的宗旨之一是推动各国、各地区在国际交往中都使用罗马（拉丁）字母拼写地名，做到每个地名只有一种罗马字母的拼写形式，即单一罗马化原则，以避免国际交往中地名拼写产生混乱。中国的地名在对外使用时的罗马字母拼写曾存在诸多不同形式，如北京的罗马式拼写包括 Peking、Pei-

Ching、Beijing 等，广州有 Canton、Kuang-chou、Guangzhou 等拼写形式，厦门有 Amoy、Hsia-mên、Xiamen 等英文拼写形式。1977 年 8 月，在雅典举行的联合国第三届地名标准化会议上，中国代表团提出以《汉语拼音方案》作为拼写中国地名的单一罗马化解决方案，以替代威妥玛式、邮政式等其他罗马化拼写方法。最终提议获得通过，《汉语拼音方案》成为联合国地名标准化会议推荐使用的地名罗马化书写的统一标准。此后，这个联合国会议的决议常常成为地名管理机构发布地名标志法令条规时对于汉语拼音使用的国际法理依据。

在我国政府看来，使用汉语拼音拼写地名带有浓重的政治色彩。国家标准《地名标牌 城乡》（GB 17733.1—1999）的前言中提到，"地名标志为法定的国家标志物，地名标志上的书写、拼写内容及形式具有严肃的政治性，涉及国家主权和尊严，涉及民族政策"。民政部等国家机关曾多次发布通知和文件，强调地名标志是国家法定的标志物，地名标志上的书写、拼写内容及形式具有严肃的政治性，地名标志一律采用汉语拼音拼写，采用英文等外文形式书写"有损民族尊严"。国家的法令条规为何要强调地名的拼音拼写是国家主权和尊严问题呢？这或许与汉语拼音创制和被认可的时代背景有关。汉语不是拼音文字，如何把汉字转写成在国际上更为通行的罗马文字长期以来一直是个难题。西方学者和传教士在历史上为此曾做过大量努力和尝试，其中威妥玛式注音、邮政式拼写等都是由西方人创制和推动的，在人名和地名的拼写中曾被广泛使用。新中国成立之后，政府组织创制自己的汉语注音拼写系统，以替代西方推行和旧政府默认的标准。《汉语拼音方案》体现了中国人民的智慧，而联合国机构接受中国政府的建议方案作为国际通行标准，在中国政府看来象征着国际社会对新中国政权及其管治内部国家事务的认可。因此，汉语拼音具有一定的政治意义。路名牌上标注汉语拼音路名从表面上看是为了便于国际交往，而从标牌设立者（即官方和政府）的立场来说，地名标志上设置汉语拼音并不完全是为了方便外国人，更主要的是为了维护其作为"法定的国家标志物"所具有的"严肃的政治性"以及"涉及国家主权和尊严"的特征。

有人指出，路牌上使用英语就是国际化是一个认识误区（如：王铁昆 2001），这样的说法不无道理。然而在旅游、交通、商业、文化娱乐、餐饮等众多的公共服务领域中，国家政府部门单单把路名牌这一司空见惯的公共标识剥离出来，对其罗马化书写形式做特殊处理，强调其严肃的政治性，对于不了解历史背景的人来说可能比较费解。在国家独立、政权更迭、构建民族身份认同等特殊的历史时期，语言文字由于所承载的历史和文化符号意义往往成为新政府改革或调整的首要目标（赵守辉，尚国文 2014）。而在当今人口和商品服务流动性频繁的全球化时代，工具理性和语言的商品化盛行，用世界上广泛通行的英语提供公共服务在国际大都市已成为常态。在这样的背景下，用民族自尊等体现价值理性的话语来推行语言规划的产品，可能会遇到较大的阻力。

6.6 本章小结

路名牌作为一种公共标牌，其语言选择和使用具有特殊的意义。三个城市对于路名牌上的语言选择存在分歧：上海和杭州使用路名英译的长三角标准（或者说沪标），在路名牌上标注中文和英译路名；宁波则采用路名拼音化的国家标准。上海和杭州的路名罗马化标注实践与国家的相关政策相抵牾，两地政府部门认为英语比拼音更符合城市国际化发展的需要。从民众的态度来看，拼音和英文两种路名罗马化方式都有大量的支持者。本研究认为，路名标牌的语码选择之争与四个方面的界定不清有关，包括路名牌上罗马字母的功能属性、国家标准的内部一致性、英语的应用界限、地名概念的内涵与外延等。路名标牌上语码选择的问题说明，在工具理性至上的现代社会，用民族自尊等体现价值理性的话语来推行语言规划的产品，会遇到很大的阻力。

第七章 邻里商业街区的语言景观

前面两章对公共标牌和路名牌等官方领域语言景观中的语言选择和使用进行了较详尽的考察和分析。本章将转向私人或商业领域语言景观，通过对上海、杭州和宁波三地邻里商业街区店名标牌的考察，来揭示私人业者对于各种语码的选择偏好和使用动机。我们首先介绍国家和地方政府部门对商业标牌的宏观规划和管理政策，然后讨论三个城市普通商业街店名标牌上的语言实践，之后分析民众及商铺经营者对商业标牌上多语选择的见解和态度，最后是本章小结。

7.1 商业标牌上的语言管理

商业店铺所设立的标牌属于典型的私人标牌，标牌语言通常用作广告营销的目的。我国的国家和地方政府都出台过官方文件来规范广告宣传。下面按照时间顺序对此加以简述。

1987年4月，国家语言文字工作委员会、对外经济贸易部、商业部和国家工商行政管理局发布《关于企业、商店的牌匾、商品包装、广告等正确使用汉字和汉语拼音的若干规定》，主要针对标牌上繁简字体等的使用做出说明。该规定指出，企业、商店的牌匾、商品包装、广告等的用字必须合乎国家制定的规范,"不得使用已被简化了的繁体字和不符合《简化字总表》规定的各种简体字"。使用具有装饰作用的各种艺术字(如篆书、隶书、草书等)是允许的,但需要"书写正确、美观,易于辨认"。同年10月,国务院颁布的《广告管理条例》,对广告的内容、设置、报批等事项做出了管理规定,但未涉及广告中的语言文字使用。

1996年11月,国家工商行政管理局发布《关于规范企业名称和商标、广告用字的通知》,希望通过正面引导和管理来规范企业名称和商标以及广告用字。该通知强调:"企业名称牌匾不得单独标注外文。企业在广告宣传、产品标识、产品包装上不得只使用外文名称,确因业务需要使用外文名称的,应当与中文名称同时使用,且不得突出外文名称。"

1998年3月,国家工商行政管理局局务会议审议通过的《广告语言文字管理暂行规定》(中华人民共和国国家工商行政管理局令第84号)。该规定在同年12月进行了修订,从而更全面具体地规范广告上的语言文字使用。这是国家有关部门出台的一份对商业标牌上的语言文字使用具有实际指导和规范作用的官方文件。该规定第五条指出,"广告用语用字应当使用普通话和规范汉字"。第八条规定,"广告中不得单独使用外国语言文字。广告中如因特殊需要配合使用外国语言文字时,应当采用以普通话和规范汉字为主、外国语言文字为辅的形式,不得在同一广告语句中夹杂使用外国语言文字"。这说明商业标牌上单独使用英文以及在中文店名中夹杂英文作为广告宣传是不被允许的。不过第九条提到,"商品、服务通用名称,已注册的商标,经国家有关部门认可的国际通用标志"等不适用于第八条。另外，该文件还针对不同的语言情形，对广告语中的字形、其他符码、非普通话和规范汉字、成语使用、创意字等进行了规定和说明。例如，广告中使用错别字，违反国家法律法规规定使用繁体字，使用国家废止的异体字、简化字及印刷字形都是禁止的。如果出于创意等需要，手书体字、美术字、变体字、古文字等字体或字形可以在广告中使用，但以不引起误导为原则。

2000年10月，第九届全国人大常委会第十八次会议通过的《中华人民共和国国家通用语言文字法》规定："公共服务行业以规范汉字为基本的服务用字。因公共服务需要，招牌、广告、告示、标志牌等使用外国文字并同时使用中文的，应当使用规范汉字。"（第13条）

2015年4月，《中华人民共和国广告法》由全国人大常委会第十四次会议修改通过，从2015年9月1日起施行，其目的是"规范广告活动，保护消费者的合法权益，促进广告业的健康发展，维护社会经济秩序"。该法律文件对于总体的广告宣传以及医疗类、保健食品类、烟草类、酒类、教育培训类、房地产类等具体行业的广告宣传及用语做出了规定。不过，该文件对于标牌上的语言选择和使用未加说明。

而在地方层面，虽然上海、杭州和宁波市政府未针对广告用语制定地方标准，但对于公共场所标牌上的外语使用却有规范要求。上海市政府2003年6月发布《关于加强本市公共场所英文译名使用管理的若干意见》（沪府发〔2003〕42号），对当地公共空间中的英语使用进行规范和职责分工，目的是"适应上海国际大都市的发展需要，展现文明城市的良好形象"。该意见指出，公共场所中商业广告、企业名称以及宾馆、饭店、商场等场所的标志和服务设施需要使用英文的，"按照推荐的英文译名使用规范实施，且英文的使用不得有损国家主权、社会公共利益，不得违背道德风俗，不得有民族、宗教歧视等"。英文译名使用规范的内容主要涉及包括英文词语的选用、拼写、字母大小写、字母体式等。另外，上海市政府2014年9月发布《上海市公共场所外国文字使用规定》（沪府令22号），其中第七条规定："公共场所的招牌、告示牌、标志牌等禁止单独使用外国文字。"该规定也指出，公共场所的标牌、设施上有广告内容且同时使用规范汉字和外国文字的，应当以规范汉字为主、外国文字为辅，不得在同一广告语句中夹杂使用外国文字。这些规定与国家工商行政管理局颁布的《广告语言文字管理暂行规定》中的相关条款是一致的。

总之，国家和地方政府对广告语言文字既做出了选择和使用的限制，又给予商业标牌广告语设计和制作很大的自由和创意空间。

7.2 邻里商业标牌上的语言实践

本节对上海、杭州和宁波三个城市邻里商业街区的店铺标牌进行考察，探讨商业标牌上的语码选择倾向及其功能和意义。这里的邻里商业街区指的是道路由车辆及行人共用、街道两侧的店铺往往与居民生活区融合在一起的普通商业街区；它们既不是市中心繁华地带的专用商业街，也不是与特殊地标或特殊用途场所（如旅游区）有紧密联系的商业场所。这些自主经营店铺是居民日常商业活动的主要场所，也是各个城市最具代表性的邻里商业区。图 7-1 是杭州余杭塘路街道一侧的部分商业店铺实例，这些店铺分布比较密集，经营的商品和服务以中低端普通消费者为主要顾客群。这样的邻里商业街和店名标牌是本研究考察的重点。

图 7-1　杭州余杭塘路街道商业标牌

　　商业标牌上语言的多样性是语言景观研究的热点。为了了解不同类型的商业标牌在各个城市空间中的分布情况，我们对三个城市各一条邻里商业街道上的店铺进行考察。之所以选择普通的邻里商业街，是因为繁华区商业街上国际品牌和高档店铺众多，标牌上普遍使用品牌商标或统一制式的语言形式，而普通商业街的店铺标牌上的语言使用更具多元性，更能体现店铺经营者个性化的语言意志。本研究主要以上海静安区的万航渡路、杭州西湖区的文二路和宁波海曙区的西河街—体育场路作为语料搜集地点。其中万航渡路是上海静安区和长宁区之间的一条街道，旧时曾是租界所在地，老城居民比较多，临近静安寺和曹家渡两段的店铺较密集。根据静安区曹家渡地区城市设计方案，万航渡路中段将成为曹家渡商圈的一个新中心。文二路位于杭州西湖区北侧，与文一路和文三路平行，是杭州市主要交通干道之一，杭州最早的高教园区聚集于此。宁波的西河街与体育场路相连，与海曙区内最繁华的天一商圈有二十分钟左右的步行距离。这里道路两侧店铺林立，是"真正的老宁波根据地""宁波最有味道的一片街区"[1]。这三条街道的选择具有一定的随机性，但街道上商业店铺分布较密集，又与城市的主要景点和主要地标关系不大，符合城市普通邻里街道的典型特征，因此可以作为普通邻里商业街的代表来进行考察。

7.2.1 商业标牌上的语码选择

从 2015 年 9 月至 2017 年 1 月，我们的研究人员对这三条街道各约两千米长度范围内的店名标牌进行了语料采集。为了保证语料来源的平衡性，我们采用"一店一牌"的原则，即每一家店铺无论大小，都被视作一个分析单位，并且只对店铺的一个语言标牌（通常是店名标牌）进行统计分析。我们使用 Excel 表格对标牌上的店名、业务类型、语码数量、字号突显、排列形式、繁简字体以及标牌地点等信息进行了转写，为接下来的分析奠定基础。最终共计收集商业标牌 1209 个，其中文二路 474 个，万航渡路 390 个，西河街—体育场路 345 个。

在所有的商业标牌中，使用了中文的店名标牌共计 1150 个，占所有标牌总数的 95.1%；使用了英语的店名标牌共计 517 个，

---

[1] 参见《西河街，这条不长的街道，沉淀着老海曙人的青葱岁月》，搜狐网，2018 年 4 月 19 日，https://nb.focus.cn/zixun/1952b03126319ab6.html。

占总数的 42.8%；而使用了其他外语的标牌共有 18 个，占总数的 1.5%。从数量上看，中文在三个城市的邻里商业店铺标牌上发挥主导作用，而英语对于商业店铺上来说也占有举足轻重的地位。各种语码类型的商业标牌在不同街道上的分布情况如表 7-1 所示。从表中可以看出，只使用一种语码形式的单语标牌在邻里店铺中处于优势地位，占比超过总数量的 60%。这些标牌绝大多数是只使用中文的店铺标牌，共计 679 个，占单语标牌总量的 92.3%。其中宁波街道上的单语标牌占比超过 7 成。这可能与西河街位于宁波传统上的老城区有关，由于店铺以服务老城区邻里的居民为主，只使用汉语便可发挥信息功能。其余单语标牌（N=57，7.7%）只使用英语或其他外语形式。双语店名标牌在邻里商业街上也很常见，中文加上英语或其他外语是最普遍的组合形式。在三个街道上，双语标牌所占的比例将近五分之二。其中杭州文二路上的双语标牌最为多见，可能与这条路上的时装店较多有关。多语标牌在邻里商业街上的数量极少，且都是出现了三种语码形式的标牌。

表 7-1　不同类型语言标牌的分布情况

地点	单语	双语	多语	总计
万航渡路	243 (62.3%)	143 (36.7%)	4 (1%)	390 (32.3%)
文二路	248 (52.3%)	225 (47.5%)	1 (0.2%)	474 (39.2%)
西河街—体育场路	245 (71.0%)	100 (29.0%)	0 (0%)	345 (28.5%)
总计	736 (60.9%)	468 (38.7%)	5 (0.4%)	1209 (100%)

另外，我们对店名标牌上外语出现的频率进行统计后发现，万航渡路上使用了外语的标牌占 41.8%（N=163），文二路上使用了外语的标牌占 53%（N=251），西河街—体育场路上则有 33%

（N=114）的标牌使用了外语。可见，外语在邻里商业区私人语言景观中的能见性都很高。虽然在人们印象中，上海在三个城市中是国际化程度最高的，但在普通邻里商业街道的店铺标牌上，外语的使用频率并不一定比其他城市来得高。下面对这几类标牌上的语言使用情况进行更具体的说明。

7.2.1.1 单语店名标牌

汉语（包括普通话和方言）是城市居民的通用交际语言，因此商业店铺使用中文单语标牌与潜在的顾客构建交际是最常见的语码选择行为。尤其是邻里社区经营日常生活用品、食品、餐饮以及维修服务等行业的店铺，由于服务对象主要是当地消费者，店名标牌上只使用中文便能达到与顾客交流的目的。如图7-2是万航渡路、文二路及西河街等店铺上呈现的中文单语标牌的实例。在有些地段，并排的店铺上几乎清一色地使用中文店名，显

图7-2 商业店铺上的中文单语标牌

示出店铺以当地邻里居民为主要服务对象的标牌设置原则。

  由于三个城市推行国际化的发展战略，加上外国游客日益增多，在很多商业标牌上会使用英语，以满足外国游客的符号需求。按照国家发布的《广告语言文字管理暂行规定》，广告牌上单独使用英语是不被允许的。然而在邻里商业街区，店名标牌上只使用英语一种语码的情况也不少见。英文单语标牌多出现在服装店的店名招牌上，如图 7-3 的 Metersbonwe、Itisfy、New Balance 等。这些店名表征的是商店所售服装的品牌，品牌或来源于西方国家，或是中国时装公司设计、以英文书写的名称。有些国际时装品牌具有很高的知名度，其英文名称及其设计形式已是人们熟知的商标，使用英文名称可以给人一种品牌直营的感觉。在闹市商业街或大型购物商城中，这种直接以商品英文品牌为店名的标牌更为普遍。虽然时装品牌大多都有中文译名，但店名标牌上突显英文

图 7-3 商业店铺上的英文单语标牌

品牌名称，旨在体现产品的国际范儿以及高端、正宗、工艺先进等象征意义，从而吸引追求品牌的消费者。除了时装店以外，很多通信及科技产品商店也会使用产品的英文品牌名称作为店名，如 Huawei、Oppo、Vivo、Epson、Cannon 等店名标牌便是如此。此外，有些时尚酒吧、饮品店也以全英文的形式书写店名（如 Bar Constellation、Zoo Coffee、Caffe Bene 等），体现出一种时尚、小资的情调。

除了上述中文或英文单语标牌以外，我们也见到极少数只使用一种其他外语的店名标牌，如日语、韩语、意大利语、马来语等。店名标牌上做这样的语码选择，或许是店主希望通过这些外语来体现时尚、现代、生活品位等象征意义，从而吸引潜在的消费者。

7.2.1.2 双语店名标牌

在三个城市的商业街道上，双语店名也非常常见，其中使用中英文两种语码的标牌最多。在双语标牌上，字号明显较大和突显的语码一般是商家更为看重的语言文字或者说优先语码。我们对三条街道上的语码突显情况进行统计，结果如表 7-2 所示。从表中可见，双语标牌上使用中文作为优先语码的共有 311 个，占总数的 66.5%，其数量约是英文突显型标牌（N=78）的四倍。这体现了中文相对于英文的优势地位，也显示将中文作为主要店名进行营销宣传的做法具有普遍性。值得注意的是，对于来自外国的品牌或者面向国际市场的连锁品牌，商铺标牌上使用英文作为主体店名、中文作为辅助店名的情况比较常见；而商品或服务主要面向邻里顾客时，双语标牌上多使用中文作为主体店名，英文

图 7-4 中英双语标牌

起辅助或装饰作用(见图 7-4)。另外,近 16% 的双语标牌上,中外文的字号大小相同或者无明显差别,说明店主对于两种语码给予同等程度的认可。其他语码获得突显的双语标牌在邻里商业街上非常少,只占 1% 左右。

表 7-2 标牌上的语码突显

突显类型	数量	比例 /%
中文突显	311	66.5
英文突显	78	16.7
其他语码突显	5	1.1
同等突显	74	15.8
总计	468	100

在位置排列方面,Scollon & Scollon(2003)指出,文字较突显的语码在上下排列时倾向于放置在标牌上方,左右排列时倾向

于放置在左侧，中心-外围式排列时倾向于出现在中心位置。而非突显的文字则相应地出现在突显店名的下方、右侧或边缘位置（见图7-4）。我们对双语标牌上突显语码的位置排列情况进行统计后发现，邻里街道商业标牌最热衷上下排列的布局；无论中文、英文还是其他突显语码，它们最经常出现在上方位置，非突显语码则放置在下方（见表7-3）。

表7-3 语码位置排列

类型	位置				总计
	居上	居左	居中	其他位置	
中文突显	180	21	60	51	312
英文突显	38	24	9	7	78
其他语码突显	5	0	0	0	5
总计	223	45	69	58	395

在双语标牌上，中英文所表达的信息在很多情况下是对等的，英文是中文信息的翻译，Reh（2004）称之为复制式标牌。如图7-4中的标牌都是复制式标牌。实际上，在邻里商业街道的店名标牌上更多的是中英文信息不完全对等的双语标牌。Reh（2004）将这些只有部分信息对等的多语形式归为重叠式多语（overlapping）和片断性多语（fragmentary），前者的对等信息较多，而后者只有个别字词用另一种语言零星地呈现出来。这里统称为部分对等式标牌。这类标牌上往往以中文呈现完整店名，只有一部分店名信息复现在英文中（通常是专名部分）。另外，店铺的招牌上除了店名或商标之外，往往还有一些其他信息，如经营的商品、服务范围、店铺地址、品牌创建时间、宣传或广告语等。这些信息在部分对等式标牌上往往不会对译出来。例如，在图7-5中，"至臻美容

美发"是完整的中文店名，其中"至臻"是专名，"美容美发"是业名。而英文店名 To perfection 只翻译了专名部分，其他信息在英文店名中缺失。在"意卡菲"的招牌中，标牌上的英文表达只有 E. Kaffi，咖啡、西餐、南大店等信息都未翻译成英文。当然，也有一些店名标牌是以英文信息为主，中文部分只复现了部分英文信息，如图 7-5 中的 Ichido 标牌便是如此。除此之外，还有一些标牌上给出的中英文信息虽然都完整，却只是部分重合。如杭州文二路上一家形体美容中心，中文店名是"茜尔维娅国际修身连锁"，而英文店名是 Silvia Body Shaping Center，双语名称中的"国际连锁"与"Center"就不是对等的信息。

图 7-5 部分对等式店名标牌

另外要指出的是，许多店名标牌上使用中文加汉语拼音的双语码形式，对店名中的专名部分提供音译。如新亚美发、恒新服饰、卡博尼洗衣的标牌上，分别标注了"Xinya""Hengxin"和"Kaboni"，可以看作中文店名中专名部分的音译，而业名部分未翻译。这显示店主关注专名的辨识作用，使用音译加以突显和强调，同时将单语标牌转化成双语码标牌，使店铺更符合国际化的潮流。不过，也有一些店铺的全名都使用了音译处理。如图7-6中，"韩流衣站""大红鹰专卖店""铭门一格""缘定晶圣"等中文店名下方给出的是拼音形式，而非英文翻译。这些汉语拼音或许可以帮助不识汉字的读者阅读店名，但对于外国人理解中文店名的含义没有多少实质价值。

图7-6 中文与拼音构成的双语标牌

除了复制式和部分对等式双语标牌之外，商业街道上还有一种中英文皆为构成元素的店名。在这些标牌上，中英文信息互为补充，读者需要知道中英双语才能完整地表述店名或理解店铺的性质及经营范围，Reh（2004）称之为补充式多语（complementary multilingualism）。比较常见的补充式双语标牌是店名的专名和通名分别使用不同的语言来表达，专名或通名都有可能使用英文形式。如在图 7-7 中，"宏图三胞 PC Mall"与"河汉 Specialty Coffee"这两个店名的专名部门使用中文，而通名部门使用英文。对于不懂英文的读者来说，只看店名标牌就无法知道店铺的性质。而在"ZM 美甲"与"X·G 美发沙龙"这两个店名中，专名部分使用罗马字母，业名部分使用中文。

图 7-7　补充式双语标牌

除了上述的中英双语标牌以外，商业街还有一些其他形式的双语标牌。在这些标牌上，虽然中英两种语码都呈现出来，但英文基本是以字母词、网站或徽标的形式出现在标牌上。如图 7-8 中，"豪世华邦"与"我爱我家"两个标牌都给出了两家公司的网站，以此作为店铺的英文店名。

图 7-8　以网址作为英文店名

在都市空间中，中英文是双语标牌上最常见的语码组合。除此之外，其他外语也偶尔会出现在商业标牌上，与中文一起构成双语标牌，用来发挥信息功能和象征功能。在我们的调查中，标牌上使用的其他外语包括韩语、日语、法语、德语、意大利语、泰语、马来语、越南语等（见图 7-9）。由于绝大多数普通民众不具备相关的外语知识，所以这些外语店名的实际交际价值有限。然而，这些外语所表征的身份、品位等符号意义却能帮助潜在顾客做出消费判断。例如，顾客看到饭馆标牌上的日语或韩语，便可推知店里经营的是日式美食或韩国风味的菜肴，可能被吸引进店消费。而时装店或化妆品商店使用法语作为外文店名，是考虑

第七章　邻里商业街区的语言景观　　*221*

图 7-9　双语标牌上的其他外语

到法语所激发的高端、潮流、时尚、奢华等象征意义（Ong, et al. 2013），对于追求奢侈品牌的消费者来说具有一定的吸引力。

7.2.1.3　多语店名标牌

邻里商业街区的店名标牌上有时还使用三种及以上的语言作为店名，但数量非常少，在考察的三条街道上只占 0.4%。在图 7-10 中，"UUS 精致小屋"使用汉语、英语和韩语来书写店名；"新疆伊宁远征餐厅"使用汉语、维吾尔语和英语三种语码书写店名；"良佳养生"的店名标牌使用中英日三种文字，而"牛吃草"店名标牌上则使用了中日韩英四种文字。可以看出，中英两种语言在多语标牌上是必有语码。店名标牌上使用多种语言的做法并不普遍，大概是因为店名标牌上的空间有限，语言文字太多会挤占主体店名的空间，用一种或两种语言书写店名在店铺经营者看来是最优选择。另外，标牌制作者中很

图 7-10　多语店名标牌

少有人懂汉语和英语之外的其他语言或许也是一个因素。

在我们的语料中，商店标牌上使用少数民族语言的情况非常少见。维吾尔语是其中一种，常出现在饭店等店名标牌上，用以表征新疆特色或清真身份。另外，藏语偶见于售卖藏药的商店，以表达正宗、可靠等象征意义。

7.2.2　商业标牌上英语的创意使用

在城市空间中，商业店铺的店名标牌上使用的英语体现出很多创造性。首先，英语店名作为中文店名的翻译版本，不一定是中规中矩的语义复制和对等文本，标牌制作者在语言转换中常使用巧妙的文字游戏，让英语表达生动、活泼、有趣。例如，杭州一家酒水连锁门店的店名是"久加久"，以"久"谐音"酒"，整个店名的含义似乎是酒类品种众多，同时也寓意长长久久。而英文店名给出的是 Join & Joy，使用了头韵来对应中文店名的两个"久"字；同时 Join 和 Joy 与中文的 Jiu 在语音上也有很大的相似之处；此外，英文表达还含有"呼朋唤友前来，一起享受酒水带来的欢乐"这样的话语意义。这样的英文店名既可以是个招牌，也可以看作广告，可以说是个绝妙的创意店名。另外，宁波一家美发中心的中文店名是"头等大事"，其英文店名译成 Topri，将 Top 和 Priority 进行合并与缩减，表达头顶是优先考量的事，从而与中文店名巧妙地对应起来。其次，在英语标牌上，店名也可以通过特殊的构词方式，让店名显得机智、幽默、富有亲和力。例如，宁波鼓楼一家经营儿童服装的商店，其店名是"Hi, kids"，不同于一般店名使用"专名加通名"的偏正式名词短语来命名，店主采用一种寒暄语的方式与顾客群体（儿童）构建交际。这种店名创意不禁会让读者会心一笑，同时也让人一下子便能记住店名，并知晓店铺的目标顾客群体。第三，英文店名中可以加进某种艺术设计元素，从而与商店的经营活动相联系，起到广告效果。例如在图 7-11 中，"启路"是一家经营礼品生意的商店，英文店名 KEYROAD 中的字母 O 设计成礼品的图案，从而向读者传达商店性质的信息。而在"贝壳美甲"店的标牌上，英文 Nails 中的字母 i 设计成指甲油的形状，既增加了店名的美感，又与店铺生意紧密

图 7-11 英文创意店名

相关，起到创意广告的作用。

此外，还有一些店名使用超语形式（García & Li 2014; Li 2011）构成双语标牌，即专名、业名或通名内部使用中英两种语码来构建店名。如图 7-12 中，"佐登妮丝美容 SPA 生活馆""Q 房网""A 家 DIY 烘焙中心"以及"Mr. 肉"等都是中英文共同构成完整的店名。需要指出的是，这种中英文混杂使用的做法在国家及地方的广告牌相关规定中是被禁止的。然而，由于这种形式具有新奇性和创造性，一些商家仍然选择在店名标牌上使用。

我们还发现，KTV、VIP、SPA 等字母词偶尔也出现在店铺标牌上，有时放置在边缘位置，有时则成为店名的一部分（如图 7-12 中的 SPA）。城市空间中有许多类似的字母词，如 24h、3F、4G、P（停车场）、A 座、Tel 等，由于书写简单方便、节约空间等原因受到标牌创设者的青睐，成为都市语言景观的一部分。

总之，在城市的商业店铺上，英语店名标牌的创意性使用和表达具有双向指代的功能（Curtin 2009）：一方面可以体现休闲、随性、时尚的都市生活状态，另一方面也能表征城市居民（包括店铺经营者及消费者）对于开放、自由的都市人身份的认同。由于这些地区经济活跃，人们生活富足、思想开放，语言景观中的

图 7-12　中英语码混合的店名

外语被赋予的信息功能和象征功能更加丰富和多元。从这个意义上说，城市商业标牌上英语的创意性使用能反映一定的社会语言现实。

7.2.3　商业标牌上繁体字的使用

在三个城市的商业街上，简化字无疑是店名标牌使用的主要字体。虽然简化字是国家规定的规范汉字，但也有少数店名标牌使用了繁体字。在本研究考察的三条街道上，使用繁体字的店名共有109个，占店名总数的9%。尤其是在那些老字号的店铺中（如"老凤祥银楼""百乐门大都会"等），用繁体字书写的店名已是企业文化的一部分。繁体字由于本身所蕴含的传统、经典、历史悠久等符号意义，对于商家来说具有商业价值，因此在普通商业店铺的店名标牌上常有使用（见图7-13）。另外，繁体字是中国香港、台湾以及很多海外地区使用的汉语字形，因此来自港台地区的商店品牌也会追随其来源地的语言文字惯例，在店名上使用繁体字。如图7-13中的"避风塘"是香港的一个餐饮连锁品牌，店铺招牌上沿用品牌自身的手书繁体字。可以看出，虽然国家部门1987年出台的《关于企业、商店的牌匾、商品包装、广告等正确使用汉字和汉语拼音的若干规定》中专门指出，"企业、商店的牌匾、商品包装、广告等具有广泛的社会性，用字必须合乎规范"，在繁简字问题上"以一九八六年十月十日重新发表的《简化字总表》为标准，不得使用已被简化了的繁体字和不符合《简化字总表》规定的各种简体字"，然而地方主管部门对于商业标牌上的繁体字使用采取开放和包容的态度，并未强加管制。在各个城市保留或构建的历史街区，繁体字更是店铺上的常规字体，使用简化字反而无法凸显传统历史文化特色。

总之，在沿海开放城市的普通商业街道上，商业店铺常常依据

图7-13 商业店铺招牌上的繁体字

经营商品的性质或服务范围来选择单语标牌、双语标牌或多语标牌，构成城市空间自下而上的语言景观。那些以日常生活用品或商品服务为经营内容的商铺倾向于使用中文单语标牌，而那些以服装、美容、休闲娱乐等为主的店铺则常设置中文加外语的双语或多语标牌。为了体现高端、品质等象征意义，店铺有时也会使用英语单语店名进行广告营销。在各个城市大力推动国际化的进程中，很多商业店铺也借助英语的潮流、时尚、现代化、高端等象征意义（Piller 2001），在标牌上设置这一全球性语言符号，以创造更多的经济效益。日语、韩语等其他外语文字以及维吾尔语、藏语等少数民族文字偶尔也会出现在商业标牌上，用来构建身份、区域特色等象征意义。另外，虽然简化字按照国家规定是中文的规范字体和通用字体，但商业标牌上使用繁体字也时有所见。在简化字为主的语言景观中，繁体字除了可以象征传统、历史悠久、经久不衰等意义以外，还可以起到与众不同、突显自我的广告效果。

7.3 城市民众对于商业标牌上语码选择的态度

这一部分讨论城市民众对于城市空间中商业语言景观的感知和态度。我们首先根据问卷调查的结果分析城市普通公众对于商业标牌上语言使用的态度，然后通过访谈的形式来了解商业店铺经营者标牌语言选择的原因和动机。

7.3.1 民众对于城市商业标牌上语言使用的感知和态度

对于商业标牌上日益常见的英语使用和多语现象，城市民众如何看待呢？我们在上海、杭州、宁波等城市发放调查问卷，询问人们对于城市商业标牌上语言选择和使用的态度。在研究过程中，共计回收有效答卷1302份，其中学生和工作人士分别有648人和654人。与前两章的相关讨论一样，本章仍将参与者分成学生群体和工作人士群体两组加以讨论。

（一）对于商业标牌上多语现象的感知

首先来看受访民众对于私人语言景观中外语呈现的感知和意识问题。在都市生活中，商铺标牌或广告牌上的外语已是司空见惯的语言形式。在受访的人群中，83.8%（N=543）的学生和83.6%（N=547）的工作人士表示，会偶尔留意或经常留意商业标牌上的外语。只有16.2%（N=105）的学生和16.4%（N=107）的工作人士表示很少留意。除了外语以外，绝大多数受访学生和工作人士也留意到店铺标牌上使用的繁体字，其中79.6%（N=516）的学生和77.7%的工作人士（N=508）偶尔留意或经常关注，其余参与者（学生20.4%，N=132；工作人士22.3%，N=146）则很少留意。这些结果说明，多数受访者注意到城市商业标牌上呈现的多语现象，他们会有意识地去关注都市商业环境中的语言使用问题。

对于店铺招牌上出现的英文，约40.9%的学生（N=265）表示常常会阅读英文来获取更多信息，超过31.3%的学生（N=203）表示他们常常会思考英语表达是否准确。而在工作人士群体中，关注标牌上英语表达准确性的占多数（42%，N=275），阅读英文以获取信息的则有33.8%（N=221）。另外，27.8%的学生（N=180）以及24.2%（N=158）的工作人士表示，他们通常只关注中文信息，忽略英文内容和形式。可以看出，对于生活在沿海开放地区的城市民众来说，城市标牌上的英文能发挥一定的交际功能，而英文表达的准确性也是人们关注的一个重要方面。不过，有相当一部分受访者更习惯于只阅读中文，标识牌上的其他语言文字对于他们来说实用价值并不大。

标牌上的英语引起人们的注意，其原因是多方面的。对此问题，Mann-Whitney U 检验结果显示，两组的反应有显著差距（p=0.002，α=0.05）。其中 72.1%（N=467）的受访学生认为，标牌上英语表达的新颖和创意性或者获取信息的需要，是他们留意英语标牌的两个最主要的原因。对于工作人士而言，信息需要以及标牌上的英语错误则是最有可能吸引他们注意的两个因素（64.3%，N=420）。选择其他原因（比如英语的无处不在）的参与者则相对较少（学生 15.7%，N=102；工作人士 15.1%，N=99）。这些结果说明，标牌英语常常能为学生提供学习英语表达的机会，而懂英语的城市居民也常把标牌英语看作获取信息的一个渠道。另一方面，英语在城市标牌上大量使用让一部分民众成为被动的语言消费者，而英语标牌上的翻译不当或错误会成为很多人（尤其是工作人士）的谈资和笑料。无论动机是积极的还是比较消极的，一个明显的趋势是城市空间中的英语使用正在成为人们语言生活的一个组成部分。

（二）商业标牌上多语使用的目的

对于街道上商铺的店名标牌标注英语的主要目的，Mann-Whitney U 检验结果显示，两组参与者的意见具有显著差异（p=0.0003，α=0.05）。大多数受访学生（75.5%，N=489）认为，店铺使用英语主要是为了体现商品或服务与国际接轨,或者用来传达时尚、高端、可靠等象征意义;18.2%(N=118)的学生则认为使用英语是为了吸引不同语言背景的顾客。在工作人士中,"使用英语是为了吸引不同语言背景的顾客"这一观点的支持率最高(42.2%,N=276),其次才是体现商品或服务国际化(34.9%,N=228)以及时尚高端等象征意义(19.9%,N=130)。其余的参与者(4.7%,N=61)则认为店铺上的英文并无实质性用途,常常只是装点门面而已。

既然我国大陆地区的规范汉字是简化字,那么商铺店名标牌上使用繁体字的目的是什么呢?对此问题,受访者的意见分歧也较大。其中42.1%的受访学生(N=273)和48.5%的工作人士(N=317)认为,繁体字代表着传统文化,使用繁体字可以反映店铺崇尚传统文化的内涵。约24.2%的学生(N=157)和24.5%的工作人士(N=160)认为,在简化字为主的语言景观中使用繁体字,是一种标新立异的方式,能起到一定的广告效果。还有15.3%的参与学生(N=99)和20.3%的工作人士(N=133)认为,繁体字在书法中字体比较美观,因此能增加广告牌文字布局的美观性。此外,还有18.4%的受访学生(N=119)和6.7%的工作人士(N=44)认为使用繁体字是出于其他原因,比如店主来自港澳台等使用繁体字的地区。

(三)标牌多语现象的必要性

在当今时代,城市商业街区的英语使用非常多,那么商业语言景观中大量使用英语是否合理呢?对于这一问题,绝大多数受访者(学生89.3%,N=579;工作人士87.8%,N=574)认为这是合理的，可以满足消费者追求品牌的需求。另外，繁华商业区英语店牌盛行在世界各地都是普遍现象，因此我国大城市商业街上设置英语标牌也是无可厚非的。其余的受访者（学生10.7%，N=69；工作人士12.2%，N=80）认为商业标牌还是应该以中文为主，让所有消费者都能读懂，过多使用英文，有崇洋媚外之嫌，不值得提倡。

店铺标牌上除了使用英语以外，还会使用日语、韩语、法语等其他外语，对于这些外语的使用，约有80%（N=517）的受访学生和68.5%的工作人士（N=448）表示，设置这些外语是有必要的。其中22.5%（N=146）的学生和20%的工作人士（N=131）表示会阅读这些文字来获取信息；20.7%的学生（N=134）和约23.5%的工作人士（N=154）表示会通过文字符号推断商家的信息；36.6%（N=237）和24.9%的工作人士（N=163）则表示虽然看不懂，但这些信息对于商家和顾客来说是有必要的。这说明这些外语文字虽然对多数人来说难以读懂，但在商业环境中依然能够传达异域文化特色、身份特征、潮流等象征意义，从而影响消费行为。其余受访者（学生20.2%，N=131；工作人士31.5%，N=206）表示，他们会忽略这些外语文字，阅读中文信息便可满足自己的需要。

城市空间中的有些标牌上还常常会夹杂一些字母词（如KTV、SPA、P、3F等）。对于字母词的使用，92.1%的受访学生（N=597）以及88.1%的工作人士（N=576）表示认同，认为这些字母词表达简洁便利，而且已经成为我国城市语言生活中的一部分，因此应该包容和接受。而7.9%的学生（N=51）及11.9%的工作人士（N=78）表示不认同，认为使用字母词破坏汉语的纯洁性，另外英语程度低的人不一定看得懂，因此应该避免，最好换成中文表达。

汉语拼音在城市环境中的应用不仅限于路名标识上，一些商店的店名标牌除了中文外，也标注汉语拼音（如"一品堂小吃店 Yi Pin Tang Xiao Chi Dian"）。对于这样的语言使用，约47%的受访学生（N=304）和36.7%的工作人士（N=240）认为可以接受，为不熟悉汉字的外国人提供方便。9.7%（N=63）的受访学生和14.7%的工作人士（N=96）觉得表达很有中国特色，类似标牌应该更多些。与此相对，31.5%的受访学生（N=204）和35.9%的工作人士（N=235）表示无法接受，认为店铺标牌上提供英文翻译才会更有意义。此外还有近12%（N=77）的受访学生和12.7%的工作人士（N=83）表示无所谓，认为英语或拼音形式皆可，都无伤大雅。可以看出，对于商业标牌上使用拼音的做法，城市民众的意见呈现两极分化的态势，支持和反对者都很多。

（四）多语标牌的设置方式

城市里很多商铺采用中英双语店名作为招牌，那么中英文如何表达和置放才合理呢？对此问题，约49.4%的受访学生（N=320）和38.5%的工作人士（N=252）认为，中文清晰醒目、英文容易理解应成为首要考量。约27.3%的受访学生（N=177）和29.5%的工作人士（N=193）则强调翻译的忠实性，认为中英文所表达的意思尽量保持一致才能提供充足的信息。还有近18%（N=116）的受访学生和22.6%的工作人士（N=148）认为，中文信息尽量完整、英文信息简明扼要才是适当的处理方式。其余的参与者（学生5.4%，N=35；工作人士9.3%，N=61）认为，店名标牌应该以广告效果为重，不必拘泥于语言形式。

有些商业店铺的店名招牌上只使用英文，看到这样的招牌会有什么感觉？对于这个问题，Mann-Whitney U 检验显示，两组参与者的观点有显著差异（$p=0.0006$，$\alpha=0.05$），结果如图 7-14 所示。其中，37.8% 的受访学生（N=245）和 50.6% 的工作人士（N=331）对此有比较负面的印象，认为这是商家的营销伎俩，店中所售商品不一定是西方品牌。近 34% 的受访学生（N=219）表示，英文店名会给人品牌高档的感觉，而持此意见的工作人士只占 13.3%（N=87）。此外，22.4% 的学生（N=145）和 26.1% 的工作人士（N=171）认为，这样的店名显得有国际范儿；约 6% 的学生（N=39）和近 10% 的工作人士（N=65）表示，这样的店名让人感觉商品的品质值得信赖。总体上看，英语单语标牌对于学生群体似乎更有吸引力。

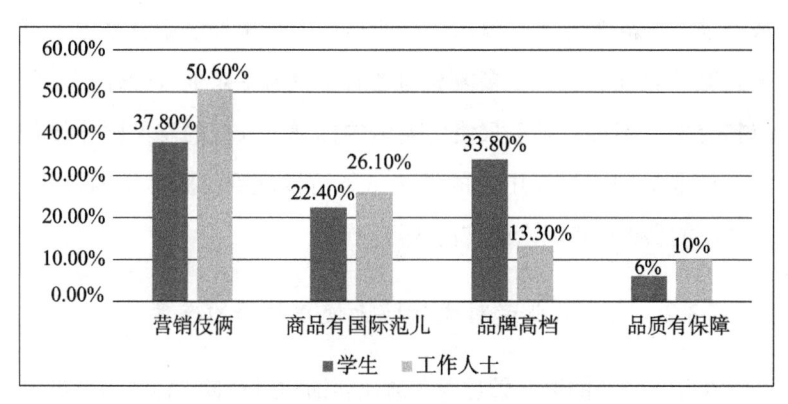

图 7-14　受访者对于英语单语店名的看法

商铺招牌上只使用英语，本质上是不符合标牌书写规范的。对于这样的标牌，参与者是否认同呢？结果显示，受访者的观点分歧较大。其中45.5%的受访学生（N=295）和46.2%的工作人士（N=302）明确表示不赞同，因为商铺的目标人群主要是国内消费者，很多顾客不一定能看懂英文店名。16.7%的受访学生（N=108）和19.4%的工作人士（N=127）对此表示赞同，认为这可以构建品牌形象，同时也可以利用英文的符号意义来吸引消费者。约21.6%的受访学生（N=140）和13.6%的工作人士（N=89）对此持谨慎态度，认为只用英语有利有弊。其余参与者（学生16.2%，N=105；工作人士20.8%，N=136）表示无所谓，商家有权选择使用哪种语言来书写店名招牌。由此可见，只用英文招牌的商业营销策略在多数受访者看来并非最优选择，但也有很大一部分参与者对于全英文标牌持赞同或无所谓的态度。

总之，作为商业标牌的阅读者，大多数受访民众关注到商业领域语言景观中的多语现象，也通过多语阅读来获取或推断店家或商品、服务等方面的信息。商业标牌上使用外语或者繁体字等表达某些象征意义，在多数参与者看来具有一定的合理性，是可以接受的。不过，对于只使用英语的标牌，人们的意见则分歧较大。商业标牌上摈弃中文的做法虽然可以起到品牌营销的目的，但并不能赢得城市民众的广泛认可。

7.3.2　商业从业者对于标牌上使用外语的态度

在私人领域的语言景观中，商业店铺的经营者是标牌语言设置的主要创设者，也是语言景观构建的直接参与者。为了了解商店经营者对于商业标牌上语言使用的态度，我们在上海、杭州和宁波三个城市商业街道展开简短的面对面访谈。访谈的对象主要是店铺标牌上使用了外语的店铺经营者，访谈内容主要是询问：（1）店铺标牌上为何使用外语？（2）经营者是否会说英语？（3）如果店铺上使用了繁体中文，为何选择繁体字而不是简化字？通过这几个问题，便可以大致了解商业服务从业者对于英语及繁体字在语言景观中的功能的见解和态度。很多店铺的经营者由于不理解本研究的目的，在访谈中显得不愿意配合。也有一部分受访者由于生意繁忙，在接受询问时提供的回应非常简短。去除完全无法获得有效信息的访谈，值得分析的受访店铺总数为459家（上海113家，杭州115家，宁波231家），包括饭店、餐饮店、服装店、美容美发店、杂货店、通信产品商店等。接受访问的女性经营者共计368人，男性经营者91人，分别占总被访人数的80%和20%。接下来围绕这些访谈材料进行简要分析。

在访谈的店铺中，店名标牌上都使用了英语，那么商店经营者是否懂英语呢？调查显示，约74.5%的受访者（N=342）声称不懂或不太懂英语，更不会说英语。其中很大一部分经营者甚至不懂自家店铺标牌上英文的意思。其余受访者（25.5%，N=117）则声称会一点英语，也知道自家店铺标牌上英文的意思。由此可以看出商店经营者群体总体上的英文水平不高，即使店铺标牌上使用了英文，多数经营者实际上并无英文交流能力。店名标牌通常委托给标牌公司设计和制作，而标牌上的英语在这些经营者看来只是一种象征性符号。

对于店铺标牌上为何使用英语这个问题，超过五分之一的被访者（N=94，20.5%）表示不知道或不清楚。许多受访店员提到，标牌上标注英语是一种行业惯例，而有些店铺是加盟连锁店，标牌上的英文是总部的统一规范，他们并不清楚为何要用英文。我们对其余受访者（N=365）的回应进行了梳理和归类，发现商店标牌上使用英语的动机和目的大致包括九类，其分布如图7-15所示。

下面分别加以说明：（1）时尚时髦。约17.8%（N=65）的受访者认为，店铺标牌上使用英语是一种潮流和时尚。在现代化的都市社会中，追求时髦的年轻消费者很多，在标牌上使用英语可以迎合这一部分消费者的心理需求。（2）装饰。在很多店铺经营者（17%，N=62）看来，英文在店铺标牌上主要起装饰作用，有美化标牌观感的效果。他们认为，店铺招牌上使用英文主要是因为标牌空间很大，英文可以进行空间填充，使得标牌显得更美观一些。（3）服务外国人。许多受访者（14.2%，N=52）表示，店铺招牌上如果只使用中文，对于不懂中文的外国人来说会搞不清楚店铺的性质和经营项目；在标牌上给出一些英文信息，会给外国人的阅读带来方便，另外也可以吸引外国游客前来消费。（4）营销策略。

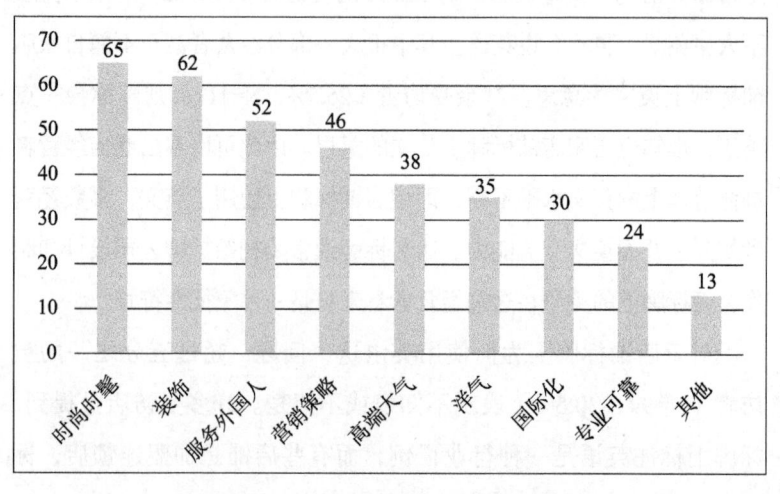

图7-15 店名标牌上英语的功能

约12.6%（N=46）的受访者表示，自家商店所经营的商品是来自国外的品牌，因此直接使用英文可以起到广告营销的目的，吸引那些追求名牌的消费者。在他们看来，在品牌知名度已经很高的情况下，中文信息就显得不那么重要了。（5）高端大气。有些经营者（10.4%，N=38）认为，标牌上使用英文会使店铺及其商品显得高档。（6）洋气。有些受访者（9.6%，N=35）认为，店铺标牌上使用英文会显得洋气一点，可以满足喜爱国外产品的消费者的心理需要。（7）国际化。约8.2%（N=30）的经营者认为，使用英文店名能体现店铺瞄准国际市场、与国际接轨的宗旨。（8）专业可靠。在有些受访者（6.6%，N=24）看来，店铺标牌上使用英文会显得专业一些，也会给顾客一种质量可靠的感觉。（9）其他原因。还有少数受访者（3.6%，N=13）表示设置英文标牌是出于其他原因。例如，有经营者认为，使用英文会让店铺名称显得有趣、好玩，当然这种趣味性只有能读懂英文的读者才能体会出来。需要指出的是，这里提及的很多功能是互相关联的，比如高端、时尚、洋气等。很多受访者解释标牌英语的功能时，常常使用"吧""可能""应该"等模糊限制语，说明他们对于英语在标牌上确切的功能并无十足的把握，而是基于他们的猜测和感觉。对于标牌上使用繁体字的动机，许多受访者提到品牌来自于香港或台湾等使用繁体字的地区。另外，使用繁体字是为了传达商铺或所售商品历史悠久、传统经典等意义。还有个别店铺上使用了汉语拼音，而非真正的英文翻译。受访者认为，中文店名难以准确地翻译成英文，因此只能直接给出汉语拼音来。至于汉语拼音店名是否有意义，经营者则难以回答，但感觉只用中文是不理想的。

7.4 商业语言景观与语言商品化

在全球化时代，语言已经不仅仅是一种交际工具，而是能创造经济利益或身份价值的商品（Tan & Rubdy 2008）。语言的商品化（commodification of language），简单来说，是指把语言转变成商品的过程，即语言被当作一种能换来物质利益的基本技能，或者一种可供投资和消费的经济资源（Heller 2010; Park & Wee 2012: 125）。语言技能作为一种文化资本，可以在全球劳动力市场带来交换价值（Heller 2003; Tan & Rubdy 2008），这属于语言经济学的范畴，也可称为语言的工具理性（Wee 2003）。另一方面，语言也常常被看作一种文化物件，其丰富的象征功能常使之成为商业和营销的工具（Leeman & Modan 2010; Burdick 2012）。研究发现，英语在邻里商业街的店铺标牌上呈现率很高，这样的语言景观状况会影响民众对英语有用性的认知，强化英语在我国社会语言体系中的功能和价值。另外，商铺经营者（也是标牌的拥有者）对于店名招牌上设置英语具有很高的认同感，在他们看来，英语正逐渐成为店名设计中一种不可或缺的符号元素，其连带的文化和符号价值能带来经济利益。虽然人们的英语水平普遍很低，难以使用英语发挥交际功能，但由于英语在商业领域具有现代化、国际化、高端、时尚等众多积极的象征意义，很自然被当作一种符号资源加以开发和包装，用以吸引追求高端、时尚的顾客前来消费。可见，在以本地顾客为主的邻里商业街中，英语在各种类型的店名标牌上都是以象征功能为主的，英语的商品化是商家获得经济收益、保持竞争力的一种营销手段。

7.5 商业语言景观的构建原则

在分析了商业领域语言景观的管理、实践以及读者和从业者的态度之后，现在来看商业领域语言景观构建中的一些普遍性的策略或原则。Ben-Rafael（2009）把语言景观看作公共空间的符号构建，他从社会学的相关理论出发，提炼出语言景观形成的四条构建原则，包括突显自我、充分理性、集体认同和权势关系（参见第四章）。以此为基础，我们对该区域商业语言景观的构建方式进行分析。

首先，突显自我原则，指的是标牌尽量呈现个性化和与众不同的特征，从而吸引公众的注意。Ben-Rafael（2009）认为这或许是语言景观构建中最普适、最主要的原则。此原则的基础是Goffman（1963，1981）关于社会行为的理论，他认为社会个体为了达成期望的目标，在社会生活中总是把自己优越的形象展现给他人，以赢得他人的好感。这个自我展现的原则在商业标牌上体现得尤为突出。在邻里商业街道上，店铺之间竞争激烈，店名标牌及其语言文字是商家商业竞争的一个主要阵地，而那些与众不同、标新立异的标牌往往更有机会获得潜在消费者的关注，吸引人们前去消费，从而在竞争中胜出。三个城市邻里商业标牌的设立者竭力发挥创造性，以呈现标牌的"不同凡响"之处。店名标牌上突显自我的方式至少包括六种：（1）别致的店名，如饭馆名"食全食美"（杭州）通过改用成语的方式来描述店内菜品齐全、味道鲜美；服饰店"虞美人 Cornpoppy"（宁波）以一种娇美的花来命名，以衬托服饰给人的美感。(2) 鲜活的广告语，如"莲花洋"服饰店的广告语"白纱衣、绿罗裙 今生一场莲花梦"，"一席地"饭馆广告语"一席美味 香飘百年"等，以诗意的表达传递浪漫优雅、意味绵长等意义。(3) 特别的语码选择，如选择使用中英文混杂、繁体字、日文字母、法文等使店名显得与众不同。(4) 语言文字的艺术化设计，中文或英文店名采用特殊的字体、图标、符号等使标牌显得奇妙、幽默、有美感。(5) 新奇的排列方式，以字号大小、颜色、位置排列等来突显店铺某方面的特色。(6) 独特的标牌样式，包括选择与众不同的材质、背景色、形状、尺寸、悬挂方式等。总之，城市标牌上有诸多方式可以发挥广告和宣传创意，而受此影响，公共空间语言景观的意义表征也会显得多元又复杂。

其次，充分理性原则，指的是标牌创制者在理性分析读者意愿和喜好之后，有针对性地设计语言标牌，以迎合读者的需求。此原则的基础是 Boudon（1990）阐释社会行为的理论。他认为，要影响公众的行为，行动者必须了解并尊重其感知、价值观、爱好、品位等，对公众需求的理性分析是为目标而行动的关键。在语言景观中，标牌上标新立异的设计和语言使用背后都是标牌创设者理性分析读者需求之后做出的选择。在邻里商业标牌上，许多时尚店的店名标牌设计中都突出舒适、豪华、潮流、名贵等价值取向，特色美食店的店名标牌上强调正宗、健康、历史悠久等象征意义，以此来满足消费者的需求与愿望。另外，对店铺经营者的访谈也显示，许多商家会在店名标牌上标注英语，通过英语本身的象征意义来吸引追求时尚、品质、高贵、国际范儿等符号价值的消费者。虽然很多店铺经营者并不熟谙英语，甚至弄不懂店名标牌上的英语，但依然会按照行业惯例设置英文店名，说明在商业化的公共空间中，揣测并迎合大众消费者的动机和愿望是语言景观构建的一个重要原则。

再次，集体认同原则，指的是语言景观通过展示某种身份特征的信息，来获得读者中某些群体的心理认同。该原则强调标牌读者在地域、族群、宗教等方面的个性化身份，以区别圈内和圈外的社会成员。集体认同原则影响下的语言标牌以"志趣相投"和"群体归属感"为卖点来吸引潜在的顾客。在多元文化交融的城市中，使用某种语码来表征某一特定的身份是常见的集体认同表达形式。例如，在经销藏药的店铺标牌上使用藏文文字，能体现藏族人的身份特征，同时也能表达正宗、有效、值得信赖等象征意义。另外，在日本和韩国餐馆店名标牌上使用日语和韩语，来表明日韩特色的身份和价值，以此招徕对日韩美食感兴趣的顾客。Ben-Rafael（2009）认为，社会文化的多元化程度越高，语言景观构建中就越应该为不同身份的表达留出空间，这样才能实现社会团结。

最后，权势关系原则，指的是权势高的行为主体对他人施加影响，从而使社会行为形成或符合某种秩序。该原则的依据是布尔迪厄（Bourdieu 1993）的文化资本理论：特定场域内参与者范畴之间的权势关系是社会现实的主要部分，一个语言群体能在多大程度上对其他群体施加语言管控是由权势关系决定的。语言景观中语言的呈现与否以及数量多寡常常可以体现语言之间的权势关系。政府或官方机构是语言景观的管理者，他们作为决策者对商业标牌的语言使用加以管制，如规定标牌上必须设置的语言以及出现的位置等。例如，原国家工商行政管理局在颁布的《广告语言文字管理暂行规定》中明确指示，广告中应当使用普通话和规范汉字，不得单独使用外语，"如因特殊需要配合使用外国语言文字时，应当采用以普通话和规范汉字为主、外国语言文字为辅的形式，不得在同一广告语句中夹杂使用外国语言文字"。这样的官方条规突出了简化汉字作为标准语言文字、英语作为辅助文字在商业领域的权势关系和定位。在我们考察的三个邻里商业街上，超过90%的店名招牌使用了简化汉字，近80%的标牌上将中文作为优先语码，说明在商业标牌上，中文相对于其他语言的优势地位得到体现。不过，有7.7%的标牌上只使用了英语或其他外语形式，9%的标牌上使用了繁体字，除了某些老字号和手书体标牌外，都属于违反官方语言政策的文字形式。Ben-Rafael（2009）认为，权势关系在构建语言景观中的作用越大，越容易引起对抗。三个城市在维护中文的权势地位时，似乎采取的是比较柔性的管理策略，并非强制商业标牌无条件地服从简化汉字为主的标牌设置规则，而是给予商家自主选择的空间。实践证明，这样的管理方式并不会影响中文的主导地位。

总之，在邻里商业语言景观的构建中，标牌上的语言选择和使用体现了突显自我选择、充分理性、集体认同原则和权势关系原则等，既确立了中文作为主导语言的地位，又通过英语和其他语码的象征功能为商家带来经济利益。

7.6 本章小结

本章对于上海、杭州和宁波三个城市的邻里商业语言景观进行了考察。在三个城市的语言景观实践中，中文在三个城市的邻里商业店铺标牌上均发挥主导作用，而英语对于商业店铺上来说也占有举足轻重的地位。英语使用日益普遍，英语单语店名、中英双语店名以及包含英语的多语店名都很常见。另外，日语、韩语等其他外语文字也会偶尔出现在商业标牌上，用来标注某种身份特征。从三个城市的民众和商店经营者的调查和访谈可以看出，大多数受访民众关注到商业领域语言景观中的多语现象，也认可商业标牌上使用外语或者繁体字等表达某些象征意义，不过，对于某些商业标牌只使用英文的做法，人们的认可度并不高。商铺经营者看重外语的国际化、时尚潮流象征功能，以及繁体字的传统、正宗、历史悠久等符号价值。总体上看，商业标牌上的语言选择和使用体现了突显自我选择、充分理性、集体认同原则和权势关系等语言景观构建原则。商业语言景观中的多语现象可以反映沿海开放区城市的人口流动频繁、商品经济发达、城市国际化发展理念深入人心、人们思想解放等社会特征。虽然各个城市的语言文字管理部门经常对标牌语言使用进行干预，但事实上的商业标牌语言政策仍偏向于柔性管理，体现了经济发展前沿城市自由、开放和包容的语言管理理念。

第八章 旅游语言景观及其构建

旅游是当今世界最大的产业之一,它不仅带来大量的人员、资金和文化的流动,同时也改变社会和文化的实践,建立差异性意识形态,固化不平等的权势关系(Favero 2007),因此成为观察当今经济、政治和社会变化的重要窗口(Heller, et al. 2014)。旅游活动对于旅游目的地的语言环境和语言使用会产生一系列重大影响。从宏观上看,旅游区由于各地游客的到来形成众多语言的汇聚,多种语言和文化相互接触和碰撞,构成了一个动态的多语大杂烩。大众旅游使得本国的主体语言和英语等国际语言及其文化获得广泛传播。例如,旅游开发强化和提升了本地语言的地位,外国游客的涌入则巩固了英语作为全球语言的地位。旅游常常促使当地从事旅游贸易的业者学习和使用主体游客的语言,同时也保持着自己的方言或族群语言,从而成为多语使用者。不过,旅游对于当地的语言环境也会产生很多负面影响。由于大众旅游常常提供季节性、短暂的就业机会,从其他区域涌入大量临时工作人员,所以旅游可能削弱一个地区的语言、文化和经济结构。也就是说,游客短暂的停留时间以及淡旺季旅游市场的变化会造成语言状况的不稳定(Bruyèl-Olmedo & Juan-Garau 2015)。游客一般对于文化和语言的多样性没有意识或者不敏感,通常都希望景区通过他们熟悉的语言来提供服务。旅游业者为了商业往往需要学习游客的语言，这种向游客语言趋同的意识形态盛行，客观上削弱了语言的多样性，久而久之可能会造成语言资源的流失。White(1974)就指出，旅游发展的同化力量会影响当地语言的稳定性，对当地社会、文化的一体化产生不利影响。总之，旅游可能会危害多语文化和多元语言，地方语言的地位常常被边缘化，功能萎缩，稳定性也减弱（徐红罡，任燕 2015）。旅游中的移动性、人际接触的短暂性等特征也会对一些语言学概念（如语言、交际、多语及社区等）的固有意义带来冲击，对现有的语言使用理论形成挑战（Heller, et al. 2014）。有鉴于此，Thurlow & Jaworski(2010: 1)提出建立"旅游社会语言学"(the sociolinguistics of tourism)这样的研究领域，来解决经济和市场利益、语言意志、文化身份建构等多重力量作用下的语言使用和话语策略等问题。

旅游活动与语言实践之间存在着紧密而复杂的关系。由标牌上的语言文字所构成的语言景观是旅游空间的一部分，而语言景观也是旅游体验中一个非常重要的方面（Kallen 2009），因此，旅游场域中的语言景观也是非常引人关注的一个课题。根据游览对象或客体的不同，旅游可以分成自然观光游（以游览山水、欣赏风景为主）、人文景观游（如参观文物古迹和文化遗址、体验民俗风情等）、休闲娱乐游（在度假村、主题公园、游乐场等场所游玩）等多种类型。无论哪种类型，旅游环境中形成的语言景观作为一种经济驱动、体现创设者意识形态的语言实践，都能反映当地多个层面的社会语言现实。在旅游目的地，包括官方语言、当地语言、少数族群语言、游客语言等在内的多种语码竞争公共空间，而当地呈现的语言景观就是标牌创设者在各种语言资源之间权衡和抉择的结果。

本章对城市旅游语言景观的意义表征及构建进行分析，并以此为基础归纳旅游语言景观构建的策略。本研究所考察的上海、杭州和宁波三个长三角城市，经济和国际贸易活跃，旅游和教育资源丰富，生活品质高，吸引众多国内外各界人士前来旅游、学习、工作或生活。三个城市中的旅游景点众多，各种旅游标牌更是不计其数。其中，杭州的旅游休闲资源最为丰富，是国内著名的旅游城市，而西湖则是城市的旅游名片。西湖是久负盛名的江南旅游胜地，目前是国家 5A 级旅游区，中国十大风景名胜区之一，也是国内首屈一指的开放式旅游景区。在 2011 年 6 月举行的第 35 届世界遗产大会上，"杭州西湖文化景观"被列入世界遗产名录，进一步提升了西湖在国际上的知名度。根据西湖名胜区管委会网站的介绍，西湖年接待中外游客 3000 多万人次。[①] 景区总面积约 60 平方公里，分布着西湖十景、新西湖十景等众多景点以及各级重点文物保护单位、文物古迹、公园、博物馆、纪念馆、寺庙、宗祠等。丰富的旅游元素为旅游语言景观的研究提供了理想的场所。本章首先以西湖作为旅游景区的典型代表，考察其旅游语言景观的管理和语言实践。然后，探讨旅游语言景观中着力构建的三类象征意义，并提出旅游语言景观的构建策略。最后是小结。

[①] 参见《西湖概况》，http://122.224.145.100/HomePage/detail.aspx?iguid=92051。

8.1 旅游语言景观的管理

杭州的西湖景区属于风景名胜区，按照国务院颁布的《风景名胜区条例》（自 2006 年 12 月 1 日起实施）的相关规定，全国风景名胜区的监督管理工作由国务院建设主管部门负责，而地方政府下设的风景名胜区主管部门负责管辖区域内风景名胜区的监督管理工作。2004 年 8 月 1 日开始实施的《杭州西湖风景名胜区管理条例》指出，西湖风景名胜区由杭州市人民政府设立的杭州西湖风景名胜区管理委员会（以下简称景区管委会）实施统一管理，全面负责西湖风景名胜区的保护、利用、规划和建设等工作（第五条）。景区管委会内部又分设众多的管理局、办公室和区划管理处等职能部门。杭州市质量技术监督局于 2018 年 11 月发布《景区标识标牌系统建设规范》（DB 3301/T 0243—2018），作为杭州市地方标准在全市景区推行。在语种要求方面，该规范提出，"中文、英文是景区标识标牌使用的基本文种，应同时使用"，其中 "中文应采用简写字体，不应使用繁体或其他不易辨别的字体（见《国家语言文字规范标准》），历史古迹、名人书法、特殊标志等除外"，标识牌上的英文 "应符合《公共场所双语标识英语译法通则》（DB11/T 334—2006）、《公共场所双语标识英语译法第 2 部分 景区景点》（DB11/T 334.2—2006）"。此文件对西湖景区旅游标牌上的语言文字使用起到重要的指导作用。此外，景区管委会从 2014 年开始组织专家制定编写了《杭州西湖风景名胜区汉英导览标识系统译写规范》（试行）、《杭州西湖风景名胜区汉日导览标识系统译写规范》（试行）、

《杭州西湖风景名胜区汉韩导览标识系统译写规范》（试行）、《杭州西湖风景名胜区汉法导览标识系统译写规范》（试行）等多个规范性文件，作为景区导览标识牌外文翻译的标准和依据。在实施过程中，管委会每年还组织实地核查和勘误，对景区新开放景点及新增导览标识牌上有失规范的地方进行督导整改（俞倩，斯金叶2018）。

在标牌的创设者方面，由于旅游标牌大多属于官方标牌的范畴，因此标牌的创制和设立也是官方部门负责的活动。旅游区内的商铺标牌则主要由私人业者负责。除了按照国家和城市的语言文字相关政策制作标牌之外，旅游标牌的设置也会考虑景区的特色、历史传承、游客群体等因素，为标牌选定特别的设计方案。例如，手书体繁体字、复古式标牌便符合主管部门构建历史真实性的目的。在标牌创设过程中，主管部门通行的做法是将标识牌制作外包给标牌制作公司，标牌公司按照委托者的指示和要求印制标牌上的语言文字。在标牌交付完成后，主管部门再安排施工公司在适当的地点进行安装。因此，景区管理部门应看作旅游标牌上语言文字书写的主要责任方。

8.2　旅游语言景观中的语言实践

本节对西湖景区旅游景观中实际的语言选择和使用情况进行考察。西湖景区范围很广，本研究主要在沿湖周围的北山街、湖滨路、南山路、苏堤、孤山路和白堤等地点进行语料收集，这些地点的大致位置如图8-1所示。2016年3月，我们以北山街为起点，按顺时针方向沿湖徒步行走，对途中出现在视野范围的各类标牌进行拍照采集。在采集过程中，对于那些内容和形式基本相同的标牌（如路名标牌）不重复采集，而机构或商店内部的标牌也不予考虑。最终共计获得 350 个标牌图片，其中官方标牌为 288 个，私人标牌为 62 个，分别占样本总数的 82.3% 和 17.7%。随后使用 Excel 表格对标牌上的语言内容、语码数量、排列组合方式等信息进行了转写，以方便统计分析。

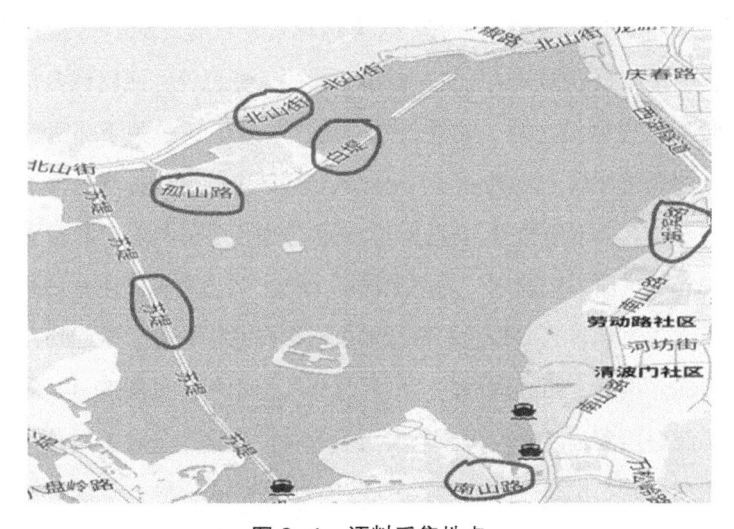

图 8-1 语料采集地点

资料来源：openstreetmap.org。

8.2.1 旅游标牌的体裁类型和交际功能

在旅游景区，为方便游客有秩序地游览以及内部管理，管理部门会设立多种形式和功能的旅游标牌，构成景区的官方语言景观。按照标牌上信息及服务的性质，旅游标牌包括景点名称类、场所导引类、介绍说明类、纪念类、警示类、专门服务类等多个体裁类型。(1) 景点名称牌。旅游区及其包含的各个景点都有名称,而名称标牌往往设置在景区入口处或者景点周边最显眼的位置,成为地标性的标识牌,如图8-2中的"断桥残雪"和"杭州西湖"便是典型的名称类标牌。(2) 场所导引牌。这类标牌一般使用箭头、图标等指引游客附近景点、机构或场所所在的方向或地理方位,如图8-3中的景点导引牌上,指明了名石苑、郭庄等十余个景点的大致方位。(3) 介绍说明类标牌。这类标牌常常设置在景点旁边,用以介绍说明景点相关的历史、故事、典故、特色等,使用较多文字来帮助游客更深入地了解景点的内涵,如图8-3中关于"曲院风荷"的介绍便属于此类。(4) 纪念牌。景区中的有些标牌是为了纪念烈士、名人或有重要贡献的个人或群体而设立的具有纪念意义的标牌,如志愿军纪念牌、淞沪战役阵亡将士纪念牌等。还有一些标牌是为了显示景区或景点的特殊地位或取得的荣誉等,以起到宣传的目的。例如,西湖边上的"世界遗产"纪念牌(见图8-4)便是为了纪念西湖进入联合国教科文组织的《世界遗产名录》而设置的纪念牌,其实也是一种荣誉宣传牌。(5) 警示类标牌。景区常常还会设置一些警示类标牌,以保护游客安全或者保护景区内的物件为主,如"禁止攀爬""当心落水""禁止践踏草坪"等。(6) 专门服务类标牌。主要设置在售票处、景区管理处、厕所、停车场等。当然,旅游区中的私人商业店铺本质上也是提供服务的,可以看作商业类的旅游标牌。除此之外,景区内常常也会有书法刻字、楹联、活动展牌等,也属于官方性质的旅游标牌。需要指出的是,上述的这些标牌类型并非界限分明的类别,重叠和交叉的情况经常出现,如图8-3中的标牌便兼有介绍说明和景点导引的功能。

第八章　旅游语言景观及其构建　251

图 8-2　名称类标牌

图 8-3　景点导引类标牌

图 8-4　纪念类标牌

官方部门设立的旅游标牌有些是永久性标牌，如雕刻在石头上或墙壁上的景点名称牌；有些则是半永久性标牌，如由金属或木质材料构成的标牌，如路名、景点导引牌等；还有一些则属于临时放置的标牌，可以随时移走或撤换，如某些警示牌、临时展牌等。标牌材质的永久性往往能说明标牌上的文字信息的权威性（Scollon & Scollon 2003: 135）。在不同类型的标牌上，信息的丰富程度也有差别。例如，景点的介绍说明标牌上，通常文字量较多，而景点导引、服务设施、景点名称等标牌上的文字则往往很简短。在警示类的标牌上，为了达到限制或警示某些行为的目的，标牌设立者往往采用的是命令式甚至是威胁式语气，如"禁止游泳""禁止吸烟 违者罚款"等。随着社会文明的进步，城市管理部门有时也会在警示牌上使用柔和的语气，以一种语重心长、循循善诱的方式达到规劝的目的。如景区范围内的几个警示牌上,"绿草幽幽 脚步收收""青青的草 怕你的脚"以及"青草依依 请您爱惜",就比"请勿践踏草坪"语气舒缓很多,或许能起到更好的规劝效果。

在西湖这样的开放型景区,旅游标牌的读者可能是所有能看到标牌内容的人,无论城市居民、行人,还是中外游客、驾车人士等都属于读者范围。旅游标牌上的语码设置与游客群体的语言背景有直接关系,如中文主要为国内游客提供信息服务,外语则主要服务不能识读汉字的外国游客。由于英语作为全球性语言能发挥国际通用语的功能(Crystal 2003),旅游标牌上设置英语可以满足多数外国游客的符号需求。其他外语则可以满足特定游客群体的语言需求。例如,西湖的景点导引牌上除了中英文以外,还常常设置日语和韩语,为来自日本和韩国的游客提供更为便捷的信息服务。

景区管理部门设立旅游标牌,其目的是向游客传达与旅游相关的信息,发挥多种交际与服务功能。樊桂芳(2010)认为,作为公示语的旅游标牌是国际化旅游城市软环境的重要组成部分,具有指示、服务、禁止等三种意义功能。上述的西湖景区设立的各类旅游标牌,至少可以发挥六类基本功能:(1)指示性。在旅游区或景点入口处设立的名称标牌用来标明景区或景点的名称、开放时间等,可以看作对旅游场所的情景化指示。在远离景区或景点的位置使用文字以及箭头、图示等符号,为景点或场所提供方向指引,则属于外部指示。(2)认知性。景点介绍类标牌主要用来帮助参观者了解景点相关的知识和信息,改变对旅游目的地的认识,属于认知功能。(3)约束功能。旅游景区设置的警示类标牌主要用来规劝或限制某些行为或提请留意某些事物的功能。例如，"禁止攀登""游客止步""请勿触摸"等警示语都是用来对旅游相关的某些行为进行约束的。（4）互动性。旅游区设置的迎送类标牌旨在与游客形成一种亲切的互动，如"欢迎乘坐西湖游船"便是与读者互动的标牌。（5）纪念性。旅游区中设置的雕塑及文字、碑文或者历史遗留的诗文、字迹等，常用来发挥纪念或缅怀的功能。（6）广告性。景区内的商业店铺标牌很明显是用于商业目的，因此广告性是其基本功能。而旅游区管理者有时也会设置具有宣传性质的展牌，例如介绍"印象西湖"大型演出的宣传牌，能发挥广告性的功能。总体上来说，旅游标牌的这些目的和功能都是景区整体服务体系的组成部分，可以提升游客的旅游体验和旅游区的服务形象。

8.2.2 旅游标牌上的语言选择和使用

我们的研究发现，西湖景区内的官方标牌上呈现的语码种类包括中文、英语、拼音、日语、韩语和法语，而在店铺的私人标牌上，除了常见的中文和英语外，个别店铺名称牌上还使用了西班牙语和意大利语。在各种类型的标牌上，语码组合的分布情况如表8-1所示。可以看到，景区中超过99%的旅游标牌上使用了中文，说明中文是景区中使用最为广泛的语言，当然也是标牌书写者最为熟知的语言，同时还体现了维护中文社会地位的语言意志。只有极少数的商铺店名（0.9%，N=3）只使用了外语而未标注中文。使用了英文的标牌共计232个，占所有标牌总数的66.3%，可见英语在西湖的旅游语言景观中占据重要地位。其他语码的数量及所占的比例则相对要少得多。

表 8-1　旅游标牌上的语码组合

标牌类型	语码组合	数量	比例 /%
单语标牌	中文	101	28.8
	非中文	3	0.9
双语标牌	中文、英文	185	52.9
	中文、非英文	15	4.3
多语标牌	中、英、日	5	1.4
	中、英、法	1	0.3
	中、英、日、韩	32	9.1
	中、英、日、韩、法	8	2.3
总计		350	100

另外，旅游区中双语标牌所占的比例最高（57.1%，N=200），其中最主要的是中英双语标牌，占旅游标牌总数的 52.9%。无论是路名牌、大型指路牌、介绍说明类标牌、警示牌还是店铺标牌、机构或场所名称标牌等，都倾向于使用中英文两种语言来提供信息（见图 8-5）。有些路名牌和站名牌上使用的是中文和拼音两种语码，反映了道路名称与公交系统标注的不一致和混乱现象。单语标牌在所有标牌中占比近 30%（N=104），常见于景点名称、临时的告示牌和警示牌、店铺名称等。这些单语标牌绝大多数都是中文标牌，而在历史久远的景点中，使用手书繁体字的景点名称标牌非常普遍。建筑名称、楹联、牌匾等使用繁体中文书写，常常给人一种历史悠久、古色古香的感觉。

使用三种或更多语码的多语标牌共计 46 个，占标牌总数的 13.1%。这些标牌基本都是景点介绍类和景点导览类标牌。其中使用中、英、日、韩四种语言的标牌最多，另外还有一部分标注中、英、日、韩、法五种语言的标牌。这些多语标牌为不同语言背景

图 8-5　双语标牌

的游客了解西湖景点及其历史文化提供了便利。在有些旅游景点，警示牌上除使用中文和英语以外，还常常使用日语和韩语，以提请游客注意安全或某些重要事项。但在西湖景区，我们并未见到标注三种或以上语言的多语警示牌。

对于多语（包括双语）标牌上的语码优选情况，我们假定字号最大的语码代表突显或优先语码；在字符大小相同的情况下，出现在最上方或者最左侧位置的语码则为突显语码（Scollon & Scollon 2003）。统计结果如表 8-2 所示。

表 8-2　旅游标牌中的优先语码

优先语码	突显方式	数量	比例 /%
中文	字号突显	212	86.2
	位置突显	26	10.6
英文	字号突显	6	2.4
	位置突显	1	0.4

续表

优先语码	突显方式	数量	比例 /%
其他	字号突显	0	0
	位置突显	1	0.4
总计		246	100

从表中可以看出，在绝大多数的双语或多语旅游标牌上（96.7%，N=238），中文都是作为突显或优先语码来呈现的。从信息的对称性来看，中文信息表征是最完整和最权威的，其他语码的信息内容通常是对中文信息的译写。我们也发现，中文以相对较大的语码出现在标牌上方的情况最为普遍。而在四种或五种语码的多语标牌上，中文更倾向于以较大字号置于标牌左侧，其他语言置于右侧，如图8-6所示。英语虽然在标牌上出现的频率也非常高，但以英文或其他语言作为突显或优先语码的却不足4%，而且多是商业店铺的标牌。在官方领域，只有停车场出现这种英语作为突显语码的标牌。

图 8-6 多语标牌上的语码排列

这种语言景观实践说明，尽管英语在当地的旅游语言景观中是一种重要的语言，但并不是与中文并驾齐驱的核心语种。

总之，旅游景区是中外游客较多的公共场所，景区内会设置多种类型的双语或多语标牌来达到为游客服务的根本目的。在西湖景区，中文在 99% 的官方和私人标牌上获得使用，英语则在超过 66% 的标牌上呈现，体现了这两种语言对于旅游活动的重要价值和作用。此外，日语、韩语、法语等外语在旅游标牌上也偶有应用。这些外语的使用一方面体现了开放式景区对国际游客的吸引力，用游客群体所熟知的语言提供服务成为一种客观需要；另一方面也说明，杭州这样的大城市致力于通过标识系统的建设，体现国际化城市的定位。在旅游标牌上，中文在绝大多数情况下都是最大、最突显的字体，或者置于优先位置，显示了中文作为国家和社会主导语言文字的核心地位。而标牌上同时呈现的英语、日语、韩语、拼音等其他语码，往往出现在中文的下方或右侧，字符与中文相比往往要小一些，显示它们作为相对次要、辅助性语码的性质。景区设置多语旅游标牌，不仅能满足中外游客多元化的符号需求，而且与杭州的城市国际化发展规划目标也是一致的。

8.3 旅游语言景观中的意义构建

人们在旅游活动中既有一定的符号需求，同时又对异域文化的各种符号意义有所期待。如 Urry（1995, 2002）所述，在旅游活动中，人们消费的不止是物质性的商品，包括空间创造出来的氛围、空间所蕴含的象征意义等都成了游客的消费对象。与旅游相关的议题中，游客的心理、身体、社会、安全、自我实现等需求受到很多关注，但游客的符号需求也不容忽视。比如，游客一般希望在旅游目的地能运用自己熟悉的语言进行交际，同时也期待当地的语言环境能带来一种身在异域他乡的感觉，这是因为旅游的目的归根结底是体验某种改变和不同（Smith 1989）。徐红罡、任燕（2015）也指出，旅游目的地独特的语言景观能够为初到的游客提供真实感和新鲜感，并创造旅行记忆。旅游很大程度上是一种观看之道（a way of seeing），也是一种视觉消费，这种消费主要是通过旅游者的凝视（gaze）来实现的（Urry 2002; Favero 2007），而语言景观本身会成为游客注视和消费的对象。游客对旅游目的地进行视觉消费，而语言景观是游客消费的首要符号资源。旅游区的语言景观构建是经济驱动的行为，规划部门和旅游服务业者通过语言来传达身份、传统、本地特色、真实、独特等多种象征意义，并以此作为吸引游客的文化资本，实现经济目的。下面探讨旅游语言景观中三种特别的象征意义，并据此对三个城市旅游语言景观的意义构建进行分析。

8.3.1 旅游语言景观中的三类象征意义

旅游语言景观除了传达常规的信息和象征功能以外，还能体现一些特别的内涵和意义，其中异域情调、历史感和好客等象征意义在旅游语言景观中最为突出。

首先，旅游中的语言景观能给游客带去一种新鲜、奇异、身在他乡的体验，传达异域情调（exoticity）的象征意义。Dann（1996:

12-17）指出，旅游的一个很重要的动机是寻求新奇性和新体验。在国外的旅游目的地，标牌上使用的外国文字对于很多游客来说是陌生的语言，无法发挥信息功能，却能让游客体验到一种不同于日常所见的异域风情，从而满足游客的心理需求。从旅客角度来说，旅游景观中的外地地名也能创造出身在他乡的真实感，而在民族地区，标牌上使用的少数民族文字也会让游客领略到新奇的异域文化。此外，在以古文化遗产为主题的旅游中，年代感强烈的语言景观对于现代都市人来说也能传达出异域风味的符号意义。

另一个典型的象征意义是历史感。在古文化、历史遗迹为主题的旅游中，游客的兴趣很大程度上在于从古代传承或遗留下来的建筑和物件中追寻历史的印迹。在旅游目的地，古色古香的建筑风格、内部设施、服务人员的古式服装以及模拟古代生活的表演等符号化的形式，都是常用的营销手段。这些历史文化符号在人们的日常生活中已失去活力或遭到淘汰，但出现在旅游场景中却能引起怀旧、古雅等意义（Hall-Lew & Lew 2014）。除了建筑和设施等设计特色之外，语言文字是探古寻幽最直接、最恰当的线索。在名胜古迹中的永久性标牌上，建筑名称、碑文诗帖、名人字画、楹联匾额以及器物上的古文字等构成历史语言景观，向游客传达传统、正宗、历史悠久、古色古香等象征意义。在城市的古文化街区，繁体字、楼牌名、店名、商铺招牌、名人书法等，搭配上带有古典韵味的颜色、形状等多模态特征，营造一种繁荣的市集氛围，利用人们的怀旧情结来进行商业营销，吸引对历史文化感兴趣的游客。

此外，旅游语言景观中使用的多语标牌还有"好客"的象征功能：创造游客较熟悉的语言环境，体现东道主真诚、友好、宾客至上的态度。尤其是在官方标牌上，使用英语或主体游客的通用语言进行景点介绍、方向指引以及服务说明等，让游客感觉自己在旅游目的地不是外人，而是受欢迎的宾客。各地的旅游景观中一般都有欢迎类招牌，这直接体现了东道主好客的态度（Jaworski 2015b）。而在商店、饭馆、宾馆等私人领域的标牌上，使用外语或者游客熟悉的语言来呈现店名和服务内容，也是店主好客的体现。比如，许多宾馆选择跟"家"有关的店名，让游客有家一样舒适、温馨、宾至如归的感受。实际上，语言标牌"好客"的象征功能的确可以优化消费者的体验和评价。Magnini, Miller & Kim（2011）对饮食店的招牌文字的研究就显示，顾客对于使用自己熟悉的语言文字作为店名的店铺更有好感，更倾向于进店消费，表明标牌上的语言选择会对顾客的消费行为产生直接影响。

接下来，本研究将运用上述三类象征意义作为框架，来探讨旅游区的管理部门和私人业者如何通过语言景观迎合游客的符号消费，构建不同的意义。本节分析中所涉及的语料将不限于杭州的西湖景区，也包括了杭州的京杭大运河景区、宁波的鼓楼商业街区以及上海的城隍庙等特色旅游区中的旅游标牌。

8.3.2 旅游语言景观中的异域情调

对于外出旅游的中外游客来说，游览自然人文风光、体验新奇独特的风土人情或许是旅游活动中最重要的目的。语言景观是构建旅游目的地异域情调的一个重要方面。各类标牌上呈现的当地语言文字、人们交谈时使用的当地方言、展示民俗风情的语言文化活动等都能给游客带来一种置身异域他乡的旅游体验。由于本次调查的区域并非少数民族聚居区，标牌上使用少数民族语言文字的情况几乎不存在。这里主要探讨旅游景观中如何通过不同类型的标牌来构建异域情调。

对于外国游客来说，游览地区以中文为主的标牌与他们所在国家和城市的语言景观显然大不相同。无论是中文单语标牌还是以中文为主、外语为辅的多语标牌上，汉语的文字结构、构词方式、表达习惯、文字排列设置、标牌的形式等都带有浓厚的异域情调（见图 8-7）。

图 8-7 旅游景区体现异域情调的标牌

图 8-8　全英语书写的现代化标牌

旅游景区出现的那些全英语或者英语作为主导语言书写、现代气息浓烈的商业标牌（见图 8-8），在国外的语言景观中已是司空见惯的事物，无法给外国游客带来异域情调的含义。由于无法体现在中国旅游的真实性，也无法满足感受新奇的旅游体验，标牌上的语言使用在这部分游客看来便没有多少吸引力。不过，英语在现代都市语言景观中的潮流、时尚、品位等象征意义，倒是更有可能吸引国内游客前来消费。

对于很多国内游客来说，由于中文是自己的母语，景区标牌上文字所代表的地点或场所意义常常显得更为重要，因为景区的标志性文字出现在视野中以及照片记录中，可以代表自己亲眼见

图8-9 旅游区创意性标牌

证、亲身体验了原本只在书本之上或别人口中提及的景点。所以，旅游景区常常设立气派的门牌或者刻有景点名称的永久性标牌，以满足游客拍照留念等需求。另外，旅游语言景观中文字的艺术性、店铺名称的新颖性、标牌作为背景的美观性等也能为游客带来异域他乡的新奇体验。比如，经营臭豆腐生意的小吃店以成语"臭名远扬"作为店名，体现了文字游戏的魅力。在图8-9中，店名到底是"缸鸭狗"还是"狗鸭缸"？店铺是做什么生意的，为何起这么奇特的店名？"南塘卖油翁"的店名显然与北宋欧阳修的名篇《卖油翁》有互文性。而景点介绍标牌做成书本的形式，或者古代帝王肖像及题词作为墙壁装饰呈现出来，也可为游客留下深刻的印象。

需要指出的是，旅游语言景观中构建的异域情调是否真实和浓重与旅游者的个人经历和心理状态等有很大的关系。那些第一次来中国旅游的游客与经常出入中国、对中国的语言文字非常熟悉的外国人士相比，旅游景观中的语言文字所带来的新奇体验可能会有很大不同。而对于那些对人文景观不感兴趣的旅游者来说，旅游区的语言文字景观便难以给他们带来新奇性体验。

8.3.3 历史韵味

城市的历史文化街区属于以历史、传统和古文化为特色的旅游景点。国务院在2014年颁布的《国家新型城镇化规划（2014—2020年）》中指出，要注重人文城市的建设：加强历史文化名城名镇、历史文化街区、民族风情小镇文化资源挖掘和文化生态的整体保护，传承和弘扬优秀传统文化，推动地方特色文化发展，保存城市文化记忆。除了复古式的建筑风格、装潢和装饰、器具、工作人员的服饰等之外，语言景观也是构建景点历史韵味的一个重要方面。下面来看旅游语言景观中如何构建历史特色。

（一）繁体字标牌

公共和商业标牌上的繁体字是历史文化景区语言商品化的一个重要手段。在1956年中国大陆推行简化字之前，繁体字是一直是中国历朝历代沿用的中文字体，也曾是各地华人通用的中文标准字体，距今有两三千年的历史。因此繁体字具有传统文化的象征意义（Zhao & Baldauf 2008）。繁体字使用的另一个特点是，文字的书写方向是从右向左而不是从左向右。在历史文化街区的楼牌名称及店铺标牌上，繁体字字体以及从右到左的文字书写格式，是非常典型和常见的语言景观组成形式（见图8-10）。

图 8-10　旅游景区的繁体字标牌

（二）书法艺术

在都市空间中，标牌上的文字通常都是通过电脑设计和机器印制出来的，因此标牌文字的字体和设计样式往往体现着标准化、现代性、艺术性等象征意义。与这些现代化的机器印制文字不同的是，古代语言标牌上雕刻或印制的文字基本都是手写体，各种形式的字体构成了千姿百态的书法艺术。在古文化街区的商店或楼名标牌上，使用书法家或名人手书的店名或楼宇名称也是体现历史感和古雅风格的一种手段。在有些标牌上，题字人的名字以及书写时间也在标牌的一侧标注出来，一方面显示店家对书法作品创作者知识产权的尊重，更重要的是借助书法家或名人的知名度，起到广告营销的效果。

另一个与书法艺术相关的形式是楹联，常见于亭榭楼台以及

图 8-11 旅游景区的楹联标牌

店铺的入口处。为景观名胜题词作赋体现了古代文人墨客的闲情雅致，这些讲究对仗、刻画景观特征或内涵的楹联仍见于很多历史古迹的大门两侧。在历史文化街区的仿古建筑上雕刻现代人创作的古韵楹联，给建筑带来厚重的历史文化气息（见图8-11）。

（三）商店名称

在古文化街区，很多商店在名称上也模仿古代店铺名称的词汇特征，体现古典、传统的意义。例如，饭馆等使用"记"（全丰记、德记、王星记），药店等使用"堂"（童涵春堂、李宝赢堂、华艺堂、回春堂），酒楼使用"府"（运河粤府、东城名府）、"阁"

（三生阁、滕友阁、赤玉阁）等，以及其他店铺上的"坊"（长缘坊）、"斋"（祥禹斋）、"庄"（翠庄、元泰绸庄）等。此外，商铺标牌上还会在显著位置标示"中华老字号""百年老店""祖传"等相关词句，以象征历史悠久的意义。

（四）标牌材质和形式

与现代化的商业街上使用金属、玻璃等材质的标牌不同，历史文化街区常常使用木质或石制标牌，以模仿古代商业街上店铺标牌的形式。从色彩上看，匾额和文字以暗冷色调为主。另外，还有一些店铺使用布制旗帜形式的标牌，悬挂于店铺正门一侧的旗杆上，也体现了古风古韵的特色（见图8-12）。

图8-12　旅游景区不同材质的标牌

8.3.4　好客之道

在旅游景区的语言标牌上，除了提供中文书写的景点名称、介绍、导览、方向指示、提示及警示信息之外，主管部门还在标牌上同时标注外语文字，为外国读者提供信息服务，这体现了城市主管部门迎合外国游客语码需求的友好态度。在我们调查的景区，景点介绍、路名牌及景点导引牌、警示牌、服务设施等公共标牌上使用中英双语的情况非常普遍，另外也有相当数量的标牌使用日语、韩语和法语等，形成三种至五种语言的多语标牌（见图 8-13）。而在旅游区的商业标牌上，中英双语也是非常常见的多语形式。这些双语或多语标牌在一定程度上满足了不同语言背景游客的信息需求，体现了城市景区对外国游客友好服务的态度。

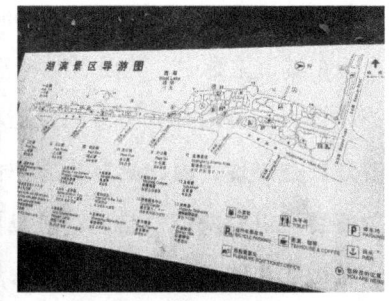

图 8-13　旅游景区的多语标牌

8.4 讨论

8.4.1 英语与旅游语言景观

作为一种在全球普遍使用的语言，英语在旅游景观中为国际游客提供信息，降低游客因不熟悉当地语言而造成的旅游威胁，另外还能发挥现代化、国际化等象征功能。在当今世界，英语的国际地位日益显著，从全球范围来说，英语在语言景观中的交际潜势是最大的。在泰国曼谷，地铁广告上的语言使用就体现了英语在当地旅游业中的地位（Huebner 2006）。

在城市旅游中，英语有时也被当作展示城市形象的一个工具。当今世界，英语具有丰富的象征功能，在国际事务和旅游中的重要性日益显现，因此语言标牌中使用正确、得体的英语一方面能为游客提供必要的信息，同时也可以展示友好、真诚的服务形象以及国际化的城市面貌。这样的规划既是一种面子需求，也有吸引国外游客甚至招商引资等经济层面的考量。例如，我国政府部门制定了公共服务领域的外语使用规范，而许多城市又根据当地的实际情况制定并颁布了当地的服务领域外语译写规范，这种举措就是以形象建设为目的而进行的语言景观规划。我国的许多公示语研究是从翻译的正确性、语言文字的规范性入手的，这样的研究旨在提升景观语言的表意功能，从而给外国游客提供良好的旅游体验。旅游领域中的英语化倾向在全球化潮流中是不可阻挡的，英语的使用与它在国际上普遍使用的地位有关，也由于它强大的象征意义成为城市旅游形象建设的一个重要元素。英语在旅游语言景观中的普遍性进一步强化了它作为全球语言的强势地位，加剧了英语帝国主义的蔓延。

8.4.2 旅游语言景观构建的策略

Kallen（2009）认为，游客在旅游活动中主要会产生四种需求：（1）真实性体验异域他乡的需求；（2）心理安全的需求，即旅游目的地语言上的差异无碍信息沟通、不会影响旅游体验；（3）打破日常常规的需求；（4）创造独特旅游体验和记忆的需求。这些需求都会影响和塑造语言景观。由于游客是语言景观主要的阅读者和消费者，游客的动机和对旅游区文化和语言的需求通常是语言景观构建的首要考虑因素。可以说，旅游语言景观的规划设计是旅游效益的一个重要条件。

结合前面的相关讨论，我们认为，城市旅游语言景观建设应考虑以下策略。第一，在旅游中，为满足游客获取信息的需要，标牌上应设置游客能理解的语言，因为语言景观的文本只有在读者理解后才能获得意义。考虑到信息交流的需要，应控制只使用汉语单语的标牌的数量，多提供复制型多语标牌。很多旅游景区标牌上提供中英双语甚至更多种语言，为不同语言背景的游客提供服务。这种做法符合 Spolsky（2009b）提出的"使用读者能读懂的语言书写"的语言选择原则，是值得肯定的。第二，在旅游目的地，使用一些游客眼中的不熟悉的语言文字能增加旅游的真实感。对于游客来说，在标牌上见识一些外语或不熟悉的语言文字，能给他们带来一种远离日常生活、身处异邦他乡的旅游体验。在旅游景点中，使用中文对于外国游客来说能体现异域情调，而繁体字、书法艺术、多语标牌等对于国内游客来说可能会具有旅游的真实感。当然，真实的外语体验有时又会成为旅行的障碍和威胁，如何既保持旅游中"外语"的真实感，又保留标牌的交际价值，为游客提供可理解的语言体验，成为语言景观设计面临的一个挑战。第三，在特色旅游中，应重视语言文字在文化景观构建中的作用。例如，在历史文化景区中，繁体字和古文字的使用是语言景观中的重要元素，这些文字的字体风格、颜色、书写顺序、标牌形式等都应给予考量，从而让游客获得古朴简单、返璞归真的历史感。值得一提的是，少数民族聚居区的特色旅游中，语言文字的作用更为突出，官方和私人标牌（包括文化产品、建筑、雕塑等）上使用一些民族文字，一方面可以增加少数族群语言的能见性，宣传民族语言文化，另一方面也能提高民族地区旅游的真实性，满足游客对异族文化好奇的心理。这些少数民族文字、古文字等都给人一种超脱世俗生活的真实性和身在异域他乡的新奇体验。旅游语言景观建设在追求经济价值的同时，也不能忽视语言真实的信息和交际功能，维持语言文化的活力。

总之，旅游语言景观是政府部门、当地居民、旅游业者、游客等多方利益相关者之间协商构建的结果。旅游区语言景观的构建不仅要考虑游客停留的短暂性、身份的多元性、旅游动机的多样性等因素，满足游客追求真实性、心理安全性及新奇性等方面的需求，同时也应关注当地人的需求，尤其是少数族群的语言权利，在当地语言、游客语言、少数族群语言以及英语等语言形式之间取得平衡，从而满足各方的需求和利益。

8.5　本章小结

语言是体现旅游对社会文化影响的一个重要维度，与旅游活动相关的宣传材料、历史记载、文化产品、歌谣及传说等艺术形式、口头交际、标牌文字、旅游日记等各种旅游语言被生产和再生产出来，把旅游领域塑造成一个话语空间。这些话语实践的形成机制、运作过程、社会效果以及在经济全球化的社会语境中语言资源如何流通、语言变体如何被商品化等都是宏观社会语言学的研究议题（Heller 2010; Heller, et al 2014）。本章对旅游语言景观中的管理和语言使用进行了考察。对西湖旅游景观的量化分析发现，中文在旅游标牌上占有绝对的主导地位，英语的使用频率则仅次于中文，体现了两种语言对于旅游活动的重要价值和作用。而其他外语也偶有使用，是旅游区游客身份多元化的象征，同时也能体现城市开放和包容的国际化形象。我们认为，旅游语言景观除了一般的信息和象征功能之外，还可以传达异域情调、历史感和好客等象征意义。在旅游语言景观实践中，汉语的文字结构、构词方式、表达习惯、文字排列设置、标牌的形式等，对于外国游客来说都带有浓厚的异域情调。繁体字标牌、书法艺术、别致的商店名称以及标牌的材质和形式等语言景观特征，都能体现古文化街区的历史韵味。使用英语、日语、韩语、法语等外语文字为外国读者提供信息服务，体现了旅游目的地的好客之道。在旅游区的语言景观建设中，决策者应考虑多方利益相关者的需求，其中语言景观消费者的符号需求是语言景观构建中的关键因素。总之,旅游语言景观能反映众多社会语言现实,旅游场景中的语言呈现与社会关系在语言学和旅游学研究中都尚属萌芽阶段(Hall-Lew & Lew 2014)。特别是在全球化日益深入的今天,语言景观在旅游场景中的社会语言学价值和意义,值得更加深入细致的探讨。

第九章　语言景观中的情感机制

本章以杭州公共空间的语言符号景观为考察对象，探讨当地政府和民众如何组织和培育"文明"的社会情感，形成城市精神和品质。杭州是浙江省省会和政治、经济、文化中心，是长三角地区核心城市之一、国家历史文化名城以及著名的风景旅游城市。从 2011 年至今，杭州已连续多次入选"全国文明城市"，这是我国授予城市的最高综合性荣誉，是反映城市文明程度以及市民文明素质的城市品牌。此外，杭州还获得过"国家生态园林城市""国家卫生城市""中国最具幸福感城市""中国宜居宜业城市"等众多荣誉称号，体现了城市强大的软实力。本研究以杭州西湖区为考察地点，通过手机拍照采集出现在道路两侧或上方与公共文明相关的语言标牌，也包括景点、公园、广场等公共场所内设置的标牌。语料收集在 2016 年 1 月至 6 月完成，其中与城市文明相关的图片共 180 张，以宣传类标牌为主，此外还包括信息牌、公告牌、警示牌等。

我们利用结点分析（参见第 4.4 节）作为框架来讨论语言景观中的情感机制。人类所有的行为都是社会性的，每一种社会行为都是参与者通过介体手段（如语言、实物等）来执行的。因此，结点分析的出发点是各种社会和地理场景中的社会行为，而与行为过程相关的人物、场所、话语、思想、经验、实体等汇聚在一起，构成了社会实践的一个个结点（Scollon & Scollon 2004）。语言景观是凝结在空间物质载体上的社会行为，是过去和现在社会实践的汇聚，因此也可看作实践结点（张荫恒，孙九霞 2021）。结点分析特别关注社会行为的三个关键因素：作为行为参与者的历史主体，行动者使用的场所话语，以及建立彼此现行关系的互动秩序（Scollon & Scollon 2004；田海龙 2007）。本章将围绕这三个维度来展开论述。

9.1 文明景观中的历史主体

根据中国大百科全书（第三版）网络版，"文明"一词在《周易·乾·文言》和《尚书·舜典》等典籍中已出现，用来指"国家和社会面貌的开化、光明、富有人文情采"[①]，是个意义抽象、内涵丰富、涵盖甚广的概念。文明作为一种社会价值观，是由生活于其中的人创造的，其总体水平的提高是社会发展进步的标志，社会文明的程度能反映国家现代化的水平，因此一直是国家和地方政府文化建设的重要任务。另外，社会文明的现实状况也与人们的主观感受息息相关，"社会文明程度直接影响人们的获得感、幸福感、安全感，影响人们对所在社区、单位、城市的评价和归属感"（吴祖清 2021），可见社会文明具有强烈的情感性。对于城市来说，公共环境、公共秩序、人际交往等方面的表现是公共文

---

① 参见：https://www.zgbk.com/ecph/words?SiteID=1&ID=84130&Type=bkzyb&SubID=52013。

明水平的体现，也是城市精神文化品质和整体形象的反映。

在文明情感的创建过程中，杭州市政府是最主要的行为主体，不仅是政策制定者，而且是民众行为规范的引导者和监管者。改革开放以来，杭州作为长三角地区的中心城市之一，依托优越的地理条件、雄厚的科技实力、开放型的发展模式等诸多有利因素，GDP 增速一直位居全国同类城市前列。在城市物质财富积累的同时，也不偏废精神层面的追求和建设，使城市发展更具人文内涵，这是近些年来历任主政者的共识（王慧敏，方敏 2017）。其中，城市公共文明是政府部门着力改善的方面。市和区县的精神文明建设委员会（即"文明办"）作为政府下属机关，是城市文明建设的主要领导机构，负有规划、协调、指导、监督、评估等责任。为了规范与引导市民行为，提升社会文明水平，杭州市政府发布了《杭州市文明行为促进条例》，从 2016 年 3 月 1 日开始实施，"旨在用法规进一步固化文明习惯，用规范约束不文明行为"（沈琳 2021）。这使得杭州成为国内率先为文明行为立法的省会城市。遵守公共秩序、礼让斑马线、维护公共环境卫生等作为基本的文明行为准则写进了法规。在此条例指导下，多个部门共同协作：教育主管部门将文明行为教育作为教学内容纳入教育体系；旅游、交通运输、城市管理等部门在公共场所设置宣传牌倡导文明行为；公安和城市管理等部门负责监督、劝阻和制止不文明行为并依法处罚违法行为。除了常态化宣传和管理外，城市职能部门还开展文明交通、清洁城市、社区文明引导等多种专项行动来弘扬公共文明新风，提升群众的文明意识和责任感。此外，杭州市政府还专门设立杭州文明网，利用大量的文字和图片在网上宣传城市文明的政策和规划行动,并报道在城市日常社会生活中人们实践文明的事例。特别是在 G20 峰会前夕,杭州市政府提出打造"最文明"杭州,"把杭州城市文明的特色集中反映出来,把人人可为、事事可为、处处可为的文明行为集中展现出来,把杭州人民文明向善的追求集中体现出来"[1]。当地的新闻和社交媒体上为此登载了大量相关的宣传和报道。

当地市民是创建文明情感机制的另一个历史主体。鲍宗豪(2020)指出,城市文明秩序是在居民社会交往实践中产生的,体现了集体心态。公共文明通过城市居民的自身行为和形象体现出来,因此公众是城市文明环境的创造者和实践者。政府充分认识到公众作为公共文明建设关键行动者的角色,通过多种方式引导他们在日常生活中践行文明,为市民带来良好的情感体验。杭州市居民总数超一千万,市民受教育程度不等,人口组成复杂且流动频繁,在长期生活实践中形成的行为习惯和思想观念等,构成了行为主体的历史性(historicity)。因此,文明行为相关法规以及各种宣传标识牌和不文明整治行动等都是以当地民众为目标对象,旨在强化公众的行为主体意识和责任感,提醒和鼓励人们注意言行举止,塑造城市的文明形象。杭州在民谚中被誉为"人间天堂",当地民众珍视城市在社会和人文领域良好的声誉和口碑,对城市规划者提升城市文明水平、塑造城市情感的举措有很高的认同感。大量市民作为志愿者自愿参与公共文明的创建活动,走

---

[1] 参见《紧抓 G20 历史机遇 打造"最文明"杭州》,中国文明网,2016年 2 月 4 日,http://images2.wenming.cn/web_wenming/syjj/dfcz/zj/201602/t20160204_3133427.shtml。

进街道和社区，帮助维护交通和秩序、提供惠民便民服务，成为城市文明形象的代言人。

9.2 文明景观中的场所话语

场所话语关注现实环境中流通的话语，即由标牌文字所构成的语言景观。城市空间中与倡导公共文明行为相关的语言和符号表征可称作文明景观。在城市公共空间中，通过场所话语倡导文明行为、警示不文明行为，是构建积极城市情感的重要环节。用Wee & Goh（2019: 20）的话说，场所话语是对设定情感的"实体校准"（material calibration）。下面通过标牌载体、置放和字刻等方面来分析杭州文明景观中场所话语的表征方式。

（一）标牌载体及置放。在杭州的大街小巷、车站码头、景区周围、社区和广场等公共场所，倡导文明行为、创建文明环境的宣传标识牌随处可见。除了文字形式以外（见图9-1），文明行为也以图文结合的方式展示出来（见图9-2、图9-3）。标牌的形式既有大型展板、艺术雕塑等，也有小型公告或警示牌，还有墙壁字画、橱窗海报、旗帜横幅等。文明标牌在城市空间中大量呈现，营造出崇尚文明、实践文明的氛围。这些实体标牌的材质多是永久性或半永久性质，临时性的标牌相对较少。标牌材质的耐久性象征着文明建设宣传是一项持久性的任务；而文明内涵在不同场所不同标牌上频繁复现，则体现文明行为的丰富性以及重要性。

标牌多置放在道路两侧或上方最为显眼的位置，以便吸引读者的目光凝视。其中，悬挂在道路上方的大型标牌用来宣传

图 9-1 文明城市宣传牌　　图 9-2 交通礼让宣传牌

图 9-3 文明历史宣传牌

文明交通、建设文明城市等信息，由于能见性高，在街道上显得尤为醒目。如图 9-1 中，宣传标牌与大型指路牌的置放位置相同，悬挂在道路上方，以驾车者和行人为目标读者。标牌以金属为材质，选用色彩对比鲜明的蓝底白字来呈现。在图 9-4 中，宣传文明降噪的大型展牌以红黑颜色字体书写，置放在西湖边最繁忙的路口，向过往的民众普及城市文明公约以及噪音的危害。除了公共空间的核心位置以外，有些边缘性空间（如建筑工地的围挡、垃圾桶外壳等）也会成为宣传城市文明的阵地。例如，在

第九章　语言景观中的情感机制　281

图 9-4　文明降噪宣传牌　　　图 9-5　公交站牌宣传牌

图 9-6　墙壁公益广告

图 9-5 中，公交站牌下方的空闲位置也被社会空间化，"文明上下车 出行靠你我""遵德守礼 文明礼让"等简短的口号式标语设置在公交站名和公交路线信息下方，向等车的乘客普及交通文明规范。图 9-6 则是路边的围墙公益广告，利用建筑墙体作为生态文明的宣传载体。文明宣传与空间性形成互动，利用视觉信息的出现频度以及空间资源占用广度来确保宣传内容传达到城市民众，对其认知和行为施加影响。

（二）字刻。"文明"在场所话语中常常用作形容词、副词或名词，表示守规、礼让、优雅、有序、环保等正面积极的行为方式，如文明旅游、文明乘车、文明上网、生态文明等等。"文明"有时候也被用作及物动词，表达行为对受事产生的积极影响，如"关爱他人 文明自己"。文明话语在公共空间中主要以标语、公告、公益广告等方式展示出来，其字刻主要有三种呈现形式。首先，在社会主义核心价值观等政治宣传类标牌中，"文明"一词与其他价值观词汇共同出现，构成城市的政治语言景观（卢德平，姚晓霞 2021），其字体和置放与其他共现词汇并无突显性差别。这类标语的主要功用是向民众传达政治性信息，与公共场所文明行为的关系不大。其次，"文明"作为核心或主题词显性地出现在公共标牌上，用简短、朗朗上口的话语形式鼓励或引导人们的社会行为。例如，"文明礼让 畅行天下""热情好客 文明有礼"等宣传语，将文明作为明确的行为规范加以提倡；"文明杭州""创建文明城市"等话语中，"文明"用作定语表达城市的特征属性，体现共同努力的目标和预期结果。第三，"文明"一词并不出现，标牌话语鼓励不同形式的具体行为来实现文明的意涵。例如，"排队上车 主动让座""斑马线前 停车礼让"等标牌旨在倡导有序和礼让，从而展现交通文明；"垃圾分类 生活更美""养成节水好习惯 树立绿色新风尚"等宣传语则通过垃圾处理和节水等行为倡导环境保护和生态文明。此外，劝导或限制不文明行为的提示、警示类标牌在城市空间中也非常多见，如"注意坡道""水急危险 请勿游泳""超速行驶 祸害他人 伤害自己"等等。这些标牌体现了城市管理者重视生命安全、与环境和谐相处的人本理念，可视作间接地倡导公共文明。

从行为主体性来看，标牌话语基本都将全体市民作为行为主体，不过这种主体性是通过不同的话语策略来实现的。有些话语中使用"共（同）""你我"等词汇形式，突显全体民众的行为主体角色，从而激发人们的参与感和责任感。例如，在"共建文明城市 同享美丽杭州"的宣传中，动词"共建"强调参与者的协同合作，每个个体都不能置身事外，这是达致美好目标的前提；在"文明上下车 出行靠你我"标语中，人称代词"你"和"我"连用表达全称指代，即文明乘车依靠所有人共同努力。有些话语中虽无明确的词汇手段突显行动者，但仍是将所有参与者作为行为主体，如"实行垃圾分类 保护城市环境""弘扬最美风尚 创建文明城市"，仍然包含了全体参与者的共同责任。有些话语则使用第二人称"你"或者省略形式，明确将标牌读者作为呼告对象，突显其直接责任，如"文明在你心中 安全在你手中""请排队上车 为杭城添彩"。此外，发话人有时会使用第一人称"我"，站在民众的立场来阐述个体自我对公共文明的责任和贡献，如"文明杭州 精彩有我""不闯红灯 从我做起"等。

9.3 文明景观中的互动秩序

互动秩序指的是交际参与者在交流中所遵循的规则（Scollon & Scollon 2004；张霭恒，孙九霞 2021）。语言景观中的互动秩序包括公共标识上使用的语言种类、言语风格、交际媒介等。公共空间中与文明相关的情感机制主要通过官方部门设立的自上而下性质的标牌来塑造，在私人标牌上的表征不太明显。在很多宣传标牌上，杭州市文明办被显性标示出来（如图9-1），表明景观创制者希望以官方部门作为权威后盾，执行对文明行为的倡导和对不文明行为的劝阻。从语种上看，文明类宣传标牌基本都是以中文单语形式呈现，使用中英双语的极少。这是因为城市文明行为宣传的对象和目标是当地民众，而不是外国游客或居住者，所以用中文来交流信息即可。不过，在景区、景点等场所出现的警示类标牌上，中英双语标牌则非常常见，这很可能是城市国际化、景区标识服务双语化的规划结果，旨在帮助外国游客理解中文信息的内容，不一定意味着外国游客有许多不文明行为，需要使用英语加以提醒或警告。

　　从言语风格来看，文明宣传语多使用祈使句，以鼓励和劝导为基调来达到规范公共行为的效果。例如，"排队上车 主动让座""花的世界 需要您的呵护""斑马线前 停车礼让"等，发话者皆以劝慰和鼓励的方式倡导文明行为规范，为城市文明做出贡献。一些标牌上使用语气舒缓的话语来劝阻不文明行为，如"青青的草 怕你的脚""鲜花似锦 请君珍惜"，发话者赋予花草情感和生命，以花草的口吻来祈求怜惜，态度显得温和而真诚。这些鼓励和劝导性话语在城市标牌上重复出现，语义叠加，营造出崇尚文明的氛围。此外，标牌话语对于文明越矩行为常采用严肃的语气予以警告，如"禁止游泳""请勿攀爬""严禁变道加塞"等。在这些否定意义的祈使句中，即使使用礼貌标记词"请"，其规则强加意味仍然很明显。而针对容易造成生命安全隐患的违规违法行为，警示语的语气显得尤其强硬，如"醉酒还驾车 判刑失自由""开车闯红灯 一次扣6分"等，以严正预警的方式告诫行动者遵守交通规则，以免造成麻烦或严重后果。

　　除了利用语言符号景观倡导文明行为、劝阻或警示不文明行为以外，城市管理者还发动志愿者走上街头，通过斑马线互敬礼让、文明过马路、文明排队乘车等引导服务，协助建立文明的公共秩序和社会氛围。志愿者还通过问询服务等具身实践来垂范文明，塑造城市情感。头戴小红帽、身穿红马甲的志愿者面带微笑、彬彬有礼的形象，本身就是一种文明的符号，其温暖贴心的服务为行人和游客带来美好的城市体验。以西湖边设立的"西湖志愿服务微笑亭"为例（见图9-7），这是西湖景区自2010年开始设立的纯公益志愿服务品牌项目，全年每天不间断地提供志愿服务，包括道路指引、凉茶赠饮、医疗救助等。① 每一个微笑亭的工作人

图9-7 西湖志愿服务微笑亭

① 参见《"微笑亭"，让西湖景区不仅有颜值，更有温度！》，搜狐网，2019年5月24日，https://www.sohu.com/a/316327460_349225。

员以"奉献 友爱 互助 进步"作为表达规则，以笑意盈盈、真诚耐心的态度为市民和中外游客提供服务，展现热情待客、文明有礼的城市形象。因此，城市民众在城市空间中的具身实践也是实现情感机制的一种重要的符号表征。

总之，杭州市政府通过语言符号景观来塑造有礼有序、友善和谐的文明形象，为城市民众和游客带来舒适、愉悦的情感体验。场所话语的载体、置放方式和字刻等都反映了景观规划者崇尚文明规范的意识形态，而景观中的互动秩序则反映了对内提升城市居民素质、对外展示文明形象的原则。这些方面共同构成了城市文明的情感机制。

9.4 讨论

9.4.1 语言景观与情感塑造

情感对于人类社会的重要性是毋庸置疑的：人类是最具情感的动物，人类的认知、行为以及社会组织的任何方面无不受到情感的驱动（Turner 2007）。情感不仅是构成人类生活世界的一个重要维度，而且可以改变人类生活的样貌，拓展或缩小生活的边界，影响人们对过去、现在和未来的认知方式（Bondi, et al. 2007: 1）。20世纪90年代以来，学界突破理性主义哲学观的束缚，对人的情感在社会文化及认知中的价值和作用进行重新思考，由此西方人文和社会科学的众多学科中出现了"情感转向"（affective turn）（Clough 2007），情感成为当今时代社会和政治生活中的一个主导话语,"情感社会"和"情感城市"等成为社会和文化理论中的关键概念（Slaby & von Scheve 2019；Catucci & De Matteis 2021）。

城市承载着人们的爱恨悲欢,影响人们的思想和情绪,而城市里的人、环境以及事件共同演绎城市的品格和性情,可以说情感在城市空间中是无处不在的（Thrift 2004, 2008）。情感是人们体验城市并赋予意义的核心要素,也是自我与他者形成感情关系的关键（Borba 2019）。对杭州文明景观的分析显示,城市所着力创造的和谐、有礼、有序等文明的环境氛围旨在塑造公众的情感体验,而文明的城市情感也成为城市形象和软实力的标志。可以说,政府部门对城市环境的规划在很大程度上也是对城市情感的规划:通过对场所话语的改变,影响人们对于城市的感知和态度,从而形成特定的城市形象。而从经济的角度来看,情感也是一种资本,地方体验能满足人们情感的需要和心理的认同,便可以增加地方的情感价值,创造情感经济（affective economy）（Lehmann, et al. 2019）。不过,预设情感的实现有赖于多种条件和因素,人们对于城市的实际感受与城市的预设情感不一致的情况也很常见。

语言景观是用来交际的,标牌设立者通过物质载体上的语言文字与目标读者建立交际关系,影响读者的认知、行为或情感,从而实现特定的交际目的。语言标牌激发读者的情感反应是语言景观象征功能的一部分（Landry & Bourhis 1997: 27）。Stroud & Jegels（2014）认为,空间要演变成一个有意义的场所,其核心层面是通过直接或间接地接触情景化的符号实体,构建、叙述并实现特定的情感。在杭州语言景观建立的交际活动中,文明情感主要是通过话语或符号物件来唤起的。例如,公交车里的提示语

"请给有需要人士让座""博爱专座"等,旨在构建关爱、体贴的社会情感,为乘客带来舒适的乘车体验。志愿者手持写有"加入光盘行动,节约从我做起!"的标牌,在知名饭店门口宣传节约,体现了城市倡导理性消费、反对铺张浪费的用餐文明理念。有时候,标牌或符号所涉及的情感形态并不明显,隐性、微妙的情感反应在个体与环境的互动中浮现出来,也有可能发挥强大的社会功能。例如,在西湖景区的标识牌上,除了使用中文以外,大多数指示牌和服务类标牌还提供对应的外语(如英文、日文、韩文等),多语信息标牌的使用能体现出对外国游客和外来移民群体友好、共融(convivial)的情感。在西湖周边繁忙的路口,志愿者在红灯时手拉手形成人墙让车辆顺利通行,绿灯时则打开人墙让人群通过,这种"安全人墙"作为一种符号,能为驾车者和行人带来有序、和谐等情感反应。由此可见,语言或符号景观的构建往往具有情感动机,公共空间实质上是一个情感场所(Rubdy 2015; Wee 2016)。

9.4.2 文明情感的实践结点

公共文明体现了人与城市互动过程中的友好态度及和谐秩序,其情感性在于感知者对城市环境及其内部的人、事、物会产生一种心理安全感和舒适感。本章通过历史主体、场所话语以及互动秩序探讨了杭州文明景观中规约公共行为、创造积极情感体验的方式。在语言景观这个实践结点上,杭州市政府是景观构建和情感塑造的规划者和督导者。他们通过法规、网站、文字和图片等在全社会宣传积极健康、和谐有序的行为准则,从而为城市积累符号资本，创造情感经济。而当地民众则是文明构建的另一个历史主体，作为城市文明秩序的建构者、参与者、维护者和享用者（鲍宗豪 2020），其个体形象及行动展演可以影响他人对城市环境文明程度的评价以及情感反应。城市文明景观中的场所话语包括倡导公共文明行为的鼓励性话语，也包括劝阻不文明行为的警示性话语。语言景观中的文明标识牌设置在醒目的位置，无声却有力量，时刻提醒人们遵守规则、践行文明，为城市文明形象构建做贡献。公共文明或以显性方式出现在宣传标牌上，或以隐性方式蕴含在标牌话语中。从互动秩序来看，标牌语言主要以汉语单语为主，表明文明话语的对象主要是当地民众。作为城市管理者的发话人常常与受话人置于同等位置，有时直接呼吁受话人采取行动。标牌话语以鼓励和倡导文明行为为主，对于严重的文明越矩行为则采用严肃的警告语气来劝阻行动者。另外，志愿者的具身实践也是文明情感的一个实现手段。总之，杭州语言景观中的文明情感是个多层次、多维度的情感场（affective field），管理者将场所话语和社会符号巧妙结合，影响人们对于城市的态度和心理反应，塑造城市文化和文明形象。

9.4.3 情感机制的阐述与实现

景观并非简单、客观的物质空间，其结构是多种意识形态的凝结（Leeman & Modan 2009, 2010）。通过语言景观鼓励和培育特定的情感，是政府部门景观规划和意识形态的一部分。情感机制是一套调节和管理情感反应的体系，可以使用语言或非语言资源共同突显和鼓励特定的情感，调控个体或群体的交际方式以及对景观解读的可能性（Wee & Goh 2019: 2；又见全书3.8节）。情感机制总是与场所或环境相关，强调个体与环境因素之间的互动所引起的评价性取向或反应。景观情感的研究者不关注情感是什么，而是情感能做什么，即情感的展演性（performativity）和赋能（affordances）。人们的情感如何适当地归置于特定景观之中（"情感置放"），以及环境的构造和组织如何促进情感的表达（环境的"情感赋能"），都是情感机制的叙述中需要阐明的问题。

语言景观中的情感机制发挥着规范感受和调节表达的作用，管理者通过创建不同类型的情感机制来引导人们的评价取向，实现预设的场所情感。例如，城市交通主管部门采取安装监控摄像头、提高刑罚的执行力度、在媒体上宣传遵守交通规则的重要性等行动，以减少闯红灯、超速驾驶、酒驾等引起的事故，是在交通领域创建"礼让"的情感机制。有些情感机制借助显性的条文规定，明确地鼓励某种形式的情感表达。如纪念馆的参观须知上，通常会标明庄严和尊重是文明参观应当遵循的情感表达方式。有些情感机制则通过间接或隐性的方式体现景观设计者着力营造的情感，话语和符号表面上与具体的感情状态无关，但具有激发特定情感的效果。例如，杭州的标牌上使用卡通漫画来宣传文明，创造出可爱、有趣的情感体验。实际上，情感机制的实现无须人的参与，文字符号、标牌设计和环境空间布局等常常就能营造某种情感。

需要指出的是，管理方与参与者之间对于符号资源和情感机制的理解必须能够形成共识，才能实现情感共鸣，取得理想的效果。公共文明是个内涵丰富、肌理复杂的情感机制，其表达和实现仅依靠语言和符号景观是不够的。杭州的市民和游客人数众多且构成复杂，加上客观环境、社会条件以及个人的经历、心理、价值观等多种主客观因素的影响，要使体验者的情感反应与城市规划者的预期情感一致，并非易事。如《人民日报》文章所言，"社会文明建设是一项需要久久为功的系统工程，思想观念的进步、文明素养的提升、良好风尚的形成不可能一蹴而就，需要通过持之以恒的建设、潜移默化的熏陶，逐步推动形成适应新时代要求的思想观念、精神面貌、文明风尚、行为规范"（吴祖清 2021）。

9.5 本章小结

情感是语言景观的一个重要维度，环境中的语言文字符号将城市空间塑造成一个情感场所，激起社会成员特定的情感反应，塑造独特的城市品质。语言景观是官方意识形态的凝结，管理者通过语言景观创建各种情感机制，引导和调节人们的情感取向，实现城市治理目标。本章以杭州这个"文明城市"的语言景观为例，使用结点分析来阐述历史主体、场所话语和互动秩序在情感机制形成和公共行为管理中的表现和功能。杭州市政府作为主要行动者，通过语言景观来塑造文明的城市形象，为城市民众和游客带来舒适、愉悦的情感体验；场所话语的载体、置放方式和字刻等都反映了景观规划者倡导文明行为规范的意识形态；景观中的互动秩序则反映了对内提升城市居民素质、对外展示文明形象的原则。

第十章　思考与结论

　　语言景观研究以现实环境中呈现的语言文字为切入点,通过城市空间中各类标牌上的语言表征规律,揭示不同语言及其使用群体在多语社会中的身份、地位、权势、活力等问题。除语言学之外,语言景观也受到符号学、社会学、心理学、经济学、教育学、文化地理学等诸多学科的关注,其研究范式也日益体现跨学科特征。语言景观是在语言政策、读者需求、经济效益、符号价值、历史文化、个人身份和情感等众多因素的作用下形成的。研究者通常不关注语言结构本身,而是从标牌上的语言文字选择和呈现入手,考察公共空间中的语言符号表征背后的社会现实问题。在当前全球化日益深入、人口流动频繁、社会文化结构高度复杂化的现实语境下,英语、国语、母语、少数族群语言等一系列语码形式在语言生活中的竞争和冲突日益引起关注,而语言景观恰恰可以通过标牌话语与社会空间的互动作用,为各语言及其社群的地位与兴衰状态提供实体证据,为决策者语言政策的制定或调整提供依据。因此,语言景观研究对于理解城市空间与政府、标牌创设者、标牌读者之间的多元互动以及语言与社会之间的关系都具有重要的价值和意义。

　　李宇明(2012b)指出,管理语言生活是政府的重要职责,而在时代背景下全面、深入了解语言生活的状况是进行科学的语言规划、制定完备的语言政策的必然要求。本研究以语言景观为视角，从语言管理、语言实践和语言态度等多个维度探讨了上海、杭州和宁波为代表的城市空间多个场域的语言选择和使用问题，揭示了经济全球化和都市国际化背景下对外开放前沿城市中语言景观的使用和分布规律、管理政策以及城市民众的语言态度。研究中使用的工具和方法包括政策文本分析法、民族志方法、问卷调查以及访谈等，通过三角论证方式为分析结果和发现增加可信度。本研究对于都市语言生活管理、语言环境建设以及语言规划等具有一定的参考价值和现实意义。这里简要总结三个城市语言景观的特征和规律，然后宏观讨论语言景观中蕴含的语言和社会现实问题。最后是本研究的局限性以及未来研究方向的展望。

10.1 开放城市语言景观的总体特征

在当今的全球化时代，中国与世界的交流不断深入，经贸往来日渐频繁，而到我国工作、游览、交流、学习和居住的外国人也越来越多。可以说，全球人员流动加剧，国家的对外开放不断加大，城市的国际化发展需求强烈，人们物质和精神生活水平不断提高，这些都是我国城市所面对的宏观社会背景。

沿海开放区是中国政府为了发挥沿海地区优势、引进外资和先进技术、发展外向型经济而设立的发展区域，属于国家对外开放的重大战略部署。1984年5月，国务院确立了首批14个沿海开放港口城市的地位。1985年2月，国务院同意在长江三角洲、珠江三角洲和闽南厦漳泉三角地区开辟沿海经济开放区，以进一步加速沿海经济发展、带动内地经济开发。1988年3月，《国务院关于扩大沿海经济开放区范围的通知》（国发〔1988〕21号）又将多个城市纳入沿海经济开放区的范围。这些城市和地区依托其地理位置、自然资源、经济基础及技术管理等多方面的良好条件和优势，在外商投资、对外贸易、体制创新、产业升级、扩大开放等方面发挥前沿和示范作用。

本书第五至九章所聚焦的上海、杭州和宁波三个城市同属长三角经济圈，地理位置接近，经济实力雄厚，城市的开放程度高，且都是我国的历史文化名城，旅游资源丰富。其中上海是我国四个直辖市之一，人口2400多万（第七次全国人口普查数据），作为我国的经济和金融中心，享有很高的国际知名度。杭州作为浙江省省会，是浙江省的经济、文化和科教中心，也是长三角的核心城市之一，人口1220多万（数据来源：《2021年杭州市人口主要数据公报》），市内自然及人文景观遗迹众多，是我国著名的旅游城市。宁波是国务院批准的首批沿海经济开放城市，是我国对外经贸交流的重要港口城市之一，古代"海上丝绸之路"的发祥地之一。宁波人口950多万（数据来源：《2021年宁波市人口主要数据公报》），凭借其工商业的实力成为长三角南翼经济中心，也是国内经济最活跃的城市之一，另外其自然景区和文化古迹也很多。由于地处经济繁荣、历史文化底蕴深厚的江南地区，三个城市的自然和人文风光也常常吸引众多海外人士前来旅游、工作或生活。根据上海市统计局发布的数字，2017年在沪外国常住人口（包括拥有居留许可或永久居留权的外国人）共计163 363人，国际旅游人数873万余人，其中日本、美国、德国等国家的外国游客最多（上海市统计局2018）。杭州的统计数据显示，该市2018年共接待境外游客420.5万，同比增长4.5%，韩国、美国、日本、新加坡、马来西亚、泰国等国家的外国游客最多（杭州市统计局2019）。而在宁波，2017年共接待境外游客近187万，外国游客人数最多的国家主要是日本、美国、韩国等（宁波市统计局，国家统计局宁波调查队2018）。从语言环境来看，上海、杭州和宁波三地都处于吴方言区，但普通话是该地区的最主要的官方和民间通用语言。简化字是国家规定的标准汉字，也是人们社会语言生活中最主要的字体。这些都是城市所处的宏观社会语境。根据《长江三角洲地区区域规划》的要求，长三角地区要优化总体布局，推动区域协调发展（国家发展改革委2010）。对于上海来说，发展过程中要"进一步强化上海国际大都市的综合服务功能，充分发挥服务全国、联系亚太、面向世界的作用，进一步增强高端服务功能，建成具有国际影响力和竞争力的大都市"。对于杭州来说，发展过程中要"充分发挥科技优势和历史文化、山水旅游资源，建设高技术产业基地和国际重要的旅游休闲中心、全国文化创意中心、电子商务中心、区域性金融服务中心。建设杭州都市圈"。而宁波的发展要"发挥产业和沿海港口资源优势，推动宁波—舟山港一体化发展，建设先进制造业基地、现代物流基地和国际港口城市"。可以说，上海、杭州和宁波等城市是国家对外开放的前沿阵地，区位优势明显，一体化程度高，其城市定位和发展规划在沿海开放区具有典型性。

我们考察发现，在上海、杭州和宁波等城市中心区域的公共标牌上，中文是绝对的主导语言，超过 98% 的标牌都使用了中文，且 95% 以上的标牌将中文居于突显位置，体现了中文在社会语言生活中的核心地位。英语作为现代化、国际化的象征性符号，在公共标牌上的呈现日益普遍，其语言地位也日益提高。政府部门将公共服务领域使用英语看作城市国际化发展的需要，鼓励和规范标牌上的英语使用。公共标牌上标注中英双语是各个城市普遍实行的语言景观政策。然而，三个城市空间中的单语公共标牌仍占多数，双语（码）比率都不足 50%，在警示告示牌、临时性交通指引、交通管制牌、宣传牌等标牌上往往只使用中文。调查也显示，在经济全球化和城市国际化建设的时代背景下，多语语言景观的实践和管理具有比较深厚的民意基础。在民众看来，公共标牌上英语的规范性和准确性是城市良好形象的象征，都市的国际化形象建设受到广泛认同，而标牌上的中式英语在他们看来有损城市形象，应该加以整治。总之，公共标牌双语化已经成为三个城市具有共识性的语言景观政策，但要真正实现，仍有较长的路要走。

路名标牌作为公共标牌的一种，其语言选择和使用具有特殊性。在管理政策方面，路名标牌上使用汉字加拼音的方式是国家层面制定的标准。对于路名标牌上的语码选择，上海和杭州采用"路名英译"的标准（或者说沪标），标注中文和英译路名；宁波则采用路名拼音化的国家标准。上海和杭州的政府部门认为，英语比拼音更符合城市国际化发展的需要。从城市民众、学者以及网络媒体的态度来看，拼音和英文两种路名罗马化方式都有大量的支持者。拼音论者强调地名拼音化的法定地位，同时，拼音路名可以在外国人问路方面发挥作用，也更容易避免路名翻译上的错误和不一致现象。而英文论者则强调英语的国际地位，认为以非汉语使用者为服务对象的罗马化路名标注理应使用英文，而英文也更符合大城市的国际化定位。拼音与英文在路名牌上的语码之争反映的是工具理性与价值理性之间的一场角力，面对全球化和国际化时代洪流的冲击，以往的自上而下的指令式语言规划在实施过程中会遇到种种问题，官方管理部门需要寻求新的语言管理方式来处理政策与实践之间的矛盾。

在普通商业街上，店名标牌上的语言选择日益多元化。本研究发现，超过95%的邻里商业区店名标牌上使用了中文，说明中文在商业领域是主导语言。而超过42%的标牌上使用了英文，英语单语店名、中英双语店名以及包含英语的多语店名都很常见，显示英文在商业领域发挥着相当重要的作用。虽然国家和地方政府出台过不少标牌语言文字管理的文件，对纯外语店名、中外文混合店名、繁体字使用等加以限制，但私人业者在标牌语言呈现上具有比较充分的自由，体现了三地政府弹性和宽松的管理策略。在很多情况下，商业标牌上英语的象征功能比实际的交际功能更突出。从城市民众的反馈来看，受访者认为商业标牌上使用外语来进行广告宣传是无可厚非的，国际化都市的语言景观中可考虑继续增加英语元素，从而构建对外友好的现实环境以及良好的城市形象。而商铺经营者则看重语言文字的符号价值，通过英语的象征功能来吸引邻里消费者。这些城市商业标牌上的多语使用具有双向指代的功能：一方面可以体现休闲、随性、时尚的都市生活状态，另一方面也能表征城市居民（包括店铺经营者及其消费者）对于开放、自由的都市人身份的认同。正是由于这些地区经济活跃，人们生活富足、思想开放，私人领域语言景观的象征功能才更加丰富和多元。

在旅游语言景观中，标牌上的语言分布受多种因素的影响。首先，政府部门制定的景观设计规则和方案是旅游语言景观形成的政策因素。其次，游客群体的构成是旅游区标牌语言选择的关键，旅游业者倾向于使用游客熟悉的语言来提供信息服务。最后，语言的商业化价值也是旅游中语言设置的重要考量，那些文化资本较强的语言往往会被规划部门及店铺用来作为吸引游客光顾的符号手段。在我们调查的西湖景区，中文在99%的官方和私人标牌上获得使用，体现了它作为国家主导语言的地位；英语作为国际上普遍使用的语言在超过66%的旅游标牌上获得使用，而日语、韩语、法语等外语则在近10%的旅游标牌上呈现。外语的使用一方面体现了城市开放对国际游客的吸引力，因此使用游客群体熟知的语言提供语言服务成为一种客观需要；另一方面也说明，这些大城市都致力于通过标识系统的建设，体现国际化城市的战略定位。以游客为主要目标读者而设置的各类语言标牌除了一般的信息和象征功能之外，还可以传达异域情调、历史感和好客等象征意义。对于外国游客来说，景区标牌上汉语的文字结构、构词方式、表达习惯、文字排列设置、标牌的形式等都带有浓厚的异域情调。而在历史景区，繁体字、书法艺术、商店名称以及标牌的材质和形式等语言景观特征能传达出文化传统、古朴典雅等历史韵味。另外，旅游区标牌上使用英语、日语、韩语、法语等文字，为不同语言背景的游客提供信息和语言服务，体现了城市对外友好的姿态。总体上，旅游景区的语言景观建设应考虑游客身份的多元性、旅游目的的多样性以及旅游过程中的符号需求，同时兼顾当地人（特别是少数族群）的语言权利。

语言景观是官方意识形态的凝结，管理者通过语言景观创建各种情感机制，引导和调节人们的情感取向，实现城市治理的目标。关注语言景观中的情感表达，有助于了解我国城市空间中的情感生产和流通规律。我们利用结点分析对杭州城市文明相关的情感机制构建进行了探讨。杭州城市管理部门是城市文明情感构建的主要行动者，通过语言景观及标牌话语的规划，塑造文明友善的城市形象，创造舒适、愉悦的情感体验；城市民众通过具身实践参与文明情感的生产。在公共空间中，场所话语的载体、置放方式和字刻等都体现了景观规划者管理空间情感、倡导文明规范的官方意识形态。语言景观中的互动秩序则反映了官方部门对内提升城市居民素质、对外展示文明形象的城市治理原则。

总之，三个城市公共空间的语言景观实践是我国经济前沿都市语言生活的体现。在当前全球化和城市国际化的背景下，各个城市充分发挥语言的工具理性以及符号的象征价值，所做的种种语言选择和语言规划体现了该区域的语言景观构建理念及城市国际化的语言景观解决方案。本研究的结果有助于人们了解大城市语言景观中的语言使用状况、语言竞争和冲突以及语言景观政策和实践的民众接受度，对于都市语言生活管理、语言环境建设以及语言规划等都具有一定的参考价值和现实意义。

10.2 语言景观的经济学动因

语言不仅是一种交际工具，还是一种特殊的社会资源和公共产品。在一个多语共存的社会中，不同的语言具有不同的市场价值和效用，社会化生活中的语言使用会产生直接或间接、有形或无形的社会效益和经济效益。因此，语言行为在很多时候也是一种经济现象，可以运用经济学中的理论和工具进行阐释。例如，语言可看作一种可用于生产或再生产的资产和资源，与其他资源一样，也具有价值、效用、费用和效益等经济学属性（Marschak 1965；Grin 1996；张卫国 2008）。从这个意义上说，语言标牌的创设是通过语言资源的配置创造效益的过程。以"文化资本理论"著称的法国著名社会学家布尔迪厄很早就讨论过语言交际的经济学，指出话语是一种象征性资产，在不同的语言市场中获得不同的价值，独特的语言能力可以为语言使用者带来独特性利润（Bourdieu 1977）。20 世纪 90 年代以后，随着人力资本理论和教育经济学的发展，从经济学视角阐释语言现象获得越来越多的关注，其中尤以瑞士经济学家弗朗索瓦·格兰（François Grin）的研究最为引人注目（Grin 1996，2001，2003，2014 等）。根据语言经济学的基本主张，语言是一种人力资本，而学习外语是对人力资本生产的一种经济投资；语言的经济价值有高低之分，在经济发展中的作用也有大小之别；此外，经济学在语言政策的设计、选择和评价中发挥重要作用。从语言经济学的视角探究全球化背景下的语言现象，可以为社会语言学分析提供更多的理论和方法论支持。Cenoz & Gorter（2009）认为，从经济学角度来解读城市空间中的语言多样性是语言景观研究的一个重要维度。本节从语言经济学的视角出发，探讨上海、杭州和宁波三个城市语言景观构建中的经济学动因。我们主要以成本与收益、效率与公平、供给与需求、利用价值、工具理性等语言经济学核心概念作为理论工具展开阐述。这样的分析有助于从跨学科和大语言观的角度来思考和解读语言景观的管理和实践。

（一）标牌语言政策的成本与收益

很多学者指出，一个国家语言政策的制定和实施，都直接或间接与经济因素密切相关。例如，Grin（2003）认为，最优的语言政策就是使语言的社会总价值最大化，语言政策的费用最小化。这里从成本与收益的角度分析三个城市所推行的标牌语言政策。对于任何一项与语言相关的投资来说，收益最大化、成本最小化往往是投资者追求的目标。政府标牌是彰显官方语言意志的阵地，其语言选择的目的都在于强化本国主导语言的强势地位和话语权。从成本和收益的角度来看，全社会范围内语言资源分配的主要收益在于主导语言获得更多的社会认同，在社会文化生活中的地位和职能得到巩固，积累更多的经济和文化资本，而成本或者说代价则是国内非主导语言的社会地位被弱化，少数族群的语言权利被压缩或忽视（Grin 2003）。由于官方标牌所呈现的语言具有显著的优越性，少数族群为了获取信息及参与城市空间中的交际，不得不投入金钱、时间和精力来学习主体语言，造成学习成本的增加。另外，根据语言的趋同原则，即少数语言集团具有主动学习多数语言集团语言的倾向（Lazear 1999），少数族群由于自身语言的经济价值低而转向使用主体语言，其长期后果是逐渐丧失族群语言的运用能力，进而出现语言死亡，造成语言资源的流失。

前文谈到，上海、杭州和宁波三地的政府标牌上，英语使用日益增加，但从标牌上的字符大小、置放方式以及全局性的语言资源配置来看，中文作为语言景观主导语言的地位非常明确。政府标牌上突出中文的景观构建方式可以强化中文作为主体语言、简化字作为规范汉字的语言认同，提升全民的社会凝聚力。而公共标牌上使用英语，一方面可以展示城市的国际化形象；另一方面，城市创造的对外友好的实体语言环境也有助于吸引更多外资和外来人才，带来经济利益。而从社会成本来看，繁体字作为沿用几千年的中国历史文化记录符号在都市语言生活中的使用范围受到限制，方言和少数民族语言文字在城市公共空间中的生存空间受到压缩。另外，政府标牌上大量的英文使用，无形中也强化了英语在社会中的地位和重要性，全民学英语的热潮会带来相关社会成本的持续增加。而在私人标牌上，语码选择和呈现方式多是出于经济效益的目的：商家在标牌上使用某种或某几种语言文字传达产品或服务讯息，以吸引顾客前来消费，从而赚取经济利益。虽然国家和地方政府对于广告牌上的语言文字出台过不少规划文件，但城市主管部门在实践中施行的是柔性、通融的管理政策，对于企业和商店标牌上的外语、繁体字使用以及语言突显设置等干预不多，私人标牌的制作者对于语言资源的调配具有较充分的自主性，商家可以通过语言选择和呈现的创意实现经济效益和非经济的目的（如情感需求、身份认同等），从而为商家追求最大利益提供了保障，有利于当地经济的繁荣。这种宽松的私人领域语言景观政策的成本或代价便是许多语言文字相关的规定流于形式，得不到贯彻执行。总之，三个城市事实上的语言政策能为地区的发展带来可观的经济效益，同时也都伴随着一定的社会成本。

（二）语言标牌作为公共产品的供给与需求

公共产品与私人物品相对立，指的是在消费过程中具有非涉他性和非排他性特征的产品，即一个人消费该物品时不影响他人对该物品的消费，同时也没有理由排除其他人对该物品的消费（张卫国 2008）。路名牌、广告牌等各类标牌都属于公共产品，成本属于公共产品生产的先期投资，它包括公共部门或私人个体在制作标牌过程中所投入的各种生产资料（如制作材料、颜色图形的设计、文字的使用等）所产生的耗费，也包括制作者和译者在制作过程中所付出的时间、精力和其他劳动（王同军 2008）。标牌上语言的供给和需求也是个值得权衡的问题。面对人数众多、语言背景复杂的语言消费者来说，标牌上使用多语能满足更多人的需求。然而，多语供给的成本也是很昂贵的，如制作、翻译、维护等都需要大量的人力和物力付出（Fidrmuc 2011）。更为关键的是，标牌上的语言供给无论多么丰富，都无法满足社会中所有个体的语言需求。

三个城市的政府部门当前都倾向于在城市空间设置更多的中英双语公共标牌（旅游景点有时还设置多语标牌）。从官方话语可以看出，这种双语和多语供给的景观策略是出于城市国际化发展的目的而采取的措施，可以更好地满足不同人群的符号需求。不过，由于国内普通民众的外语水平普遍较低，要在城市语言景观中全面推行双语标识的供给政策，在资金充足的情况下，还需要多个政府职能部门通力合作、决策者和专业人士等各尽其用、监管到位等，其经济和社会成本无疑是非常高昂的。而在私人标牌上，语言的供给明显多元化，不同顾客群体多层次的消费和心理需求常常可以获得一定程度的满足。例如,在日本和韩国餐馆的店名标牌上使用日语和韩语,便是一种迎合潜在顾客心理需求的供给策略:虽然店主不一定是日本人或韩国人,但标牌上提供的日语或韩语可以吸引对日韩特色美食有兴趣的顾客前来消费。而在时装店,店名标牌上突显商品的英文品牌名称,可以满足追求高端、时尚、品质等符号价值的消费者的心理需求。总体来说,标牌上的语言供给方式以不同语言背景的游客为设计考量,体现了城市开放、友好的待客之道。

(三)语言景观中的效率与公平

效率与公平是经济发展过程中的一对矛盾。政策的制定大多以提高效率为目的,然而政策引起的资源再分配往往会使一部分人处境变好,也会使一部分人处境变糟,产生分配不公(Van Parijs 2002)。语言景观中的语言选择也涉及效率和公平的问题,但效率往往是优先考虑因素,而公平常常成为一个次要选项。在三个城市中,外国游客和拥有居留权的外国人日益增多,但总体上仍是少数人群,本国人无疑仍是人口构成的主体。语言服务如果出于效率的考虑,公共标牌上应该只设置中文这一种官方语言,这样制作成本最为低廉,同时也不影响本国人利用公共标牌获取信息的需求。然而,这种只照顾汉语使用者的方便和利益,不顾及汉语水平不足者获取信息需要的做法,对于在城市生活的非汉语使用群体(尤其是不同语言背景的留学生、在华工作和生活的人士)来说,是有欠公平的。如果出于公平的考虑来设置语言标牌,那么英语、日语、韩语等外国人规模较大的群体所使用的语言也应该同时出现在公共标牌上,每个路名、警示牌、政府楼宇名称都以三四种甚至更多种语言呈现出来。这种做法表面上看似乎更趋公平，却大大增加了制作成本，是效率低下的处理方式，在这些经济开放、注重高效的城市是不可能采用的。另外，从绝对公平的角度来说，所有的个体语言都应该一视同仁，都应该添加在标牌上，这显然更是不可能的。即使数种语言并列放置，语言排列还会依照权势关系体现出重要性次序的差异。可以说，在语言景观构建中，没有绝对的语言公平可言。要在效率和公平之间取得对立统一，使用中文为主、英文为辅的公共标牌语言配置方式可满足城市民众和大多数游客的语言符号需求，虽然对于不能熟练使用中英文的读者来说是不公平的，但对于城市主管部门来说却是一种最大限度兼顾效率和公平的做法。在上海、杭州和宁波等城市，设置中英双语公共标牌已成为城市国际化发展规划中的一项具有共识性的举措。然而，要完全实现公共标识双语化，是一项费时费力的浩大工程，人们为这种相对的公平所付出的经济、社会和人力等成本也是巨大的。总之，同语言权力一样，完全平等在语言景观的构建中是很难实现的，城市的中英双语标识牌建设工程是一项兼具效率和公平的语言景观规划尝试。

（四）语言景观中多语共存的经济价值

语言景观可以反映语言的多样性。与生物多样性（Pearce & Moran 1994）类似，多语共存也具有广泛的经济价值。语言多样性的总经济价值并非仅体现在其市场交换价值，而是包括了它的可利用价值和非利用价值（Cenoz & Gorter 2009）。可利用价值指的是当标牌上的语言被使用或消费时满足人们某种偏好或需求的能力，这种价值可以是直接的，也可以是间接的。直接利用价值体现在人们通过标牌语言直接进行交际,例如知晓路名和街名、了解商品信息等。间接利用价值包括:(1)由于语言环境的"友好性"而吸引更多游客,避免翻译等额外成本;(2)语言发展的可持续性,以及不同语言族群更好地融合,减少冲突;(3)创造现代化、多元文化大都市的形象,节省城市形象营销方面的开支。非利用价值指的是标牌语言作为物品的内在属性,包括存在价值与遗产价值,它们都与人们是否使用无关。存在价值指的是人们知道某种或某些语言存在于城市景观中这一事实所带来的益处,而遗产价值指的是当代人把某种语言资源保留给子孙后代所带来的益处(Cenoz & Gorter 2009)。少数族群语言在城市景观中呈现,使用者便会认为该语言可以存活,保留给后世,体现遗产价值。

  三个城市的语言景观都体现了语言多样性的特征,但官方部门更看重其利用价值。中文是我国的通用语言,简化字是国家规定的规范字体,在三个城市的公共标牌上,除了某些因历史、政治等因素而保留繁体字之外,路名牌、警示牌、宣传标语等几乎都是以简化字书写的、以中文为主导的标牌。官方标牌所体现的语言意志在于维护主导语言在国家和地方社会生活中的统治地位。很多公共标牌上也会使用英文甚至日文、韩文等外文,为不熟谙中文的外国游客提供阅读的便利,创造友好、国际化、文化多元的都市形象。可以说,这些地方政府都是从实用主义角度出发,在官方领域的语言景观中将主导语言和多语存在的利用价值最大化。在私人领域,商家使用包含中文的单语或双语/多语标牌,可与主体人群建立信息流通渠道,带来经济利益。随着英语在国际上普遍使用的作用日益明显,加上外国游客的涌入,私人的商业标牌上使用英语成为招揽顾客、取得经济收益的一个重要因素。私人标牌的创设者还可能会因情感和文化认同、身份构建等选择使用其他语言文字或书写符号。可见，私人领域语言景观的多语现象既体现可利用价值，也包含非利用价值。

（五）语言景观构建中的工具理性

工具理性是经济学中一个最基本的概念，指的是人们在每一项活动中都追求自身收益的最大化，为人的某种功利性目的服务。这里的收益可以是经济方面的，也可以是非经济方面的，如心理层面的满足。理性的行为人会对几个选项的成本和效益进行比较，选择能产生最大净收益的选项（Grin 1994）。语言景观的工具理性就是语言标牌设立者通过标牌语言选择，使自身收益最大化。也就是说，在工具理性为上的政体中，官方机构通过公共标牌的语言规划最大限度地达成政治经济层面的目的。政府、其他团体组织及个体通过设立标牌，以一定的支出或成本（例如运用一些特殊的语言表达、文字、图形、符号）使有限的标示达到最佳的资源配置，发挥其经济效用来满足公众的需求，从而获得预期的最大收益（王同军 2008）。语言经济学认为，语言应用具有网络效应或者说网络外部性，即语言的价值与使用者数量成正比，使用者的数量越多，对人们来说这种语言便越有用（Dalmazzone 1999）。通过标牌政策（显性或隐性）使得国语或官方语言的地位得到巩固，就是语言网络效应的体现。

在三地的公共标牌上，中文和英语因获得政府部门的大力支持而大量呈现，而其他外语以及汉语方言、少数民族语言等则在官方语言景观中呈现比较少。如前所述，对于政府来说，通过官方标牌的语言使用具有工具性目的，即可以强化中文作为国家主导语言的核心地位，而英语使用则有助于构建城市的国际化形象，为城市的经济发展带来积极影响。另外，公共标牌上的语言选择和使用也会影响人们对于语言重要性的认知，更多人转而学习和应用该语言，从而使得该语言获得更大的社会和文化资本。这些都可以看作语言工具理性的表现。而在私人领域，通过标牌语言选择获取收益最大化自然也是商家普遍的追求。在商业标牌上，只使用中文虽然能突显其在语言生活中的核心地位，但并不一定符合商家追求利益最大化的目标。在工具理性的驱使下，很多店家选择使用中英双语标牌，为潜在顾客提供更多符号信息。根据经济学中的信息不对称理论，市场经济活动中掌握信息较充分的人员处于优势地位，更容易在市场中获利。私人标牌使用中英双语书写，提供更多相关信息，可以降低买卖双方的交易成本，为商家带来更多经济利益。另外，虽然很多经营者不懂英语，但英语符号本身具有的时尚、潮流、国际化、品质等象征意义可以为商家起到营销的效果。当然，现实中人们的消费行为并非完全理性的，私人标牌上的语言选择还受到偏好和其他约束条件的制约，所以标牌上最终的语言呈现是多种因素博弈之后所取得的平衡性选择。

总之，语言景观中的语言设置并非随意行为，往往有着深刻的政治和经济考量。标牌语言的管理政策和规定很明显能强化语言的效用，但沿海开放区较为宽松的语言政策会给标牌制作者更大的语言选择自由度，而人们（尤其是私人业主）的最终选择也可以反映社会中各语言和变体在语言生活中真实的地位。在上海、杭州和宁波三个城市的语言景观中，政府标牌上的中文单语或中文为主、英文为辅的双语书写与私人标牌上的多元性的语码呈现和创意使用形成对比，这是由于政府以社会政治因素、效率和工具理性为考量进行语言景观构建，而私人领域语言景观的构建则更注重商业价值。官方标牌的语言设置的一个主要目的是通过主导语言的扩散来影响读者对于语言地位的认知，最大限度地取得民众和社会对国家通用语言文字的认同感。如李宇明（2012a）所言，"推广国家通用语言文字，保证信息畅通，促进国家认同是国家根本利益之所在"。因此，对于官方标牌上的语言使用来说，政治层面的收益可能比经济层面的收益更为紧要。而在私人标牌上，呈现顾客群中认知度高、语言符号的商品化属性强的语言是商业收益最大化的策略，英语、繁体字、少数族群语言等都可能成为实现经济效益的手段，使标牌上的语言选择与政府标牌的语言构成出现差异。需要指出的是，语言景观是多方主体在语言意志、社会和经济需求、情感认同等众多因素的权衡抉择之后所达成的语言呈现状态，经济动因只是城市景观中语言多样性形成的一个维度。因此，语言经济学并不能阐释城市语言景观中所有的语言选择和使用问题。正如 Grin（2003）所言，人类行为的每一个方面都可以从经济视角来加以解读，但如果只从经济方面来找原因，人类行为的任何方面都无法获得圆满的解释。

10.3　城市语言景观与城市形象建设

中英双语标识的设置与城市的国际化定位是紧密相关的。沿海开放区是国家对外开放的前沿阵地，也是国家经济发展的引擎，其城市规划和发展模式具有很大的引领和示范作用。本研究所调查的上海、杭州、宁波等三市都属于经济发达的开放区前沿城市。《长江三角洲地区区域规划》明确提出，包括江苏、浙江和上海等两省一市在内的长江三角洲地区是我国综合实力最强的区域，不仅经济基础雄厚，而且体制完善、整体竞争力强，在战略上要把该区域打造成现代化建设的先行区、国际化发展的先导区，"发挥上海的龙头作用，努力提升南京、苏州、无锡、杭州、宁波等区域性中心城市国际化水平，走新型城市化道路，全面加快现代化、一体化进程，形成以特大城市与大城市为主体，中小城市和小城镇共同发展的网络化城镇体系，成为我国最具活力和国际竞争力的世界级城市群"（国家发展改革委 2010）。另外，根据国务院 2019 年 12 月发布的《长江三角洲区域一体化发展规划纲要》的相关描述，长三角地区是"我国经济发展最活跃、开放程度最高、创新能力最强的区域之一，在国家现代化建设大局和全方位开放格局中具有举足轻重的战略地位"[1]。可见，三个城市在国家的战略定位中都是经济繁荣、国际化发展势头强劲的沿海开放区先导城市。另外，三个城市都在审视自身优势的基础上，提出了各自的城市发展目标。

在语言景观的管理和实践中，可以看出，这些长三角核心城市着力构建国际化、开放、包容、多元、对外友好等城市形象。其中，"国际化"是大众传媒和官方话语中涉及城市发展方面非常

---

[1] 参见《中共中央 国务院印发〈长江三角洲区域一体化发展规划纲要〉》，新华网，2019 年 12 月 1 日，http://www.xinhuanet.com/2019-12/01/c_1125295202.htm。

热门的关键词。在国家和地方政府部门看来,设置中英双语公共标牌被视作城市国际化进程中的客观需求,而正确规范的英语是良好城市形象的象征。例如,国家质量监督检验检疫总局和国家标准委 2013 年 12 月和 2017 年 6 月发布的《公共服务领域英文译写规范》系列标准就是为了保障公共服务领域英文翻译和书写质量而制定的国家标准,而规范各类标牌上的英语是"促进我国对外开放的现实需求,同时也是传播中国理念、提升中国国际形象的重要途径"[①]。杭州市政府发布的《杭州市加快推进城市国际化行动纲要(2014—2017)》中,一项重要任务是营造国际化语言环境,实施以后"对于提高杭州市民对外交流水平与国际化意识,提升城市现代化文明程度、国际化和综合宜居水平等具有重要的意义"(赵志义 2015:1)。宁波市政府 2015 年 7 月制定实施的城市公共双语标识系统建设方案,目的是"进一步提高现代化、国际化水平,优化城市环境,展示宁波形象"(宁波市人民政府办公厅 2015)。除了这些规划政策之外,各地政府部门每年也组织社会力量开展"啄木鸟行动",查找和清理标牌上出现的语言不规范用法。调查显示,大多数普通民众对于城市公共空间中的英语标牌并不反感,认为城市的国际化形象能推动城市的经济发展,改善人民的生活质量。人们愿意支持城市的国际化建设,并希望语言景观中的英语可以再多些,体现出人们对于英语象征功能的青睐。另外,人们基本不认同标牌上的中式英语,认为这些表达有损城市形象,背离城市的国际化发展,因此应该集中整治。我国语言

---

① 参见《〈公共服务领域英文译写规范第 1 部分:通则〉发布》,中央政府门户网站,2014 年 1 月 9 日,http://www.gov.cn/gzdt/2014-01/09/content_2563179.htm。

学者也非常关注语言景观中英语的准确性和规范性，提出多种公示语翻译策略，以更好地发挥英语在语言景观中的信息功能，提升城市的形象。而英语教师在总体上也认为英语语言景观是一个城市现代化和国际化水平的象征，只有标准英语才能与国际都市的名声相匹配（Shang & Xie 2020）；标牌上使用不规范的英语形式则会影响城市的声誉，导致城市在全球化的发展和竞争中失去吸引力。

从各级政府关于标牌英语的规范化举措以及民众对于英语语言景观的态度可以看出，城市国际化形象建设的官方话语体系已经深入人心，标准语言意志在大城市是一种主导性的语言信念，上至国家管理部门下至普通民众都有通过语言景观构建城市乃至国家美好形象的强烈意愿。这种自上而下对于城市形象的重视与中国从古至今看重"面子"的文化心理有很大关系，同时也反映了政府和民众对于国家和民族崛起并获得世界认可的迫切愿望。

10.4 路名景观中语码之争的实质

路名标牌上的罗马化书写到底应该使用汉语拼音还是英文，是不同城市之间歧见最大的一个语言景观问题。在区域一体化程度非常高的长三角地区，上海、杭州和宁波三个城市之间的路名实践并不统一：上海和杭州按照城市国际化的需要在路名标牌上标注英文，宁波的路名标牌则按照国家标准的要求标注汉语拼音。上海、杭州等城市在路名牌拼写中寻求标准例外的"大都市特殊论"，是这场拼音与英文语码之争的一个看点。从本质上看，路名标牌上语码选择的问题体现了语言的政治正确与工具理性之争。

地名承载着历史性、文化性和政治性等众多内涵意义。特别是一些边境地区、民族地区和领土领海，一个地名关系着国家主权、民族尊严和民族团结。例如，日本称中国的钓鱼岛为"尖阁诸岛"。在中国官方的话语体系中，"钓鱼岛"的地名便具有国家主权的象征，一般不能轻易用其他名称来指称该岛屿。然而，道路名称作为一个场所称谓，罗马化书写形式并不改变其命名依据和属性，跟国与国之间争议领土的署名权之争具有本质不同，并无太大的可比性。在上海和杭州等地的政府及普通民众看来，强调路名拼音书写的政治性在城市经济建设的背景下缺少实际价值，而使用英文路名可以强化城市的国际化形象，为吸引国外游客、招商引资等创造条件。在全球化程度日益深入、消费社会的文化心理（Baudrillard 2016）逐渐成形的时代背景下，大城市的发展规划决策者在语言景观中突显城市的开放性和包容性是符合工具理性原则的。无论城市管理部门对于"国际化"这一概念的理解是否偏颇或狭隘，路名牌上设置英文是城市着眼于国际化的一个策略。而国家层面的地名管理机构对于路名罗马化的问题三令五申，强调汉语拼音书写标准的政治正确性，这一立场在官方话语中从未放松过。上海等城市的路名罗马字母标注的实践给其他城市带来一定的示范效应。如果国家政策制定部门对于地方政府以"城市发展的需求"为由，给路名英文译写放行，很可能会形成"破窗效应"，使国家政府部门颁布的众多地名标志中"绝对拼音化"的法令条规名存实亡。路名牌上使用汉语拼音代表的是国家政府的立场和话语权，如果将此权力让渡给地方政府，也可能会在一定程度上折损自己的权威性。由此可见，如何管理路名牌上的汉语拼音与英文在国家政府层面也面临着两难的窘境。

　　那么到底应该如何解决路名牌上旷日持久的语码之争呢？我们认为，既然上海、杭州等城市已实行路名牌上标注英文的做法，而且上海路名牌的地方规范执行得比较彻底，起到了示范作用，不宜再通过行政命令的方式强制改回拼音标注。国家政府或许可以对英文标注路名的上海标准（沪标）给予有条件的认可，从而破解僵局。沪标可以作为国标的一个并行方案，让地方政府根据自身需求选择国标或者沪标，逐步放开路名牌罗马化的标准化限制。这样弹性、协商式的做法或许更符合当今时代背景下语言规划的国际趋势。另外，路名拼音化的规定逐渐松绑之后，公共服务领域和设施上提供英文注释的做法会更具一致性。对于各个城市内部路名牌标注不统一的问题，加快公共标识标准化建设、规范化管理势在必行。对于城市内部路名牌的语言管理，目前最为紧要的是地方政府牵头协调各个行政主管部门，将路名的罗马化表达形式统一化，避免路名牌、指路牌、地铁公交站点、城市地图、手机应用地图等不同的负责机构各自为政的情况，确保同一个道路名称只有一种罗马化表达形式。另外，中国的行政区划众多，各个城市出台自己的道路标志译写规范，仍可能造成路名罗马化书写上的不一致。如果以翻译的准确性为准绳来看，变体众多的通名形式在翻译过程中确实面临不少难题，而采用汉语拼音能有效避免翻译错误。总之，无论采用哪种罗马化形式，内部统一、全局一致的路名标识应作为城市管理部门的一个规划目标。

10.5 语言景观与英语全球化

在过去的几十年中，随着全球化进程的深入，英语的全球地位日益显著，已经成为国际交流、贸易、娱乐、外交、互联网等众多领域普遍使用的世界语言。语言景观是英语全球化的实体证据，尽管英语在世界各地的语言景观中有着不同的分布和定位，但英语与国语、本土语言、少数族群语言等不同语种竞争公共空间已是不争的事实。本研究发现，英语在三个城市公共标牌和商业标牌上的呈现日益普遍：英语与中文在官方语言景观中有形成并用之势；而在私人语言景观中，英语抢占标牌空间的势头也很强劲。更为关键的是，在城市公共标牌和私人标牌上广泛使用英语是地方政府部门和官方政策认可（或明确支持或默认）的景观构建行为。公共标牌上标注英语被城市主管部门看作城市国际化的一个重要方面，而商业标牌上使用英语已成为商家广告营销的一种重要手段。这样的语码选择都与英美等讲英语国家的世界强国地位以及英语本身所包含的时尚、潮流、先进、国际化等象征意义密切相关。在中国这样一个以中文为主导语言的国家，英语在城市语言景观中蔓延的现象值得警惕和深入思考。

英语在全球范围内广泛传播，并成为教育、职场、商业、大众文化等领域的必备技能，这种现象在很多学者看来会强化英语的强势地位以及加剧英语与其他语言之间的不平等，使得本土语言和文化日渐边缘化，因此是"语言帝国主义"（Phillipson 1992）的体现。例如，Beckett & MacPherson（2005）、Guo & Beckett

(2007)等认为，英语在全球化事务中不断强化的主导性会让其业已强大的权势和地位更加巩固，而弱势语言在语言竞争中愈加落后，长此以往有形成新殖民主义（neocolonialism）的危险：英语学习者接受英语国家灌输的社会文化和思维模式，会产生放弃或贬低本族语言以及本族文化和身份的倾向。在他们看来，英语的全球化传播不仅是殖民主义的产物，而且是新殖民主义文化控制和文化建构的强力工具。英语蔓延助推的新自由主义使得非英语的发展中国家面临被超级大国所主导的"全球一体化"所裹挟。

语言标牌是客观化存在的文化产品，语言景观读者的语言能力无疑是一种文化资本（Bourdieu 1986）。不过，英语在语言景观中的蔓延越强势，人们越会忽视语言景观读者文化资本积累的差异性，这一点对于那些英语能力缺乏的语言景观读者而言是不公平的。英语标牌在社会成员无自觉意识的情况下被植入语言景观之中，让社会成员感触和接受英语文化和价值，事实上构成了一种"符号暴力"（Bourdieu 1991）。另外，全球化时代的城市语言景观中，英语占据越来越重要的位置，抢占或挤压了其他语种的话语空间。濒危语言在语言景观中的能见性和语言活力降低，其身份认同、生存和命运都堪忧。各族群语言在语言标牌上的呈现除了指代功能外，也承载着族群的共同记忆和身份认同。尤其对于少数族群来说，语言景观中给予存在空间对于提高民族语言活力、实现语言复兴等都具有重要意义。从这个角度来看，英语在非英语国家的语言景观中的广泛传播不利于少数族群语言的生存和语言生态的维持。需要注意的是，语言景观中的英语常常是城市管理者和私人个体自愿主动的选择，并非受迫于英语国家的压力，从这一点来看，英语语言景观的形成虽然助推英语帝国主义，又是经济全球化时代的必然产物。

让·鲍德里亚（Jean Baudrillard）认为，当物质变得丰富，人们便开始利用符号来追求个性的满足，开始了从物的消费到符号的消费（Baudrillard 2016）。鲍德里亚将消费社会定义为符号操控的社会，认为我们正生活在一个被符号掩饰的拟真社会之中。在社会消费行为中，符号越来越多地引领着人们的消费导向，符号也成为了各个阶层划分自身等级的标志（Baudrillard 2016）。消费社会中这种被奴役的异化消费实际上是违背了人的真实需要的，是被大众传媒不断制造出来的社会时尚，又会不断地刺激着人们的需要和欲望（赵建鑫 2015）。我们对商铺经营者的调查显示，很多商家虽然不懂英语，但仍选择设置英语标牌或包含英语的双语或多语标牌，通过英语符号的象征意义来获取收益。追求功利性目标（即经济利益）成为英语存在和使用的根本，英语被视作一种商品化的资源（Heller 1999），这是语言工具理性的典型特征（Wee 2003）。语言工具理性的盛行使得标牌设立者只注重用来达到目的的手段是否最佳有效，而不考虑语言的本真价值。英语符号让城市公共空间变得更具多元性，然而英语并未成为人们语言生活中真正发挥交际作用的语言，和谐共存的多语多文化社会形态只是一种虚假的现实。另外，如果语言在标牌上只是一种交际功能有限的文化和象征符号，却能引领消费，操控人类的社会生活，这种扭曲语言本质的语言使用很容易造成人们语言观的迷失。

总之，英语在城市语言景观中能通过其象征价值为社会和个体（商家）带来经济收益，但从语言生态的视角来看，英语在我国城市公共空间中的蔓延是语言霸权主义的体现，会影响人们对于各种语言的态度，也会对其他弱势语言的生存和维持造成挑战。因此，国家和地方政府在参与经济全球化以及追求都市国际化的过程中，应对英语在语言景观中的地位和作用给予合理的审视与规划，警惕英语帝国主义的消极影响和潜在威胁。

10.6 未来研究方向

本研究以上海、杭州和宁波三个典型城市为案例，从多个角度探讨了我国前沿开放城市语言景观的特征，发掘出一些语言选择背后的社会语言现实。不过，必须承认的是，本次的调查研究及其分析和结论都或多或少具有一定的局限性。第一，田野调查取样的局限性。Androutsopoulos（2014）认为，由于城市环境广袤，语言景观研究要做到穷尽性的数据收集是不可能的。本研究只选取了三个长三角地区代表城市进行调查和分析，但在三个城市内部，由于语言标牌分布范围广、数量庞大，对于街道、商业区、旅游区等任何一个领域要做到穷尽性采集几乎都是不可能的。我们的语料采集基本限定在每个城市中心的一个辖区，尽可能多地收集语料样本，但样本数量对于无穷无尽的城市语言标牌来说仍显得很有限。另外，本研究只聚焦城市环境中的典型标牌，而对于非典型标牌未加采集，也未收集各个城市郊区的语言标牌。因此，虽然研究结论具有一定的普遍性，但仍难以全面、准确概括城市语言景观的总体特征。第二，城市语言标牌的动态性对于语言景观研究工作也形成了挑战。在官方标牌上，出于国际化升级改造、大型国际活动（如 G20 峰会）或某个特殊时期（如国庆节、春节等）的需要，标牌内容和语言形式常常会进行更换。另外，由于道路施工、基础设施建设等，城市街道上也会不断更换标牌。而在商业街道上，旧店铺由于生意状况或其他原因关张或被新商铺取代的情况也时有发生。因此，本研究收集并分析的语料具有一定的时空局限性。第三，语料分析上的局限性。本研究在分析中以概括性描述和分析三地所处的区域内的语言景观整体面貌为主，体现了语言景观的"格式塔"（Ben-Rafael 2009）特征，符合国际语言景观研究的惯例。不过，由于种种原因，对于各类标牌上语言使用差异性的挖掘还不充分，城市内部公共和商业标牌上的语言选择和使用规律的异同，仍需要更大范围、更多数量以及不同历史时期的语料和数据，以进行更全面、更深入的量化比较和质性解读。最后，本研究的理论升华仍有较大空间。语言景观是研究语言使用与社会关系的前沿、跨学科研究课题，一个城市的语言景观不仅能体现城市所在区域的语言使用状况，而且可以反映城市的开放程度、经济活力及生活品位，还可以透视标牌语言选择背后所蕴含的深层次的政策取向、权势、身份和地位等问题。本研究从实践、管理和态度三个语言政策维度讨论了三个城市的语言景观的特征，揭示了当前的一些社会语言现实问题。不过，中国的语言规划和政策研究强调服务国家和社会的功能属性，本研究的数据结果如何为国家宏观的语言战略服务仍需挖掘。

在我国语言学界，有关公示语的研究非常多，但真正意义上的语言景观研究才刚刚起步，与国外研究相比，"理论建设还比较薄弱，对语言景观的解读与分析比较肤浅"（章柏成 2015）。本研究对三个东部沿海开放区城市的语言景观进行了考察和分析，是语言社会学性质的语言景观研究的尝试。未来的研究应考察更多城市和地区的语言景观状况，对语言景观中语言的创造性使用、语言的商品化、语言的文化权势、多模态以及各种非典型语言景观等，进行更深入的探讨。在分析标牌上的语言分布时，也应尽量辅以访谈、问卷调查等研究手段，获取读者对于标牌语言的感知态度以及标牌创立者和管理者的真实意图，从而为语言景观的解读提供更加可信的证据。除了对语言景观共时层面的研究之外，城市语言景观在不同历史时期的发展和变化（即历史性，Blommaert 2013），也非常值得探究。在立足语言学分析的同时，也应该积极吸收其他学科的理论和研究成果，这是开阔视野、丰富自我的必经之路。总之，我们应总结标牌研究的经验，同时借鉴国际语言景观研究的理论和方法，在关注标牌语码选择和使用特征的同时，挖掘和解读语言呈现背后的社会语言现实，从而推动我国的语言景观研究，为服务国家语言战略做出贡献。

参考文献

巴赫金　1998　《巴赫金全集》(中译本)，钱中文主编，石家庄：河北教育出版社。

鲍宗豪　2020　《当代中国文明论：文明与文明城市的理论研究》，上海：东方出版中心。

北　竹，单爱民　2002　谈英语公示用语的语言特点与汉英翻译，《北京第二外国语学院学报》第5期，76—79页。

毕　征，徐　静，饶　贞　2009　公共标志英文翻译不再蒙查查，《广州日报》5月19日，http://news.sina.com.cn/o/2009-05-19/040315645221s.shtml。

曹海军　2013　城市政治学：研究对象、性质、特点及发展趋势，《思想战线》第6期，101—106页。

陈爱平　2018　对"奇怪翻译"说"不"：上海进一步规范公共场所文字使用，新华网，8月30日，http://m.xinhuanet.com/2018-08/30/c_1123356029.htm。

陈克相　2003　试论地名标志标注英文之不可行——兼浅说地名标志用汉语拼音方案拼写大道理，《行政区划与地名》(增刊)。

陈丽君，胡范铸　2010　语言资源：一种可以开发利用的旅游资源，《旅游科学》第4期，22—27页。

崔学新　2010　《公共场所英文译写规范研究》，杭州：浙江大学出版社。

戴宗显，吕和发　2005　公示语汉英翻译研究——以2012年奥运会主办城市伦敦为例，《中国翻译》第6期，38—42页。

丁衡祁　2006　努力完善城市公示语，逐步确定参照性译文，《中国翻译》第6期，42—46页。

樊桂芳　2010　公示语翻译的互文性视角，《中国科技翻译》第4期，

47—50 页。
冯志伟　2016　单一罗马化原则与路名标识书写法,《语言政策与规划研究》第 1 期,27—33 页。
高　芳　2013　中国地名译名单一罗马化的原则与限度,《语言文字应用》第 1 期,38—44 页。
葛校琴　2009　中国地名英译拼音化之文化反思,《解放军外国语学院学报》第 2 期,61—66 页。
葛校琴,季正明　2006　地名英译何去何从?《上海翻译》第 3 期,57—59 页。
郭建中　2003　关于路名标识的拼写问题,《中国翻译》第 5 期,83—84 页。
郭建中　2005　再谈街道名称的书写法,《中国翻译》第 6 期,34—37 页。
郭建中　2007　街道路牌书写的国家标准与国际标准,《中国翻译》第 5 期,68—71 页。
郭　娜,焦　苇　2016　沪上高中生走上街查错字　市民可网上投诉用错字,东方网,4 月 15 日,https://edu.online.sh.cn/education/gb/content/2016-04/15/content_7813300.htm。
郭钦转　2017　双语路牌标识用"LU"还是"ROAD",《海西晨报》1 月 8 日,https://kknews.cc/society/vm6j9e2.html。
国家发展改革委　2010　长江三角洲地区区域规划,中国政府网,6 月 22 日,http://www.gov.cn/zwgk/2010-06/22/content_1633868.htm。
韩光辉　1995　论中国地名学发展的三个阶段,《北京社会科学》第 4 期,95—100 页。
杭州市城管委　2015　《杭州城市标识系统国际化设计导引》,杭州:杭州市城市管理委员会。
杭州市统计局　2019　《2019 年杭州统计年鉴》,北京:中国统计出版社,http://tjj.hangzhou.gov.cn/art/2019/10/23/art_1229453592_3819412.html。
胡安奇,王清霞　2018　伯恩斯坦语言社会学思想渊源及其理论意义研究,《北京科技大学学报(社会科学版)》第 5 期,14—19 页。
胡范铸　2004　基于田野调查的中国户外标语口号研究,载教育部语用所社会语言学与媒体语言研究室编《语言规划:理论与实践》,北京:语文出版社。

黄　芳　2009　杭州市街道路牌、交通导向牌等的书写问题,《浙江树人大学学报》第 5 期,81—84 页。

黄玉明　2008　从语言规划的角度看我国城市街道交通指示牌的翻译问题,《江西师范大学学报(哲学社会科学版)》第 3 期,143—146 页。

金其斌　2011　街道路牌书写规范的若干思考——北京、广州、深圳、成都、山东、江苏等地的比较研究,《中国科技术语》第 4 期,45—50 页。

李克兴　2000　试析深圳的英语弊病及翻译谬误,《上海科技翻译》第 1 期,35—45 页。

李丽生　2015　国外语言景观研究评述及其启示,《北京第二外国语学院学报》第 4 期,1—7 页。

李丽生,夏　娜　2017　少数民族地区城市语言景观中的语言使用状况——以丽江市古城区为例,《语言战略研究》第 2 期,35—42 页。

李　岩　2015　北上广的路牌都涉嫌违法? 腾讯文化,10 月 31 日, https://read01.com/x2dBQM.html#.Y3lHRHbMKMo。

李　影　2005　成都路牌该否加英语,《成都日报》4 月 13 日第 A03 版。

李宇明　2012a　当代中国语言生活中的问题,《中国社会科学》第 9 期,150—156 页。

李宇明　2012b　中国语言生活的时代特征,《中国语文》第 4 期,367—375 页。

李增垠　2013　二十年来的国内公示语英译研究综述,《中南大学学报(社会科学版)》第 2 期,237—242 页。

刘楚群　2017　语言景观之城市映像研究,《语言战略研究》第 2 期,20—26 页。

刘　菲　2015　中文地名英译的困惑,《人民日报》(海外版)6 月 10 日第 8 版。

刘文昭　2018　一起来"找茬" 帮杭州道路指示牌提提意见,杭州网,10 月 12 日,http://ori.hangzhou.com.cn/ornews/content/2018-10/12/content_7080211.htm。

龙江华　2007　武汉城市形象建设与公示语汉英翻译,《长江论坛》第 1 期,27—31 页。

卢德平,姚晓霞　2021　中国城市政治语言景观的符号学构成,《文化软实力研究》第 1 期,15—27 页。

马　琳　2012　城市形象与公示语汉英翻译——以重庆市为例,《外国语文》第 2 期,110—113 页。

宁波市人民政府办公厅　2015　宁波市人民政府办公厅关于印发宁波市城市公共双语标识系统建设实施方案的通知（甬政办发〔2015〕139号）,《宁波市人民政府公报》第 13 期,http://gtog.ningbo.gov.cn/art/2015/8/4/art_687_297980.html。

宁波市统计局、国家统计局宁波调查队　2018　《宁波统计年鉴 2018》,北京：中国统计出版社,http://vod.ningbo.gov.cn:88/nbtjj/tjnj/2018nbnj/indexch.htm。

彭国跃　2015　上海南京路上语言景观的百年变迁——历史社会语言学个案研究,《中国社会语言学》第 1 期,52—68 页。

皮德敏　2010　公示语及其汉英翻译原则研究,《外语学科》第 2 期, 131—134 页。

任　彦、林　彦　2019　城管部门"纠错"716 条道路、数千块指示牌,《杭州日报》7 月 4 日第 A09 版。

上海市统计局　2018　《2018 上海统计年鉴》,北京：中国统计出版社。

尚国文、赵守辉　2014a　语言景观研究的视角、理论与方法,《外语教学与研究》第 2 期,214—223 页。

尚国文、赵守辉　2014b　语言景观的分析维度与理论构建,《外国语（上海外国语大学学报）》第 6 期,81—89 页。

沈　琳　2021　杭州新修改文明行为促进条例亮点多　行人过马路不能当"低头族",《浙江日报》4 月 28 日,https://hznews.hangzhou.com.cn/chengshi/content/2021-04/28/content_7955528.htm。

史定国　1994　我国地名拼写国际标准化问题,《语言文字应用》第 4 期, 102—108 页。

宋元东、谭　麟　2006　老外找不着北　路牌是否需要加英文标注,《成都晚报》6 月 15 日,https://news.sina.com.cn/o/2006-06-15/04139206064s.shtml。

孙冬虎　2005　北京地名罗马化拼写的谬误,《城市问题》第 4 期,70—73 页。

唐青叶、李　青　2015　话语研究的新途径——中介话语分析,《北京科技大学学报（社会科学版）》第 5 期,35—40 页。

田飞洋，张维佳　2014　全球化社会语言学：语言景观研究的新理论——以北京市学院路双语公示语为例，《语言文字应用》第2期，38—45页。

田海龙　2007　实践结点研究的批评视角，《外语与外语教学》第3期，1—4页。

王慧敏，方　敏　2017　杭州　文明高度是这样筑起来的，《人民日报》12月1日第16版。

王克非，叶　洪　2016　都市多语景观——北京的多语生态考察与分析，《语言政策与规划研究》第1期，10—26页。

王铁昆　2001　地名标准化与语言文字工作，《语言文字应用》第4期，43—46页。

王同军　2008　公示语之语言经济学分析，《西安外国语大学学报》第4期，32—36页。

王银泉，陈新仁　2004　城市标识用语英译失误及其实例剖析，《中国翻译》第2期，81—82页。

乌永志　2012　地名标志译写亟待国家规范，《上海翻译》第2期，28—32页。

巫喜丽，战　菊，刘晓波　2017　语言景观研究的理论视角、问题取向及研究方法，《学术研究》第7期，170—174页。

吴格奇　2019　《话语分析视角下的城市形象研究——以杭州为例》，南京：东南大学出版社。

吴丽燕　2011　同路不同名　路牌也玩大家来找茬，《东南商报》11月11日，http://nb.ifeng.com/csjj/detail_2011_11/11/105002_0.shtml。

吴伟雄　2006　多语世界的单一罗马化——我国街道名称"译写"规范的法理依据，《中国科技翻译》第4期，30—32页。

吴祖清　2021　持之以恒提高社会文明程度，《人民日报》1月7日第09版。

相德宝　2010　中国标语口号研究的八种范式，《华中师范大学学报（人文社会科学版）》第3期，115—120页。

谢桂梅　2008　公示语翻译的回顾与展望，《国际关系学院学报》第3期，71—75页。

邢　杰　2013　有关道路名称公共标识英语书写标准的争议，《中国翻译》第5期，108—112页。

徐红罡，任　燕　2015　旅游对纳西东巴文语言景观的影响，《旅游学刊》

第 1 期，102—111 页。

徐　靖　2006　上海英文路名缺少法律依据　地名司称必须用拼音，《新民晚报》11 月 15 日，http://news.sohu.com/20061115/n246406985.shtml。

徐　茗　2017　国外语言景观研究历程与发展趋势，《语言战略研究》第 2 期，57—64 页。

薛　光　2005　地名的国家标准化和国际标准化，中国国学网，http://www.confucianism.com.cn/html/hanyu/1059627.html。

颜维琦，曹继军　2015　路牌标识，用"Rd"还是"Lu"，《光明日报》4 月 3 日第 09 版。

杨　冬　2006　上海路牌将告别"Road"、"Rd"，《新闻晚报》11 月 14 日，https://news.sina.com.cn/s/2006-11-14/123610494283s.shtml。

杨豪良　2016　城市书法景观及其特点，《湖北文理学院学报》第 1 期，70—73 页。

杨绪明，李新花　2011　店名用语异化现象综观，《广西师范学院学报（哲学社会科学版）》第 3 期，135—138 页。

杨绪忠　2017　规范双语标识，让宁波更加国际化，《宁波日报》12 月 26 日，http://zjnews.zjol.com.cn/zjnews/nbnews/201712/t20171226_6153044.shtml。

杨永和　2009　我国新世纪公示语翻译研究综述，《外语教学》第 3 期，104—108 页。

杨永林　2012　《常用标志英文译法手册》，北京：商务印书馆。

杨永林，程绍霖，刘春霞　2007　北京地区双语公共标识的社会语言学调查——理论方法篇，《语言教学与研究》第 3 期，1—6 页。

杨永林，刘寅齐　2008　双语公共标识文本的信息性研究——来自北京地区的报告，《外语研究》第 6 期，10—14 页。

姚德春，雷霓芬，杨　希　2012　首块中英文对照道路名牌上岗，《长江商报》7 月 12 日第 A06 版。

叶章勇，沈　杨　2015　国际化背景下我国地名通名音译方案省思，《上海城市规划》第 6 期，121—124 页。

于　淼　2012　我国街道名称译写应依法规范，《语文学刊（外语教育教学）》第 12 期，55—56+148 页。

于小溪　2017　合肥高新区路名牌有国际范儿，《新安晚报》6 月 24 日，

https://kknews.cc/society/xmx4pb9.html。

俞　倩，斯金叶　2018　景区美丽的名字如何翻译？需要时光沉淀和用心打磨，《杭州日报》8月8日第A08版。

俞玮奇，王婷婷，孙亚楠　2016　国际化大都市外侨聚居区的多语景观实态——以北京望京和上海古北为例，《语言文字应用》第1期，36—44页。

曾世英　1987　我国地名的罗马字母拼写，《中央民族学院学报》第3期，3—10页。

曾世英　1989　关于我国地名拼音的商榷（试谈在我国地图上如何拼写地名通名问题），《中国翻译》第2期，48—51页。

张蔼恒，孙九霞　2021　社会语言学视角下的阳朔西街语言景观变迁研究，《旅游学刊》第10期，39—48页。

张　捷，卢韶婧，蒋志杰，等　2012　中国书法景观的公众地理知觉特征——书法景观知觉维度调查，《地理学报》第2期，230—238页。

张　捷，张宏磊，唐文跃　2012　中国城镇书法景观空间分异及其地方意义——以城镇商业街区为例，《地理学报》第12期，1675—1685页。

张天伟　2020　语言景观研究的新路径、新方法与理论进展，《语言战略研究》第4期，48—60页。

张卫国　2008　作为人力资本、公共产品和制度的语言：语言经济学的一个基本分析框架，《经济研究》第2期，144—154页。

张晓旭　2009　语言学视角下的店名功能研究，《现代语文》第1期，92—93页。

章柏成　2015　国内语言景观研究的进展与前瞻，《当代外语研究》第12期，14—18页。

赵建鑫　2015　鲍德里亚消费社会批判理论评析，《学术探索》第3期，32—37页。

赵守辉，尚国文　2014　全球语境下文字改革与规范化的经验：变与不变之间，《中国文字研究》第1期，191—201页。

赵守辉，张东波　2012　语言规划的国际化趋势：一个语言传播与竞争的新领域，《外国语（上海外国语大学学报）》第4期，2—11页。

赵　湘　2006　公示语翻译研究综述，《外语与外语教学》第12期，52—54页。

赵志义 2015 《杭州市公共场所标识语英文译写规范》,上海:上海交通大学出版社。
郑梦娟 2006 当代商业店名的社会语言学分析,《语言文字应用》第 3 期,11—19 页。
周　萍 2005 双语标牌多数老外看不懂 六大问题弄晕老外,《北京晨报》9 月 6 日。
周　杨 2015 城市政治学的三维视角,《重庆社会科学》第 12 期,48—55 页。
Aladjem, R. & Jou, B. (2016). The linguistic landscape as a learning space for contextual language learning. *Journal of Learning Spaces*, 5(2), 66–70.
Allen, M. (2017). *The Sage Encyclopedia of Communication Research Methods* (vols. 1–4). Thousand Oaks, CA: SAGE Publications.
Altman, I. & Low, S. (Eds.) (1992). *Place Attachment*. New York: Plenum.
Alvermann, D. E. (2002). Effective literacy instruction for adolescents. *Journal of Literacy Research*, 34 (2), 189–208.
Amos, H. W. (2016). Book review: *Dimensions of Sociolinguistic Landscapes in Europe: Materials and Methodological Solutions*, edited by M. Laitinen and A. Zabrodskaja. *Journal of Multilingual and Multicultural Development*, 37(4), 435–437.
Androutsopoulos, J. (2014). Computer-Mediated communication and linguistic landscapes. In J. Holmes & K. Hazen (Eds.), *Research Methods in Sociolinguistics: A Practical Guide* (pp.74–90). New York: John Wiley.
Backhaus, P. (2006). Multilingualism in Tokyo: A look into the linguistic landscape. *International Journal of Multilingualism*, 3(1), 52–66.
Backhaus, P. (2007). *Linguistic Landscapes: A Comparative Study of Urban Multilingualism in Tokyo*. Bristol: Multilingual Matters.
Backhaus, P. (2011). Modernity rewritten linguistic landscaping in Tokyo. In P. Heinrich & C. Galan (Eds.), *Language Life in Japan: Transformations and Prospects* (pp.154–169). London: Routledge.
Backhaus, P. (2015). Attention, please: A linguistic soundscape/landscape analysis of ELF information provision in public transport in Tokyo. In K. Murata (Ed.), *Exploring ELF in Japanese Academic and Business*

Contexts: Conceptualisation, Research and Pedagogic Implications. London: Routledge.
Bamgbose, A. (2004). Language planning and language policies: Issues and prospects. In P. G. J. van Sterkenburg (Ed.), *Linguistics Today: Facing a Greater Challenge* (pp.61–88). Amsterdam: John Benjamins.
Barni, M. & Bagna, C. (2009). A mapping technique and the linguistic landscape. In E. Shohamy & D. Gorter (Eds.), *Linguistic Landscape: Expanding the Scenery* (pp.126–140). New York, NY: Routledge.
Barni, M. & Bagna, C. (2016). 1 March — 'A day without immigrants': The urban linguistic landscape and the immigrants' protest. In R. Blackwood, E. Lanza & H. Woldemariam (Eds.), *Negotiating and Contesting Identities in Linguistic Landscapes* (pp.55–70). London: Bloomsbury Academic.
Baudrillard, J. (2016). *The Consumer Society: Myths and Structure* (rev. ed.). Los Angeles: Sage Publications.
Beckett, G. H. & MacPherson, S. (2005). Researching the impact of English on minority and indigenous languages in non-Western contexts. *TESOL Quarterly*, 39(2), 299–307.
Ben-Rafael, E. (2009). A sociological approach to the study of linguistic landscapes. In E. Shohamy & D. Gorter (Eds.), *Linguistic Landscape: Expanding the Scenery* (pp.40–54). New York: Routledge.
Ben-Rafael, E., Shohamy, E. & Barni, M. (2010). Introduction: An approach to an 'ordered disorder'. In E. Shohamy, E. Ben-Rafael & M. Barni (Eds.), *Linguistic Landscape in the City* (pp.xi–xxviii). Bristol: Multilingual Matters.
Ben-Rafael, E., Shohamy, E., Amara, M. & Trumper-Hecht, N. (2006). Linguistic landscape as symbolic construction of the public space: The case of Israel. *International Journal of Multilingualism*, 3(1), 7–30.
Berghe, P. L. (1984). Introduction: Tourism and recreated ethnicity. *Annals of Tourism Research*, 11, 343–352.
Berghe, P. L. (1992). Tourism and the ethnic division of labor. *Annals of Tourism Research*, 19, 234–249.

Blackwood, R. (2015). LL explorations and methodological challenges: Analysing France's regional languages. *Linguistic Landscape*, 1(1–2), 38–53.

Blommaert, J. (1999). *Language Ideological Debates*. Berlin: Mouton de Gruyter.

Blommaert, J. (2010). *The Sociolinguistics of Globalization*. Cambridge: Cambridge University Press.

Blommaert, J. (2013). *Ethnography, Superdiversity and Linguistic Landscapes: Chronicles of Complexity*. Bristol: Multilingual Matters.

Blommaert, J. & Maly, I. (2014). Ethnographic linguistic landscape analysis and social change: A case study. *Tilburg Papers in Cultural Studies*, 100, 1–27.

Bolton, K. & Graddol, D. (2012). English in China today. *English Today*, 28(3), 3–9.

Bondi, L., Davidson J. & Smith, M. (2007). Introduction: Geography's 'emotional turn'. In J. Davidson, L. Bondi & M. Smith (Eds.), *Emotional Geographies* (pp.1–16). Burlington: Ashgate.

Borba, R. (2019). Injurious signs: The geopolitics of hate and hope in the linguistic landscape of a political crisis. In A. Peck, C. Stroud & Q. Williams (Eds.), *Making Sense of People and Place in Linguistic Landscapes* (pp.161–182). London: Bloomsbury Academic.

Boudon, R. (1990). *La place du désordre. Critique des théories du changement social*. Paris: Quadrige.

Bourdieu, P. (1977). The economics of linguistic exchanges. *Social Science Information*, 16(6), 645–668.

Bourdieu, P. (1986). The forms of capital. In J. G. Richardson (Ed.), *Handbook of Theory and Research for the Sociology of Education* (pp. 241–258). New York: Greenwood Press.

Bourdieu, P. (1991). *Language and Symbolic Power*. Trans. G. Raymond & M. Adamson. Cambridge, MA: Harvard University Press.

Bourdieu, P. (1993). *The Field of Cultural Production: Essays on Art and Literature*. New York: Columbia University Press.

Brougham, J. E. & Butler, R. W. (1981). A segmentation analysis of resident attitudes to the social impact of tourism. *Annals of Tourism Research*,

8(4), 569–590.

Brown, K. D. (2012). The linguistic landscape of educational spaces: Language revitalization and schools in southeastern Estonia. In D. Gorter, H. F. Marten & L. Van Mensel (Eds.), *Minority Languages in the Linguistic Landscape* (pp.281–298). Basingstoke: Palgrave Macmillan.

Bruyèl-Olmedo, A. & Juan-Garau, M. (2015). Minority languages in the linguistic landscape of tourism: The case of Catalan in Mallorca. *Journal of Multilingual and Multicultural Development*, 36(6), 598–619.

Burdick, C. (2012). Mobility and language in place: A linguistic landscape of language commodification. *Student Research Reports, Paper 7.* http://scholarworks.umass.edu/chess_student_research/7/.

Caldwell, D. (2017). Printed T-shirts in the linguistic landscape: A reading from functional linguistics. *Linguistic Landscape*, 3(2), 122–148.

Catucci, S. & De Matteis, F. (2021). *The Affective City: Spaces, Atmospheres and Practices in Changing Urban Territories*. Siracusa: LetteraVentidue.

Cenoz, J. & Gorter, D. (2006). Linguistic landscape and minority languages. *International Journal of Multilingualism*, 3(1), 67–80.

Cenoz, J. & Gorter, D. (2008). The linguistic landscape as an additional source of input in second language acquisition. *International Review of Applied Linguistics*, 46(3), 267–287.

Cenoz, J. & Gorter, D. (2009). Language economy and linguistic landscape. In E. Shohamy & D. Gorter (Eds.), *Linguistic Landscape: Expanding the Scenery* (pp.55–69). London: Routledge.

Chern, C-L. & Dooley, K. (2014). Learning English by walking down the street. *ELT Journal*, 68(2), 113–123.

Christie, F. (1985/1989). Foreword. In M. A. K. Halliday & R. Hasan (Eds.), *Language Context and Text: Aspects of Language in a Social-Semiotic Perspective* (pp.v–xii). Oxford: Oxford University Press.

Clemente, M., Andrade, A. I. & Martins, F. (2012). Learning to read the world, learning to look at the linguistic landscape: A primary school study. In C. Hélot, M. Barni, R. Janssens & C. Bagna (Eds.), *Linguistic Landscapes, Multilingualism and Social Change* (pp.267–285).

Frankfurt: Peter Lang.
Clough, P. T. (2007). Introduction. In P. T. Clough & J. Halley (Eds.), *The Affective Turn: Theorizing the Social* (pp.1-33). Durham/London: Duke University Press.
Cohen, E. (1988). Authenticity and commoditization in tourism. *Annals of Tourism Research*, 15, 371-386.
Cohen, E. (2004). "Authenticity" in tourism study. *Tourism Recreation Research*, 32(2), 943-970.
Cook, V. (1992). Evidence for multicompetence. *Language Learning*, 42(4), 557-591.
Cook, V. (2013). The language of the street. *Applied Linguistics Review*, 4(1), 43-81.
Cortazzi, M. & Jin, L. (1996). English teaching and learning in China. *Language Teaching*, 29, 61-80.
Coulmas, F. (2009). Linguistic landscaping and the seed of the public sphere. In E. Shohamy & D. Gorter (Eds.), *Linguistic Landscape: Expanding the Scenery* (pp.13-24). London: Routledge.
Coupland, N. (2010). Welsh linguistic landscapes 'from above' and 'from below' . In A. Jaworski & C. Thurlow (Eds.), *Semiotic Landscapes: Language, Image, Space* (pp.77-101). London: Continuum.
Coupland, N. & Garrett, P. (2010). Linguistic landscapes, discursive frames and metacultural performance: The case of Welsh Patagonia. *International Journal of the Sociology of Language*, (205), 7-36.
Crystal, D. (2003). *English as a Global Language* (2nd ed.). Cambridge: Cambridge University Press.
Curtin, M. L. (2009). Languages on display: Indexical signs, identities and the linguistic landscape of Taipei. In E. Shohamy & D. Gorter (Eds.), *Lingusitic Landscape: Expanding the Scenery* (pp.221-237). New York: Routledge.
Dagenais, D., Moore, D., Sabatier, C., Lamarre, P. & Armand, F. (2009). Linguistic landscape and language awareness. In E. Shohamy & D. Gorter (Eds.), *Linguistic Landscape: Expanding the Scenery* (pp.253-

269). New York: Routledge.

Dalmazzone, S. (1999). Economics of language: A network externalities approach. In A. Breton (Ed.), *Exploring the Economics of Language* (pp.63–87). Ottawa: Canadian Heritage.

Danielewicz-Betz, A. & Graddol, D. (2014). Varieties of English in the urban landscapes of Hong Kong and Shenzhen: Changing English landscapes around a Chinese border. *English Today*, 30(3), 22–32.

Dann, G. (1996). *The Language of Tourism: A Sociolinguistic Perspective*. UK: CAB international.

Davidson, M. & Martin, D. (2014). *Urban Politics: Critical Approaches*. London: Sage Publications.

Dressler, R. (2015). Signgeist: Promoting bilingualism through the linguistic landscape of school signage. *International Journal of Multilingualism*, 12(1), 128–145.

Dufon, M. A. & Churchill, E. (2006). *Language Learning in Study Abroad Contexts*. Clevedon: Multilingual Matters.

Favero, P. (2007). "What a wonderful world!": On the "touristic ways of seeing", the knowledge and the politics of the "culture industries of otherness". *Tourist Studies*, 7(1), 51–81.

Fetterman, D. (2009). *Ethnography: Step by Step* (3rd ed.). Thousand Oaks, CA: Sage.

Fidrmuc, J. (2011). The economics of multilingualism in the EU. *Economics and Finance Working Paper*, 11, 1–27.

Fine, G. A. (1993). Ten lies of ethnography: Moral dilemmas of field research. *Journal of Contemporary Ethnography*, 22(3), 267–294.

Fishman, J. A. (1968). *Readings in the Sociology of Language*. The Hague: Mouton Publishers.

Fishman, J. A. (1972). *The Sociology of Language: An Interdisciplinary Social Science Approach to Language in Society*. Rowley, Mass: Newbury House.

Foucault, M. (1987). *Death and the Labyrinth: The World of Raymond Roussel*. Trans. C. Ruas. London: The Athlone Press.

García, O. & Li, W. (2014). *Translanguaging: Language, Bilingualism and Education*. Basingstoke: Palgrave Macmillan.

Goffman, E. (1963). *Behaviour in Public Places*. New York: Free Press.

Goffman, E. (1974). *Frame Analysis: An Essay on the Organization of Experience*. New York: Harper & Row.

Goffman, E. (1981). *Forms of Talk*. Philadelphia: University of Pennsylvania Press.

Gorter, D. (2006). *Linguistic Landscape: A New Approach to Multilingualism*. Clevedon: Multilingual Matters.

Gorter, D. (2013). Linguistic landscapes in a multilingual world. *Annual Review of Applied Linguistics*, 33, 190–212.

Gorter, D. (2019). Methods and techniques for linguistic landscape research: About definitions, core issues and technological innovations. In M. Pütz & N. Mundt (Eds.), *Expanding the Linguistic Landscape: Linguistic Diversity, Multimodality and the Use of Space as a Semiotic Resource* (pp.38–57). Bristol: Multilingual Matters.

Gorter, D. & Cenoz, J. (2008). Knowledge about language and linguistic landscape. In J. Cenoz & N. H. Hornberger (Eds.), *Encyclopedia of Language and Education, 2nd ed., vol. 6: Knowledge about Language* (pp.343–355). New York: Springer.

Gorter, D. & Cenoz, J. (2015). Translanguaging and linguistic landscapes. *Linguistic Landscape*, 1(1–2), 54–74.

Grin, F. (1994). The economics of language: Match or mismatch? *International Political Science Review*, 15(1), 25–42.

Grin, F. (1996). Economic approaches to language and language planning: An introduction. *International Journal of the Sociology of Language*, 121(1), 1–16.

Grin, F. (2001). English as economic value: Facts and fallacies. *World Englishes*, 20(1), 65–78.

Grin, F. (2003). Language planning and economics. *Current Issues in Language Planning*, 4(1), 1–66.

Grin, F. (2014). Fifty years of economics in language policy: Critical assessment and priorities. *ELF Working Paper* 13, 1–25.

Guo, Y. & Beckett, G. H. (2007). The hegemony of English as a global language: Reclaiming local knowledge and culture in China. *Convergence*, 40(1–2), 117–131.

Habermas, J. (1989). *The Structural Transformation of the Public Sphere*. Cambridge: Polity Press.

Hall-Lew, L. A. & Lew, A. A. (2014). Speaking heritage: Language, identity, and tourism. In A. A. Lew, C. M. Hall & A. M. Williams (Eds.), *The Wiley Blackwell Companion to Tourism* (pp.336–348). NJ: John Wiley & Sons.

Hammersley, M. & Atkinson, P. (2007). *Ethnography: Principles in Practice* (3rd ed.). London: Routledge.

Hanauer, D. I. (2012). Transitory linguistic landscapes as political discourse: Signage at three demonstrations in Pittsburgh, USA. In C. Hélot, M. Barni, R. Janssens & C. Bagna (Eds.), *Linguistic Landscapes, Multilingualism and Social Change* (pp.139–154). Bern: Peter Lang.

Hanauer, D. I. (2015). Occupy Baltimore: A linguistic landscape analysis of participatory social contestation in an American city. In R. Rubdy & S. Ben Said (Eds.), *Conflict, Exclusion and Dissent in the Linguistic Landscape* (pp.207–222). Hampshire: Palgrave MacMillan.

Hancock, A. (2012). Capturing the linguistic landscape of Edinburgh: A pedagogical tool to investigate student teachers' understandings of cultural and linguistic diversity. In C. Hélot, M. Barni, R. Janssens & C. Bagna (Eds.), *Linguistic Landscapes, Multilingualism and Social Change* (pp. 249–266). Frankfurt: Peter Lang.

Heller, M. (1999). *Linguistic Minorities and Modernity: A Sociolinguistic Ethnography*. London: Longman.

Heller, M. (2003). Globalization, the new economy, and the commodification of language and identity. *Journal of Sociolinguistics*, 7, 473–498.

Heller, M. (2010). The commodification of language. *Annual Review of Anthropology*, 39, 101–114.

Heller, M., Jaworski, A. & Thurlow, C. (2014). Introduction: Sociolinguistics

and tourism — mobilities, markets, multilingualism. *Journal of Sociolinguistics*, 18(4), 425–458.
Hélot, C., Janssens, R., Barni, M. & Bagna, C. (2012). Introduction. In C. Hélot, M. Barni, R. Janssens & C. Bagna (Eds.), *Linguistic Landscapes, Multilingualism and Social Change* (pp.17–24). Frankfurt: Peter Lang.
Hu, G. (2003). English language teaching in China: Regional differences and contributing factors. *Journal of Multilingual and Multicultural Development*, 24, 290–318.
Hu, G. (2005). English language education in China: Policies, progress, and problems. *Language Policy*, 4, 5–24.
Huebner, T. (2006). Bangkok's linguistic landscapes: Environmental print, code-mixing and language change. *International Journal of Multilingualism*, 3(1), 31–51.
Huebner, T. (2009). A framework for the linguistic analysis of linguistic landscapes. In E. Shohamy & D. Gorter (Eds.), *Linguistic Landscape: Expanding the Scenery* (pp.270–283). London: Routledge.
Hult, F. M. (2009). Language ecology and linguistic landscape analysis. In E. Shohamy & D. Gorter (Eds.), *Linguistic Landscape: Expanding the Scenery* (pp.88–103). London: Routledge.
Hult, F. M. (2014). Drive-thru linguistic landscaping: Constructing a linguistically dominant place in a bilingual space. *International Journal of Bilingualism*, 18(5), 507–523.
Hymes, D. (1972). Models of the interaction of language and social life. In J. Gumperz & D. Hymes (Eds.), *Directions in Sociolinguistics: The Ethnography of Communication* (pp.35–71). New York: Holt, Rinehart and Winston.
Ivković, D. & Lotherington, H. (2009). Multilingualism in cyberspace: Conceptualising the virtual linguistic Landscape. *International Journal of Multilingualism*, 6(1), 17–36.
Jaffe, A. & Oliva, C. (2013). Linguistic creativity in Corsican tourist context. In S. Pietikainen & H. Kelly-Holmes (Eds.), *Multilingualism and the Periphery* (pp.95–117). Oxford: Oxford University Press.

Jaworski, A. (2015a). Word cities and language objects: 'Love' sculptures and signs as shifters. *Linguistic Landscape*, 1(1–2), 75–94.

Jaworski, A. (2015b). Welcome: Synthetic personalization and commodification of sociability in the linguistic landscape of global tourism. In B. Spolsky, O. Inbar-Lourie & M. Tannenbaum (Eds.), *Challenges for Language Education and Policy: Making Space for People* (pp. 214–232). New York: Routledge.

Jaworski, A. & Thurlow, C. (2010). *Semiotic Landscape: Language, Image, Space*. London: Continuum.

Jugenheimer, D. W. & White, G. E. (1991). *Basic Advertising*. Cincinnati: College Division, South-Western Pub. Co.

Kallen, J. (2009). Tourism and representation in the Irish linguistic landscape. In E. Shohamy & D. Gorter (Eds.), *Linguistic Landscape: Expanding the Scenery* (pp.270–284). New York and London: Routledge.

Kallen, J. (2010). Changing landscapes: Language, space and policy in the Dublin linguistic landscape. In A. Jaworski & C. Thurlow (Eds.), *Semiotic Landscape: Language, Image, Space* (pp.41–58). London: Continuum.

Kasanga, L. A. (2014). The linguistic landscape: Mobile signs, code choice, symbolic meaning and territoriality in the discourse of protest. *International Journal of the Sociology of Language*, 230, 19–44.

Kelly-Holmes, H. (2005). *Advertising as Multilingual Communication*. Basingstoke: Palgrave MacMillan.

Kramsch, C. (2006). From communicative competence to symbolic competence. *The Modern Language Journal*, 90(2), 249–252.

Krashen, S. D. (1985). *The Input Hypothesis*. London: Longman.

Kress, G. & van Leeuwen, T. (1996). *Reading Images: The Grammar of Visual Design*. London: Routledge.

Krompák, E., Fernández-Mallat, V. & Meyer, S. (2021). *Linguistic Landscapes and Educational Spaces*. Bristol: Multilingual Matters.

Landry, R. & Bourhis, R. Y. (1997). Linguistic landscape and ethnolinguistic vitality: An empirical study. *Journal of Language and Social Psychology*,

16(1), 23-49.
Lazear, E. P. (1999). Culture and language. *Journal of Political Economy*, 107(6), 95-126.
Leeman, J. & Modan, G. (2009). Commodified language in Chinatown: A contextualized approach to linguistic landscape. *Journal of Sociolinguistics*, 13(3), 332-362.
Leeman, J. & Modan, G. (2010). Selling the city: Language, ethnicity and commodified space. In E. Shohamy, E. Ben-Rafael & M. Barni (Eds.), *Linguistic Landscape in the City* (pp.182-197). Clevedon: Multilingual Matters.
Lefebvre, H. (1991). *The Production of Space*. Oxford: Blackwell.
Lehmann, H., Roth, H. & Schankweiler, K. (2019). Affective economy. In J. Slaby & C. von Scheve (Eds.), *Affective Societies: Key Concepts* (pp.140-151). London: Routledge.
Lock, G. (2003). Being international, local and Chinese: Advertisements on the Hong Kong Mass Transit Railway. *Visual Communication*, 2(2), 195-214.
Lou, J. (2016). *The Linguistic Landscape of Chinatown: A Sociolinguistic Ethnography*. Bristol: Multilingual Matters.
MacCannell, D. (1973). Staged authenticity: Arrangements of social space in tourist settings. *American Journal of Sociology*, 79, 589-603.
MacCannell, D. (1976). *The Tourist: A New Theory of the Leisure Class*. New York: Schocken Books.
Magnini, V. P., Miller, T. & Kim, B. (2011). The psychological effects of foreign-language restaurant signs on potential diners. *Journal of Hospitality & Tourism Research*, 35(1), 24-44.
Malinowski, D. (2015). Opening spaces of learning in linguistic landscape. *Linguistic Landscape*, 1(1/2), 95-113.
Marschak, J. (1965). The economics of language. *Behavioral Science*, 10(2), 135-140.
Marsick, V. J. & Watkins, K. (2001). Informal and incidental learning. *New Directions for Adult and Continuing Education*, 89, 25-34.

Marten, H. F., van Mensel, L. & Gorter, D. (2012). Studying minority languages in the linguistic landscape. In D. Gorter, H. F. Marten & L. van Mensel (Eds.), *Minority Languages in the Linguistic Landscape* (pp.1–15). Hampshire: Palgrave Macmillan.

Massumi, B. (2002). *Parables for the Virtual: Movement, Affect, Sensation.* Durham, NC: Duke University Press.

Messekher, H. (2015). A linguistic landscape analysis of the sociopolitical demonstrations of Algiers: A politicized landscape. In R. Rubdy & S. Ben Said (Eds.), *Conflict, Exclusion and Dissent in the Linguistic Landscape* (pp.260–279). Hampshire: Palgrave MacMillan.

Milani, T. M. (2014). Sexed signs — Queering the scenery. *International Journal of Sociology of Language*, 228, 201–225.

Monnier, D. (1989). *Langue d'accueil et langue de service dans les commerces à Montréal.* Quebec: Conseil de la langue française.

Moriarty, M. (2014). Languages in motion: Multilingualism and mobility in the linguistic landscape. *International Journal of Bilingualism*, 18(5), 457–463.

Moriarty, M. (2015). Indexing authenticity: The linguistic landscape of an Irish tourist town. *International Journal of the Sociology of Language*, (232), 195–214.

Mossberger, K., Clarke, S. E. & John, P. (2015). *The Oxford Handbook of Urban Politics.* Oxford: Oxford University Press.

Motschenbacher, H. (2020). Affective regimes on Wilton Drive: A multimodal analysis. *Social Semiotics*. DOI: 10.1080/10350330.2020.1788823.

Muth, S. (2014). Informal signs as expressions of multilingualism in Chisinau: How individuals shape the public space of a post-Soviet capital. *International Journal of Sociology of Language*, (228), 29–53.

Muth, S. (2016). Street art as commercial discourse: Commercialization and a new typology of signs in the cityscapes of Chisinau and Minsk. In R. Blackwood, E. Lanza & H. Woldemariam (Eds.), *Negotiating and Contesting Identities in Linguistic Landscapes* (pp.19–36). London: Bloomsbury Academic.

Myers, G. (1994). *Words in Ads*. London: Edward Arnold.

Ong, K. K. W., Ghesquière, J. F. & Serwe, S. K. (2013). French shop names in Singapore: Creative and novel blending of French and English in the shop fronts of beauty and food businesses in Singapore. *English Today*, 29(3), 19–25.

Papen, U. (2012). Commercial discourses, gentrification and citizens' protest: The linguistic landscape of Prenzlauer Berg, Berlin. *Journal of Sociolinguistics*, 16(1), 56–80.

Pappenhagen, R., Scarvaglieri, C. & Redder, A. (2016). Expanding the linguistic landscape scenery? Action theory and 'linguistic soundscaping'. In R. Blackwood, E. Lanza & H. Woldemariam (Eds.), *Negotiating and Contesting Identities in Linguistic Landscapes* (pp.147–162). London: Bloomsbury Academic.

Park, J. S-Y. & Wee, L. (2012). *Markets of English: Linguistic Capital and Language Policy in a Globalizing World*. New York: Routledge.

Pearce, D. & Moran, D. (1994). *The Economic Value of Biodiversity*. New York: Routledge.

Peck, A. & Stroud, C. (2015). Positioning the body as a corporeal linguistic landscape or 'skinscape'. *Linguistic Landscape*, 1(1–2), 133–151.

Pennycook, A. (2009). Linguistic landscapes and the transgressive semiotics of graffiti. In E. Shohamy & D. Gorter (Eds.), *Linguistic Landscape: Expanding the Scenery* (pp.302–312). New York and London: Routledge.

Pennycook, A. (2010). Spatial narrations: Graffscapes and city souls. In A. Jaworski & C. Thurlow (Eds.), *Semiotic Landscapes: Language, Image, Space* (pp.137–150). London: Continuum.

Pennycook, A. (2013). Series editors' preface. In J. Blommaert, *Ethnography, Superdiversity and Linguistic Landscapes: Chronicles of Complexity* (pp. ix–xiv). Bristol: Multilingual Matters.

Phillipson, R. (1992). *Linguistic Imperialism*. Oxford: Oxford University Press.

Pietikäinen, S., Lane, P., Salo, H. & Laihiala-Kankainen, S. (2011). Frozen actions in the Arctic linguistic landscape: A nexus analysis of language processes in visual space. *International Journal of Multilingualism*, 8(4), 277–298.

Piller, I. (2001). Identity constructions in multilingual advertising. *Language in Society*, 30(4), 153–186.

Piller, I. (2003). Advertising as a site of language contact. *Annual Review of Applied Linguistics*, 23, 170–183.

Pujolar, J. (2013). Tourism and gender in linguistic minority communities. In S. Pietikainen & H. Kelly-Holmes (Eds.), *Multilingualism and the Periphery* (pp.55–76). Oxford: Oxford University Press.

Pütz, M. & Mundt, N. (2019). *Expanding the Linguistic Landscape: Linguistic Diversity, Multimodality and the Use of Space as a Semiotic Resource*. Bristol: Multilingual Matters.

Reh, M. (2004). Multilingual writing: A reader-oriented typology — With examples from Lira Municipality (Uganda). *International Journal of Sociology of Language*, 170, 1–41.

Rosenbaum, Y., Nadel, E., Cooper, R. L. & Fishman, J. (1977). English on Keren Kayemet Street. In J. A. Fishman, R. L. Cooper & A. W. Conrad (Eds.), *The Spread of English* (pp.179–196). Rowley, MA: Newbury House.

Rowland, L. (2013). The pedagogical benefits of a linguistic landscape research project in Japan. *The International Journal of Bilingual Education and Bilingualism*, 16(4), 494–505.

Royce, T. (2002). Multimodality in the TESOL classroom: Exploring visual-verbal synergy. *TESOL Quarterly*, 36(2), 191–205.

Rubdy, R. (2015). A multimodal analysis of the graffiti commemorating the 26/11 Mumbai terror attacks: Constructing self-understandings of a senseless violence. In R. Rubdy & S. Ben Said (Eds.), *Conflict, Exclusion and Dissent in the Linguistic Landscape* (pp.280–303). Hampshire: Palgrave MacMillan.

Rubdy, R. & Ben Said, S. (2015). *Conflict, Exclusion and Dissent in the Linguistic Landscape*. Hampshire: Palgrave MacMillan.

Rush, S. (1998). The noun phrase in advertising English. *Journal of*

Pragmatics, 29(2), 155–171.

Sayer, P. (2010). Using the linguistic landscape as a pedagogical resource. *ELT Journal*, 64 (2), 143–152.

Schafer, M. (1994). *The Soundscape: Our Sonic Environment and the Turning of the World*. Rochester: Destinity Books.

Scollon, R. & Scollon, S. W. (2003). *Discourses in Place: Language in the Material World*. London: Routledge.

Scollon, R. & Scollon, S. W. (2004). *Nexus Analysis: Discourse and the Emerging Internet*. London: Routledge.

Sculle, K. A. & Jakle, J. A. (2008). Signs in motion: A dynamic agent in landscape and place. *Journal of Cultural Geography*, 25(1), 57–85.

Seals, C. A. (2015). Overcoming erasure: Reappropriation of space in the linguistic landscape of mass-scale protests. In R. Rubdy & S. Ben Said (Eds.), *Conflict, Exclusion and Dissent in the Linguistic Landscape* (pp.223–238). Hampshire: Palgrave MacMillan..

Sebba, M. (2010). Discourses in transit. In A. Jaworski & C. Thurlow (Eds.), *Semiotic Landscapes: Language, Image, Space* (pp.59–76). London: Continuum.

Shang, G. W. & Guo, L. B. (2017). Linguistic landscape in Singapore: What shop names reveal about Singapore's multilingualism. *International Journal of Multilingualism*, 14(2), 183–201.

Shang, G. W. & Xie, F. (2020). Is "poor" English in linguistic landscape useful for EFL teaching and learning? Perspectives of EFL teachers in China. *International Journal of Applied Linguistics*, 30, 35–49.

Shiri, S. (2015). Co-constructing dissent in the transient linguistic landscape: Multilingual protest signs of the Tunisian revolution. In R. Rubdy & S. Ben Said (Eds.), *Conflict, Exclusion and Dissent in the Linguistic Landscape* (pp.239–259). Hampshire: Palgrave MacMillan.

Shohamy, E. (2006). *Language Policy: Hidden Agendas and New Approaches*. London: Routledge.

Shohamy, E. (2019). Linguistic landscape after a decade: An overview of themes, debates and future directions. In M. Pütz & N. Mundt (Eds.),

Expanding the Linguistic Landscape: Linguistic Diversity, Multimodality and the Use of Space as a Semiotic Resource (pp.25–37). Bristol: Multilingual Matters.

Shohamy, E. & Gorter, D. (2009). *Linguistic Landscape: Expanding the Scenery*. London: Routledge.

Shohamy, E. & Waksman, S. (2009). Linguistic landscape as an ecological arena. In E. Shohamy & D. Gorter (Eds.), *Linguistic Landscape: Expanding the Scenery* (pp.313–331). New York and London: Routledge.

Sifianou, M. (2010). The announcements in the Athens Metro stations: An example of glocalization? *Intercultural Pragmatics*, 7(1), 25–46.

Slaby, J. & von Scheve, C. (2019). *Affective Societies: Key Concepts*. London/New York: Routledge.

Smith, V. L. (1989). Introduction. In V. L. Smith (Ed.), *Hosts and Guests: The Anthropology of Tourism* (pp.1–17). Philadelphia: University of Pennsylvania Press.

Spolsky, B. (2004). *Language Policy*. Cambridge: Cambridge University Press.

Spolsky, B. (2009a). *Language Management*. Cambridge: Cambridge University Press.

Spolsky, B. (2009b). Prolegomena to a sociolinguistic theory of public signage. In E. Shohamy & D. Gorter (Eds.), *Linguistic Landscape: Expanding the Scenery* (pp.25–39). London: Routledge.

Spolsky, B. & Cooper, R. L. (1991). *The Language of Jerusalem*. Oxford: Clarendon Press.

Stroud, C. & Jegels, D. (2014). Semiotic landscapes and mobile narrations of place: Performing the local. *International Journal of the Sociology of Language*, (228),179–199.

Sutthinaraphan, K. (2016). A linguistic landscape study of advertising signage on skytrain. *Manusya: Journal of Humanities*, 22, 53–71.

Swofford, M. (2005). Street sign styles. http://pinyin.info/rules/signstyles.html.

Tan, P. K. W. & Rubdy, R. (2008). *Language as Commodity: Global Structures,*

Local Marketplaces. London: Continuum.
Thrift, N. (2004). Intensities of feeling: Towards a spatial politics of affect. *Geografiska Annaler: Series B, Human Geography*, 86(1), 57–78.
Thrift, N. J. (2008). *Non-Representational Theory: Space, Politics, Affect*. London: Routledge.
Thurlow, C. & Jaworski, A. (2010). *Tourism Discourse: The Language of Global Mobility*. Basingstoke: Palgrave Macmillan.
Torkington, K. (2014). Tourism-related mobilities and discursive landscaping in the Algarve. *Dos Algarves: A Multidisciplinary e-Journal*, 24, 40–63.
Troyer, R. A. (2012). English in the Thai linguistic netscape. *World Englishes*, 31(1), 93–112.
Trumper-Hecht, N. (2010). Linguistic landscape in mixed cities in Israel from the perspective of 'walkers': The case of Arabic. In E. Shohamy, E. Ben-Rafael & M. Barni (Eds.), *Linguistic Landscape in the City* (pp.238–252). Bristol: Multilingual Matters.
Tuan, Y. (1977). *Space and Place: The Perspective of Experience*. Minneapolis: University of Minnesota.
Tuan, Y. F. (1990). *Topophilia: A Study of Environmental Perception, Attitudes, and Values*. New York: Columbia University Press.
Tulp, S. M. (1978). Reklame en tweetaligheid: Een onderzoek naar de geografische verspreiding van franstalige en nederlandstalige affiches in Brussel. *Taal en Sociale Integratie*, 1, 261–288.
Turner, J. H. (2007). *Human Emotions: A Sociological Theory*. London/New York: Routledge.
Urry, J. (1995). *Consuming Places*. New York: Routledge.
Urry, J. (2002). *The Tourist Gaze*. London: Sage Publishing.
Urry, J. (2007). The place of emotions within place. In J. Davidson, L. Bondi & M. Smith (Eds.), *Emotional Geographies* (pp.77–83). Burlington: Ashgate.
Van Mensel, L., Vandenbrouche, M. & Blackwood, R. (2016). Linguistic landscapes. In O. García, N. Flores & M. Spotti (Eds.), *Oxford Handbook of Language and Society* (pp.423–449). Oxford: Oxford University

Press.

Van Parijs, P. (2002). Linguistic justice. *Politics, Philosophy & Economics*, 1(1), 59–74.

Wang. N. (1999). Rethinking authenticity in tourism experience. *Annals of Tourism Research*, 26(2), 349–370.

Wee, L. (2003). Linguistic instrumentalism in Singapore. *Journal of Multilingual and Multicultural Development*, 24(3), 211–224.

Wee, L. (2016). Situating affect in linguistic landscapes. *Linguistic Landscape*, 2(2), 105–126.

Wee, L. & Goh, R. B. (2019). *Language, Space, and Cultural Play: Theorising Affect in the Semiotic Landscape*. Cambridge: Cambridge University Press.

White, P. (1974). *The Social Impact of Tourism on Host Communities: A Study of Language Change in Switzerland*. Oxford: School of Geography, Oxford University.

Woolard, K. A. (1992). Language ideology: Issues and approaches. *Pragmatics*, 2(3), 235–249.

Yao, X. 2020. Material narration of nostalgia: The linguistic landscape of a rural township in Australia. *Sociolinguistic Studies*, 14(1–2), 7–31.

Zhao, S. H. & Baldauf, R. B. (2008). *Planning Chinese Characters: Reaction, Evolution or Revolution*. New York: Springer.

Zheng, S. (2017). Farewell to 'Chinglish'? China cracks down on bad English in signs. *South China Morning Post*, June 22. Retrieved on Nov. 17, 2017 from http://www.scmp.com/news/china/society/article/2099518/slippery-will-no-longer-be-crafty-china-cracks-down-bad-english.

附　录

附录1　近年来语言景观研究相关英文论著

序号	书名	作者	出版社	出版年份
1	*Linguistic Landscape: A New Approach to Multilingualism*	Durk Gorter	Multilingual Matters	2006
2	*Linguistic Landscapes: A Comparative Study of Urban Multilingualism in Tokyo*	Peter Backhaus	Multilingual Matters	2007
3	*Linguistic Landscape: Expanding the Scenery*	Elana Shohamy & Durk Gorter	Routledge	2009
4	*Linguistic Landscape in the City*	Elana Shohamy, Eliezer Ben-Rafael & Monica Barni	Multilingual Matters	2010
5	*Semiotic Landscapes: Language, Image, Space*	Adam Jaworski & Crispin Thurlow	Continuum	2010
6	*Minority Languages in the Linguistic Landscape*	Durk Gorter, Heiko F. Marten & Luk Van Mensel	Palgrave Macmillan	2012
7	*Linguistic Landscapes, Multilingualism and Social Change*	Christine Hélot, Monica Barni, Rudi Janssens & Carla Bagna	Peter Lang	2012

续表

序号	书名	作者	出版社	出版年份
8	*Ethnography, Superdiversity and Linguistic Landscapes: Chronicles of Complexity*	Jan Blommaert	Multilingual Matters	2013
9	*Conflict, Exclusion and Dissent in the Linguistic Landscape*	Rani Rubdy & Selim Ben Said	Palgrave Macmillan	2015
10	*Dimensions of Sociolinguistic Landscapes in Europe: Materials and Methodological Solutions*	Mikko Laitinen & Anastassia Zabrodskaja	Peter Lang	2015
11	*The Linguistic Landscape of the Mediterranean French and Italian Coastal Cities*	Robert J. Blackwood & Stefania Tufi	Palgrave Macmillan	2015
12	*Metrolingualism: Language in the City*	Alastair Pennycook & Emi Otsuji	Routledge	2015
13	*The Linguistic Landscape of Chinatown: A Sociolinguistic Ethnography*	Jackie Jia Lou	Multilingual Matters	2016
14	*Negotiating and Contesting Identities in Linguistic Landscapes*	Robert Blackwood, Elizabeth Lanza & Hirut Woldemariam	Bloomsbury	2016
15	*Making Sense of People and Place in Linguistic Landscapes*	Amiena Peck, Christopher Stroud & Quentin Williams	Bloomsbury	2018
16	*Expanding the Linguistic Landscape: Linguistic Diversity, Multimodality and the Use of Space as a Semiotic Resource*	Martin Pütz & Neele Mundt	Multilingual Matters	2019
17	*Multiple Globalizations: Linguistic Landscapes in World Cities*	Eliezer Ben-Rafael & Miriam Ben-Rafael	Brill	2019
18	*Language, Space, and Cultural Play: Theorising Affect in the Semiotic Landscape*	Lionel Wee & Robbie B. H. Goh	Cambridge University Press	2019

续表

序号	书名	作者	出版社	出版年份
19	*Reterritorializing Linguistic Landscapes: Questioning Boundaries and Opening Spaces*	David Malinowski & Stefania Tufi	Bloomsbury	2020
20	*The Communicative Linguistic Landscape: Production Formats and Designed Environments*	Lionel Wee	Routledge	2021
21	*Linguistic Landscapes and Educational Spaces*	Edina Krompák, Víctor Fernández-Mallat & Stephan Meyer	Multilingual Matters	2021

附录2　我国城市语言景观调查问卷

本问卷旨在了解您对城市环境中标牌上语言使用的认知和态度，请根据您对所在城市的认识和了解，为每题选出一个最符合您的意见和态度的答案。（本问卷中的"标牌"指的是城市中使用文字、图案等传递信息的各类标识牌，如路牌、街牌、广告牌、警示牌、店名、横幅、标语等等）

性别：男/女

年龄：18岁及以下/19—25岁/26—30岁/31—40岁/41—50岁/51岁及以上

文化程度：高职或大专/大学本科/硕士/博士

英语学习经历：3—5年/6—10年/11年或以上

职业：_____

现居住城市：_____

1. 你是否留意过城市环境中路牌及街名标牌上的罗马字母？

   A. 很少留意

   B. 偶尔留意

   C. 常常留意

2. 你是否留意过商铺标牌或广告牌上使用的外语？

   A. 很少留意

   B. 偶尔留意

   C. 常常留意

3. 在旅游景区，你是否会关注景点介绍类标识牌上的外语文字？

   A. 经常关注

   B. 偶尔留意

   C. 很少留意

4. 你是否注意过店铺标牌上使用的繁体字？

   A. 经常关注

   B. 偶尔留意

   C. 不太注意

5. 对于**路牌街牌或店铺招牌上呈现的英语**，你常常会：

   A. 阅读英语文字以获取信息

   B. 看英语使用是否准确恰当

   C. 忽略英文，只关注中文

6. 城市标牌上的英语引起你的注意，最主要的原因是：

   A. 获取信息的需要

   B. 英语错误引人发笑

   C. 形式或表达新奇有创意

   D. 其他（如英语标牌无处不在）

7. 对于店铺标牌中使用的其他外语（如日语、韩语、法语等），你常常会：

   A. 阅读这些外语文字，获取相关信息

   B. 通过文字符号，推断商家的信息

   C. 忽略这些外语文字，中文信息就足够了

   D. 跳过这些文字，但觉得有些店铺标牌上有必要添加

8. 你认为你所在的城市，各类标牌上的英语是否应该更多一些？

   A. 应该，体现国际化形象

   B. 不应该，汉语是主导语言，外语不宜过多

   C. 不好说，应视外国游客的数量而定

   D. 无所谓

9. 街道上用于指示方向方位的大型路牌，是否应该设置英语？

   A. 应该，便于外国人查找和确认方位

   B. 不应该，文字太多容易给驾车者造成混乱

   C. 无所谓，中文信息明确即可

   D. 不清楚

10. 在城市中有少数族群聚居的区域，少数族群语言是否应该在标牌上呈现？

    A. 应该，对于少数族群语言文化的传承有益

B. 不应该，少数族群应多使用汉字

C. 无所谓，公共标牌对于传承少数族群的语言文化来说意义不大

D. 没必要，因为大多数人读不懂少数族群的语言文字

11. 城市的管理部门出台标牌英文译写规范，对标牌上的英语翻译进行引导，你认为这样做：

A. 很有必要，可以减少英语使用错误

B. 值得推广，毕竟英语的重要性越来越高

C. 并没有多少实质作用，人们整体的英语水平并没有提高

D. 属于面子工程，但长期坚持会有助于提高城市的国际化水平

12. "西藏东路"这样的路名牌上，汉字之外的文字标注最恰当的是：

A. EAST TIBETAN ROAD

B. EAST XIZANG ROAD

C. XIZANG ROAD (E)

D. XIZANG DONGLU

13. 城市的中文标牌上常会夹杂一些字母词（如 VIP、KTV、Tel 等），你认为这类字母词：

A. 破坏汉语的纯洁性，无法认同

B. 表达更简洁便利，应该接受

C. 已成为我国语言表达中的一部分，应该包容

D. 英语程度低的人不一定看得懂，应该避免

14. 路名标牌中英文不符的情况常见于报章报道（如中文标识为"新城河路"，下方的英文则是"XIN CHEN GHE RD."），这主要反映了：

A. 标牌制作者英语水平低

B. 标牌管理者应付差事

C. 城市的国际化水平低

D. 英语的实用价值并不高

15. 一些商店的店名标牌除了中文外，还标注汉语拼音（如"一品堂小吃店 Yi Pin Tang Xiao Chi Dian"），你认为这样做：

A. 可以接受，为不熟悉汉字的读者提供方便

B. 很有中国特色，类似标牌应该更多些

C. 无法接受，提供英文翻译会更有意义

D. 无所谓，拼音或英文都可以

16. 你认为双语店名中的中英文表述应做到：

A. 中英文所表达的意思相同

B. 中文信息完整，英文扼要

C. 注重广告效果，不必拘泥于形式

D. 中文清晰醒目，英文易理解

17. 城市管理机构在路名标识上设置中文以外的文字，最重要的原则应该是：

A. 一致性，同一道路的英文名称应保持唯一形式

B. 准确性，应提供表意准确的英文

C. 可理解性，尽量提供外国读者能读得懂的文字

D. 以我为主，让外国读者适应我国的语言文字政策

18. 城市公共标牌（路牌、交通指引牌、警示牌等）上标注非中文文字，最主要目的是：

A. 为外国人提供便利

B. 体现城市的国际化形象

C. 国家或城市语言战略的需要

D. 其他

19. 街道上商铺的店名标牌标注英语，其最主要目的是：

   A. 表明商品时尚、高端、可靠

   B. 吸引不同语言背景的顾客

   C. 体现产品或服务与国际接轨

   D. 起装饰作用

20. 不同城市中，公共标牌上英语呈现的多寡有别，造成这种差异的原因主要是：

   A. 城市国际化程度不同

   B. 城市经济状况差异

   C. 政府对城市环境建设的政策差异

   D. 其他

21. 旅游景区的景点标牌上使用英语，最主要目的是：

   A. 帮助外国游客了解景点的文化内涵

   B. 政府职能部门展示国际化形象

   C. 吸引外国游客的一个营销手段

   D. 其他

22. 景区标牌上标注日语或韩语，主要原因可能是：

   A. 日韩游客人数日益增多

   B. 日韩经济文化的影响力增加

   C. 城市与日韩之间联系紧密

   D. 其他

23. 城市的商业街区英语使用非常多，你的态度是：

   A. 合理，满足消费者追求品牌的需求

   B. 不合理，应以使用中文为主

   C. 不值得提倡，有崇洋媚外之嫌

   D. 无可厚非，世界各地的繁华街区都有英语店牌盛行的趋势

24. 本地不少店铺的店名只使用英语，你是否赞同：

   A. 赞同，直接体现品牌形象

   B. 不赞同，很多人不一定能看懂

   C. 无所谓，商家有权选择使用哪种语言

   D. 不好说，只用英语有利有弊

25. 商场的店铺只使用英语店名，给你的第一感觉是：

   A. 商品的品牌更高档

   B. 品质值得信赖

   C. 商品有国际范儿

   D. 商家的营销手段

26. 对于标牌上出现的"中国式英语"，应采取的态度是：

   A. 有损城市形象，应该集中整治

   B. 寻求外国语言专家的意见，提供更符合规范的表达

   C. 体现中国文化特色，应研究其存在的价值

   D. 不必过度担忧，毕竟只是外语

27. 我国大陆地区当前的标准汉字是简化字，那么机构大楼、店铺、景点等场所的标牌上如果使用繁体字，是否应该整治？

   A. 应该集中治理

   B. 不必整治，繁体字也是汉语的一部分

C. 不宜大张旗鼓地整治，因为有些标牌中的繁体字已约定俗成，不能轻易废弃

D. 已经形成传统的繁体字标牌不再整治，对于新树立的标牌应严格要求使用简化字

28. 我国的《国家通用语言文字法》规定，地名标牌上应使用汉语拼音，不能使用英文，你觉得这个规定：

   A. 合理，体现我国语言社会生活的需要

   B. 既然标准已定，就应统一执行

   C. 值得商榷，应考虑外国人的阅读感受

   D. 不合理，地名标牌标注拼音意义不大

29. 商铺店名标牌使用繁体字，主要是因为：

   A. 体现传统文化内涵

   B. 字体美观的需要

   C. 标新立异的一种方式

   D. 其他

30. 有人认为城市的英语标牌也可成为学习英语的一种资源，你的态度是：

   A. 赞同，教师在课堂上应考虑有所使用

   B. 不赞同，标牌上的语言没多少学习价值

   C. 赞同，英语标牌对于英语学习可能有潜移默化的影响

   D. 不好说

非常感谢您的参与！

附录3 外国留学生对于我国城市语言景观看法调查问卷

A Survey of International Students' Views on the Urban Linguistic Landscape in China

This survey aims to find out international students' views and attitudes towards the language choice and use on public signs in China's cities. Please answer the questions based on your experience and perception, and choose ONE answer that you feel to be the most appropriate. It takes about 5 minutes to complete.

Gender: Male / Female

Age: 17 or below; 18 – 25; 26 – 30; 31 – 40; 41 or above

Nationality: _____

Occupation: _____

How long have you been in China: _____

Chinese city you are staying in now: _____

1. Have you ever seen Chinglish expressions (e.g. 'slip carefully' instead of 'wet floor') on public signs in the cities you are living?

    A. Often

    B. Sometimes

    C. Occasionally

    D. Never

2. Regarding the Chinglish on public signs, you tend to feel:

   A. They are very interesting, and add fun to urban life

   B. They cause harm to the image of the city

   C. They may cause communication problem

   D. I don't mind seeing such expressions on signs

3. Regarding the Chinglish on public signs, do you think it necessary for them to be removed from city space:

   A. Necessary

   B. Neutral

   C. Not necessary at all

   D. I don't know

4. Generally, the languages displayed on public signs in the city you are living are:

   A. very useful for me

   B. slightly useful for me

   C. sometimes confusing

   D. very inconvenient for me

5. On street name signs, apart from Chinese characters, there are also *Pinyin* or English annotations (e.g. ' 新开街 Xinkai Jie' or ' 南京路 Nanjing Rd.'). In your opinion, which combination is more appropriate:

   A. Chinese characters plus *Pinyin*

   B. Chinese characters plus English

   C. Chinese characters plus *Pinyin* and English

D. It does not matter

6. **In your opinion, the primary reason for presenting English on public signs in the city is**

   A. to bring convenience for non-Chinese readers

   B. to show the cities' modernization and internationalization

   C. to attract more international tourists or investment

   D. other reasons _____

7. **For the marking of Alphabetic names on public signs, the most important principle to adopt should be**

   A. consistency, i.e. the maps, road signs and transportation system should keep the same translated form

   B. accuracy, i.e. the English translation should be correct

   C. comprehensibility, i.e. the translation should be understandable by most readers

   D. China's own interests

   E. other _____

8. **In your opinion, the main purpose of putting *Pinyin* on street name signs is**

   A. to show the legal status of *Pinyin* for annotating place names

   B. to avoid English translation errors

   C. to provide convenience for foreigners

   D. other reasons _____

   E. I don't know

9. **Regarding the physical English environment in commercial**

areas, your primary impression is that

A. it is very convenient for foreigners

B. more English signs are needed

C. too many errors on signs

D. English is used as an attraction for domestic consumers

E. other _____

10. Overall, the English on signs in China's cities make you feel:

A. These cities are internationally oriented

B. These cities are tourist-friendly

C. These cities are very modern

D. These cities attach great importance to image construction

E. other _____